情感

LIVES ACROSS TIME

依附

GROWING UP

为何家会影响我的一生

［美］亨利·马西
［美］内森·塞恩伯格

———

著

武怡堃 陈昉 韩丹

———

译

童俊

———

校订

世界图书出版公司
北京·广州·上海·西安

图书在版编目（CIP）数据

情感依附/（美）亨利·马西，内森·塞恩伯格 著；武怡堃，陈 昉，韩 丹 译.—北京：世界图书出版公司北京公司，2013.9（2022.6重印）

书名原文：Lives Across Time / Growing Up

ISBN 978-7-5100-6384-8

Ⅰ.①情… Ⅱ.①亨…②内…③武…④陈…⑤韩… Ⅲ.①家庭关系—通俗读物 Ⅳ.①C913.11②G78

中国版本图书馆CIP数据核字（2013）第132857号

书　　名	情感依附——为何家会影响我的一生 QINGGAN YIFU
著　　者	〔美〕亨利·马西　内森·塞恩伯格
译　　者	武怡堃　陈　昉　韩　丹
责任编辑	曹　文　梁沁宁
出版发行	世界图书出版有限公司北京分公司
地　　址	北京市东城区朝内大街137号
邮　　编	100010
电　　话	010-64038355（发行）　64037380（客服）　64033507（总编室）
网　　址	http://www.wpcbj.com.cn
邮　　箱	wpcbjst@vip.163.com
销　　售	新华书店
印　　刷	三河市国英印务有限公司
开　　本	787 mm × 1092 mm　1/16
印　　张	19.5
字　　数	297千字
版　　次	2013年9月第1版
印　　次	2022年6月第15次印刷
版权登记	图字01-2013-1432
国际书号	ISBN 978-7-5100-6384-8
定　　价	49.00元

目 录
CONTENTS

中文版导言

本书所讲述的研究诞生于 30 年前，研究对象是生长在纽约的孩子们。从那个时期起，父母们越来越关注如何能更好地养育孩子。

我希望这个研究也能对中国的家长有所帮助。现在，中国的家长对自己的孩子有了更多希冀和愿望，这些愿望同时也给他们带来了焦虑和恐惧。2012 年 4 月我在武汉教学的时候，我很好奇为什么中国的临床工作者会对儿童发展，尤其是依附关系特别感兴趣。有人很诚恳地告诉我，因为他们想要了解如何能更好地养育孩子。某些案例中有着深远的家庭悲剧，家中唯一的孩子经历了痛苦，内心出现严重的困惑。这让我开始思考中国的父母需要这些教学内容的紧迫性，我希望我所讲的内容能够对中国的家长有所帮助。

这本书可以让更多家长和年轻人接触到这些知识。我们了解，早期生活的那几年在生命中是非常重要的，但是在将来的生活中也有机会去修复、改正和完善关系，比如在第二次发展"危机"（青春期）时期。

精神分析师对人的身份的发展感兴趣，因为身份可以给予人内在的安全感，合理的自我认识，以及工作、爱和游戏的能力。我们在此想要传递的是，父母都有潜力去经营健康的情感生活，并培育孩子的情感生活。

埃里克森将一代代人比喻成交错的齿轮：父母的齿轮带动孩子的，也会被孩子们带动，祖父母的齿轮也会被孙子女们带动。当我们的孩子过得好时，其中包含了我们的努力，我们也会因他们的成功而有所收获。就像美国谚语所说的一样："上帝是在细节之中。"对于养育孩子的细节、养育孩子时应该避免哪些问题，本书也许会提供一些指导。

中国拥有古老而焕发生机的文明，我也想简单地谈一谈我的身份，以及我是如何同你们的身份背景联系在一起的。

我是谁？是谁写的这些文字？

首先，我是一个美国犹太精神分析师。犹太民族有将近3,000年的历史，美国有250年，而精神分析大概有一个世纪的历史。犹太是一个奇怪的宗教和国家集合体，从2,500年前的大卫王时期起，就有一种宗教和国家身份之间的紧张感。在上帝第一次对亚伯拉罕说话时，他许诺亚伯拉罕会成为一国之主，这个国家会非常富饶，子民多如天上的繁星。犹太人在他们的宗教中信仰上帝，作为分析师我们把对上帝的信仰看作对一个统一自我（而不是像多个神那样碎片化的自我）的信仰。关于犹太，还有一个奇怪的地方——它还是个国家。像爱因斯坦、弗洛伊德，或者我这样的犹太人，将自己认同为犹太人，但并不遵从宗教的教义或对神的信仰，更不用说那613条戒律。而在西方主要的宗教中，自称为天主教徒或穆斯林的人很少否认对神的信仰。

其次，我是个美国人。这个身份的历史只有两个半世纪。我并不是一生下来就是个美国人，而是一个移民，需要一种双重适应。作为一个男孩，我希望成为一个牛仔和印第安人，这似乎没有出现身份冲突的问题。我们是从战后的欧洲作为难民进入美国的，我们被告知大洋彼岸的难民可以在美国的土壤中成才、发光，受到了这个自由之邦的吸引。我感觉美国人这种身份受哺于欧洲的文明启蒙。17世纪的哲学家提倡"人，而非神，是人类的中心"：人创造音乐、艺术、哲学、经验科学可以来自人的心灵，就像美丽的爱神从海上的泡沫中诞生、从宙斯的头脑中诞生，就像波提切利（Botticelli）所描绘的那样。做一个美国人意味着自由是一种外部的力量，并且通过个体对国家和政府的责任感来获得平衡。

最后，我是个精神分析师。这个职业的历史只有一个世纪。这是一个探索和治疗人类内在的科学领域，科学家们寻找那些个人内心深处黑暗和隐藏的东西，阐明这些东西来启迪人的心灵。17世纪的政治哲学家提倡外部自由，而精神分析师促进内部自由。我们提倡自我认识，这是与情感融合的，它促进了自主性。我们会培育爱、工作和游戏的能力；我们承担责任，而不是感到负担；我们可以被他人依赖，也可以依赖他人，而不会去督促他们。我们也提倡一种转化能力，它使我们不再受困于生命中那些奇异的体验（那些一直萦绕于脑海中的事件），使我们可以把这些故事讲述成自己的生活史。

作为作者，我呈现的是三种交错的身份，我希望能够整合好它们。

这本书研究的是从婴儿期到成年早期的发展。它横跨了埃里克森描述的八个发展阶段中的七个：从婴儿早期（信任对不信任）、婴儿后期（自主性对羞耻和怀疑）、儿童早期（自发性对内疚）、儿童期（勤勉对自卑）、青春期（自我同一性对角色混乱）、成年早期（亲密对孤立），最后到成年期（繁衍对停滞）。

我们研究了 76 个婴儿，从出生起就跟踪研究，直到他们 30 岁。我们考察他们不同生活路径的源头，以及什么对他们的影响最为深远。父母和家庭是最为重要的。大部分获得好的早期照顾的人发展较好；而大部分早期照顾有问题的孩子的发展不够好。但是，有 20% 人的发展会同早期照顾产生的预期不一样：一些人生活不尽如人意；一些人比预期更好。

在本书中，我们会描述那些会影响生活发展方向的因素。除了鲍尔比（Bowlby）提出的早期依附关系的影响之外，创伤因素也深刻地影响了个体在 30 岁前的发展，这些严重威胁到生活的创伤包括直接或间接失去父母的经历。除了父母的死亡，父母离异、父母严重的酒精或药物依赖也会导致孩子"丧失"父母。对孩子来说，有可能会"失去"依然在世的父母。孩子在前期发展所积累的成果并非都会失去：我们发现，那些经历过两种以上创伤的儿童在 30 岁后的生活会受到较为严重的影响。也就是说，为了你的孩子，如果你离婚了，请努力"活着"并避免酒精药物依赖。

亨利·马西博士和我把本书作为一系列生活实践故事来进行写作。对于他邀请我在十年中参与这个计划，我感到很荣幸。研究的细节都呈现在本书中，但是作为精神分析师，我们会写出生活的故事，我们感觉这样才能把这些鲜活的人展现出来。希望你能同我们一样，从这些故事中找到温暖、感动和指引。

中国有五千年的文化，有丰富的文学作品，有各个流派的哲学家（比如儒家、道家和佛家）引导着人们的生活。有时候，这些思想者之间会存在差异，就像某些 17 世纪的政治哲学家那样。保罗·萝岑（Paul Roazen）对柏拉图以来的政治哲学家对于人是什么、人如何发展做出了假设。但是，他也教导我们，从弗洛伊德以来，我们不仅要思考人是什么或者发展的过程是怎样的，还需要更多地了解我们的内在生活。因此，他做出了理性的假设，我们可以建构出培育内在生活和人类幸福的哲学。

我的一个中国同事——童俊女士告诉我，中国正在经历一场令人兴奋和生机勃勃的"复兴"，就像14世纪从北意大利兴起，后来传播到法英德的文艺复兴。中国的复兴，培育了一个更好的经济生活环境。西方的文艺复兴也培育了爱和美，以及创造它们的人，如达·芬奇、米开朗基罗、卡拉瓦乔、提香。它培育了人的自由精神，人们相信自己的心灵可以发现和创造。对于可以通过写作和你们交流，我感觉非常荣幸；对于把这本书呈现给你们，我感到十分兴奋。

我相信你会从这些故事中领悟，并希望你们能够更多地将自己的内在展现给世界。精神分析的本质是发展内在的自由。从某种程度上，本书实现了一部分这样的目标——告诉大家如何养育内在自由的孩子。

非常感谢童俊女士，以及本书的翻译们（武怡堃博士、陈昉和韩丹）为这本书的出版所做的努力。我也感谢理查兹夫妇（Arlene & Arnie Richards）邀请我来武汉讲课，以及沃勒斯坦（Wallerstein）基金会对我从2005年以来研究的支持。

内森·塞恩伯格
于纽约市

有一门学科叫"父母"

一个人从出生时剪断脐带的那一刻起，就独立而完整地拥有了自己的身体。这意味着，在未来的所有岁月里，你身体的全部感受与运动、器官的生长与老化，以及大限到来时的灰飞烟灭，都只是你一个人的事情，与他人无关。

到目前为止，我们还无法把你的身体疼痛通过电缆、光纤或其他任何方式传递给他人，让他人也能感受到你疼痛的性质和强度。所以，虽然独立拥有自己的身体是一件无与伦比的进化的杰作，但也需要付出承受孤独的代价。

如果人与人之间仅仅如此隔离，那活着就是一件相当无趣的事情了；不过更有可能的是，连无趣都感觉不到。但是，好在造物主造人，不会使他们之间没有链接，也不会放弃由链接导致的宏大而和谐的美感。造物主制造的这个链接其实非常强大，它的名字叫做情感。

你的身体疼痛的确不能引起他人的身体疼痛，但却可以引起他人的"心痛"。所有活着的人，都曾经心痛过自己爱着的人的所有的痛，有些时候甚至比痛着的当事人还要痛。这种心痛的感觉，就是由情感的通道制造出来的。

再回到出生。婴儿的身体跟母亲永久地分开了，但情感依附还在。婴儿对母亲的情感依附，重要到跟空气和食物一样，生死攸关。随着婴儿慢慢长大，对母亲的情感依附次第减少。我们甚至可以说，成长的过程，就是在情感上远离母亲的过程。

我在临床中发现，在中国文化圈内，母亲跟孩子的关系有两点值得高度关注。一是孩子的成长速度远远高于母亲的预估，所以母亲对孩子的能力有相当大的贬低和成见。担心、指责、怀疑和失望，充斥在母亲跟孩子的关系中。经过投射性认同机制，孩子们为了维持与母亲的情感链接，避免分离、抛弃和被抛弃，需要把自己的方方面面都弄得一塌糊涂，才对得起母亲潜意识的"希望"，也才能够继续跟母亲"在一起"。以如此惨烈的方式爱母亲，实在令人唏嘘不已。

另一个值得关注的是，母亲为了做母亲，在人格上准备不足，具体的表现之一就是缺乏信任能力，缺乏信任孩子的能力。孩子是否值得被信任，就跟大地和天空是否值得被信任是同样的事情：一个普通人，绝不会走在大街上就随时担心天塌地陷，但是，一个刚刚在地震中逃生的人，却会觉得任何地面都有危险，我们知道，这是因为他暂时地"病了"。

随时都觉得孩子会出安全问题、会人际关系应对不良或者会能力不够的母亲，其实也"病了"，而且可能是一直都"病着"。她们的"病"就是把自己内心的不安全感和无助感，经过伪装后变成孩子现实层面的不安全和需要帮助，所以她需要过度警觉才能保护孩子。同样经过投射性认同机制，孩子为了"讨好"和爱母亲，就把自己置于危难之中，这个危难可以是生命或者健康的安全，也可以是人际之间的冲突。说到底，母亲认为孩子不值得信任本身，也是因为爱孩子，是那种不忍看到孩子远走高飞离开自己的爱。可惜这是不那么健康的爱；在父母跟孩子的关系中，健康的爱应该是父母能够承受被孩子"抛弃"。

我并不是在说数量稀少的个案，而是在说数量庞大的群体。其实，我们生活的这个社会的人的心理健康状况，不需要一个精确的统计数字，仅仅在每天的生活中，就能感觉到它的铁一般的强度与空气一般的弥散。

无数经验和研究证明，父母与孩子，尤其是母亲与孩子的关系，制造了孩子最核心的人格。这个人格在很大程度上决定了孩子将来能够取得的成就和敢于享受的幸福。所以从这个意义上来说，父母不应该是一个角色，而应该是一门学问或者学科。这门学科，是每一个想做父母或者正在做父母的人都应该学习的——你可以不学任何东西，但你需要学习如何才能不制造疾病。

从全息论的角度看，全面而深入地研究一对"父母—孩子"关系，就能够完全呈现这一关系中的方方面面了。但这本书的作者们，研究的却是76对"父母—孩子"关系，真的是全景中的全景，无数可能被忽略的细节都以令人惊异的尺寸放大地展现在我们面前。

更让人惊异的是，这个研究跨越了三十年的锦绣岁月。需要多少对人类的爱与好奇垫底，研究者们才能够如此坚韧？这本书的出版跟它的内容一样，都在言说人与人之间的爱与恨，以及由爱与恨孕育出来的强大与虚弱、坚持与放弃、健康与疾病。

本书的作者之一，是一位犹太精神分析师。从某种意义上来说，精神分析是一门让一个人识别自己针对自己的阴谋、看清自己对自己设置的陷阱的学问。所有以不良方式对待孩子的父母，都在不自觉地对自己作恶。如果你是父母或准父母，读读这本书，可以让你此后的三十年善待自己，也可以让你的孩子善待你和他自己。

从方法论的角度看，这本书的成果也是对传统的教育子女的知识的重大颠覆。传统的知识来自一些个体的经验，那些经验没有经过任何科学程序检验就被奉为金科玉律，所以害人匪浅，流毒时间也以百年千年计。而这本书却来自精密设计的科学计划，所以得出的结论配得上我们的敬重和信任。

靠所谓智者的格言警句教育孩子的时代一去不复返了。那些告诉我们应该如何教育孩子，却不能在循证医学基础上、至少篇幅稍大一点地告诉我们为什么要那样教育孩子的人，也可以去休息了。

我们所需要的，是这本书给我们的立体的知识：是什么、为什么，以及怎么做。事关孩子人格的天字第一大事情，这三者缺一不可。

曾奇峰

中德心理医院副主任医师

中国心理卫生协会精神分析专业委员会副主任委员

2013 年 6 月

看——爱与耐心的凝视

阅读《情感依附》，自然想到卞之琳的诗《断章》中的名句："你站在桥上看风景，看风景人在楼上看你。"《情感依附》中，我印象最深的就是一个"看"字，父母看着孩子，孩子看着父母，心理学家们看着父母与孩子的相互凝视。特别是心理学家们传递"看"的接力棒，从出生一直看到30岁，而我现在看着这本书，身为家长或心理治疗师的读者，我们认真阅读，汲取作者的研究心得，为着每个人最重要、最复杂的工程：培养一个优秀的孩子。

在诸多层面的"看"中，我认为最重要的是心理学家们的观察。这里，我更关心作者们的观察过程，他们的研究结论见仁见智，我感动于这些话语："我们起初远距离工作，我不时到巴克利度过长周末并观看那些录像带"，"我们花了五年时间观看这些婴儿期、童年和成年的生活录像带"，"我们必须睁大眼睛仔细查找答案"……想象这些作者们日复一日、年复一年地看那些录像带，我就只觉得神圣、伟大。同时，我也觉得每个养育孩子的父母神圣、伟大。

布洛迪对母婴互动的观察，是精神分析方法学上重要变革的一个典型代表。弗洛伊德开创"内省"的方法，通过口误、梦，以及神经症症状，从意识看到潜意识，让我们看到一个深邃的心灵宇宙，但弗洛伊德只能以重构法（reconstruction）从成人的分析性治疗中推论儿童期的心理发展，又以此推论来解释人格的发展与症状的形成，在一定程度上陷入循环论证，而以安娜·弗洛伊德、斯皮茨、玛勒等儿童精神分析学家使用观察法进行的前瞻性研究，可以说为精神分析提供了至关重要的科学立足点。

必须如弗洛伊德及其后继者们所努力的那样，将精神分析建基于科学的方法上，然而，涉及人的存在与发展的课题属于亚里士多德"实践智慧"（phronesis）的范畴。布洛迪的观察与访谈绝对不是纯粹的研究，她也自然地影响着观察与访谈的对象——那些家长和孩子们。因此，生活、心理学的研究与干预三者不可能全然分割开来。我想说的是，这三者是浑然一体的。也因此，我更愿意从心理学家们的具体研究工作去看"看"本身，由他们的研究来启发我们对于"看"的思考。

专注地看

科学研究探索未知世界，做父母生养孩子也是一个研究过程。温尼科特说，并没有一个孤立的母亲存在，母亲是随着婴儿的出生而产生的。虽然有许多经验可资借鉴，资源储备充分足以应对，但仍有太多不确定等待着探究。父母必然要去研究父母的角色与功能、研究婴儿的行为与气质，研究父母与孩子的互动过程，而且这些始终都伴随着兴奋、焦灼不安、迷惑与疲惫等情绪。

研究人员的专注类似于温尼科特概括的"原初母性关注"（primary maternal preoccupation），可能较少卷入、较少的情绪负荷方可保证在精神分析情境中所谓的"医生似的关心"，这是一种严谨、理性而又温柔的关切。我列举的这些不同情形下的专注或许其内在有相通之处，或者说可能有共同的起源，我的问题是，我们不是简单地需要被告之应该怎么做，而是要了解，我们本可以有的专注是如何被打断、被侵扰的？

我想大段引用有关母婴互动的描述，我个人觉得这段文字是阅读本书的基础。

母亲正用奶瓶喂她三个半月的儿子。大约喂了一半。在喂奶的前半段，婴儿一直在吸奶，很认真，偶尔看一下他的母亲，有时长达 10～15 秒。另一些时候，他懒懒地凝视房间四周。母亲一直相当安静，过一会儿就看孩子一眼，像是察看，偶尔也长时间（20～30 秒）地看着他，但并不与他交谈或交流面部表情。她看他时几乎不说话，但当她转过来看我时则时常讲话，并且面部表情很生动。

　　直到此时，进行的都是正常的喂奶，而不是社会相互作用，接着有了变化。母亲在看着我，与我交谈的同时，把头转向婴儿，注视着他的脸。婴儿此时正注视着天花板，但从眼角的余光他看到母亲的头转向了他，于是就转而回视母亲。这种情形以前也有过。但现在他打破了节奏停止了吸奶，同时露出了很微弱的笑容。当母亲看到他面部的变化时，她突然停止了谈话，眉毛扬了起来，眼睛也睁大了。他盯着她，一瞬间，他们就这样一动不动地互相注视着。婴儿也不再去吸奶，母亲一直保持着期盼的表情。这宁静的、几乎不动的瞬时延续着，直到母亲突然打破沉寂说"嗨"，同时把眼睛睁得更大了，把头朝儿子扬了扬。几乎是同时，婴儿也睁大了眼睛，斜了斜头，露出了微笑，奶嘴也从口中滑出。母亲于是说："喂，乖乖！乖乖……乖……乖……"她的声音提高了，"乖乖"变得更长了，后面的每次重复也表达了强调的意思。随着母亲的每句话，婴儿表现得更加高兴，身体也做出了反应，就像朝气球里每吹上一口气就会变得更胀一点一样。接着母亲停了下来，面部表情也消失了。他们互相期盼地看了一会儿，共有的欢愉渐渐消退，但在还没有完全消退前，婴儿突然主动地要想重新找回什么。他的头突然向前倾斜，双手猛地向上举了一下，笑得更欢了。母亲也被调动了起来。她身体前倾，张开了嘴，眼里闪着喜悦的光芒，说："哦，哦，哦……你想玩儿，是吗？我不知道你是不是还饿……不饿……不，我不知道……"他们继续玩儿了下去。

　　经过一些简单的交流之后，祥和、愉快达到了更高的程度，相互作用呈现出重复游戏的形式，如此循环着进行下去。母亲向婴儿靠得更近了，俯身朝向婴儿，皱着眉头，但眼里闪动着愉悦的光芒，嘴嘬成圆形，随时准备露出笑容。她说："这次我要让你笑起来。"同时把她的手放在婴儿的腹部上，准备用手指逗弄婴儿的腹部，并向上掏弄他的脖子和腋窝，使其发痒。当她俯身说话的时候，他微笑着、蠕动着，但总是望着她。即使是在逗他的痒痒时，他们之间的相互凝视也没有中断。

　　当逗痒痒摸到颈部并用手指最后强化式地点了一下之后，母亲靠回椅子并迅速地直起身来，她的脸舒展开了，眼光也落到了别处，好像是在为下一次亲近考虑一个新的、更加不可抗拒的计划。婴儿一边入迷地看着，一边发出刚好能听见的"啊啊……"声，因为她将脑中的计划随意地表露在脸上，她的脸好像一张透明的屏幕，将她脑海中变幻的图像一一展现出来。

最后，她又向前猛地俯下身子，也许早了一点，比前几次都快。他没有完全准备好，一时还没有警觉，脸上表现出吃惊而不是愉快的神色，双眼圆睁，小嘴张开但却不带笑容。他稍稍转了一下脸，但仍保持着相互的注视，当她完成这个循环之后，直起身子，她明白她不知何故失败了，说不上产生了什么适得其反的后果，但她感到非常沮丧。欢愉没有了，她靠回到椅子上有好几秒钟，大声地对自己、也对婴儿说着话，没有做什么动作，只是在进行评价。她随后又开始了游戏，然而这一次她没用手指去逗痒痒，而是在行为上更加有规律，节奏更加明显。她比较平和地靠近婴儿，眉毛、眼睛、嘴都带着丰富的表情，没有什么威胁，表示要按她所说的那样去做，"我要让你笑起来"。婴儿的注意力再一次被她吸引。他开始露出从容的微笑，嘴微微张开，脸向上倾，双眼微闭。

在随后的四次略有变化的反复循环游戏中，母亲的操作几乎相同，除了用对面部表情、声音和速度的控制逐渐提高了悬念。就像这样："我要让你笑起来。""我……要让你笑起来。""我……要让你……笑起来。""我……要让……你……笑起来。"婴儿变得渐渐地更有兴趣，两人不断增长的激动既有欢欣也有危险。在第一循环中，婴儿被母亲滑稽的动作吸引了。他明显地笑着，眼睛从未离开过母亲的脸庞。在第二轮循环中，当母亲靠近时，他把脸微微偏离开，但仍有微笑，在第三轮循环的开始针对母亲突然的动作，婴儿仍未做好面对面的姿势，他把头稍稍转开了。当母亲靠近时，他的脸转得更远，但他仍看着她，同时他的笑容也消失了。眉毛和嘴角在微笑和严肃表情的变化间来回变动。随着激动情绪的上涨，他似乎跑进了突发性欢欣和恐惧之间的小道。随着道路的变窄，他终于中断了与母亲的对视，似乎要使他自己镇静一下，渐渐降低自己的激动程度。他在成功地做到这点之后，又转而注视母亲，露齿而笑了。在这种暗示下，她兴致勃勃地开始了第四轮，也是最有悬念的一轮游戏，但是结果证明这一次对他来说太过分了，将他推到了狭窄小道的另一边。他立刻中止了凝视，转开身子，脸也转了过去，皱起眉头。母亲马上就看到了这点，当时就停止了游戏，轻声地说，"哦，宝贝儿，也许你还饿，啊，再吃点奶吧。"他回头凝视，面部表情也缓和了，又将奶头放进口中。这种社会性相互作用，"片刻"就过去了，又恢复到喂奶（整个插曲持续了大约四分钟）。

——《母婴关系》，丹尼尔·斯特恩

研究人员的观察何等仔细！通过他们的眼睛，我们看到了什么？我觉得既平常又神奇。"平常"是说，这一幕四分钟的插曲在生活中随处可见，再平常不过，我们一点也不感到陌生，这就是我们看到的母亲和婴儿，她们整天都在玩这些游戏。同时这一幕又是如此"神奇"，母亲和婴儿都在"研究"对方，还是典型的科学研究，给出刺激，观察反应，调整变量……

没有完全一样的婴儿，也就没有养育孩子的标准程式，母子相互给线索，在探索的游戏中实现符合每个婴儿特殊气质的最佳匹配。观察给我们带来无尽的启迪和思考，我们了解了我们是怎样长大的，也了解了当母亲的凝视变成回避、躲闪，或变得心不在焉、被分离（dissociation）所中断，孩子内心可能会有的绝望与悲伤，好像一个生命的灵魂之火花开始在眼睛中闪烁，没有遇到回应后就此黯然熄灭。此刻我想到，我们都是外星人，在母亲的凝视中寻找到同类，完成对接后成为地球人，从此安居乐业。否则，我们就成为眼神空洞、行尸走肉般飘荡的游魂。"这个母亲看孩子时容光焕发、喜不自胜"，我想象那个情形，无以言表，只能想些比喻的话：走失多年、失而复得？不太像。找到了党和组织？捡到了宝贝？

对应的，必须开启另外一个观察的窗口，去审视一些母亲的历史与现实。蕊娜说：那种感觉就好像灵魂出窍一样。我记得很清楚，我在操场上跑步，但是，真正的我并没有在跑步。那个真正的我，坐在看台上向下看，看我的身体围绕着一群踢球和跳房子的孩子在跑步。蕊娜的"那个真正的我"，是有待招魂的母亲。或者说，蕊娜的母亲通过蕊娜分离的感受，渴望着呼唤着被关注。

完整地看

本书作者亨利·马西博士详细介绍了布洛迪和阿克塞尔拉德的研究，他评价该研究是前所未有的，是第一个如此完整地记录儿童前七年生活的项目。我特别注意到他说的"完整"：

> 除了拍摄喂奶时的母亲和婴儿，布洛迪和阿克塞尔拉德小组还拍摄了母亲和她正在成长的孩子玩耍的情景，并且记录孩子出生时的神经成熟度以及几乎每年的认知增长。在孩子生命的第一年里，研究人员还要多次采访母亲，此后是定期访谈，主要是确定父母的背景，她养育孩子的艰辛和担忧，她的内部冲突，她的知识、信念和实践以及抚养孩子的快乐。

> 这项研究又增加了心理测试、儿童观察、校访、教师访谈以及不定时的家访。这样，随着岁月的流逝，研究人员记录了孩子们如何建立了他们独特的全副武装的防御机制，还记录了他们的主导情绪、个人特长、他们的矛盾和焦虑以及他们与兄弟姐妹、父母和同学之间的关系。孩子们4岁时，父亲们加入了该项目。他们接受了深度访谈，以后每年一次，直到孩子7岁，有时会不定期但不均匀地观察父亲与孩子的互动。

这一系列研究的确很完整，包括生理与心理、情绪与认知等目标，包括了母亲和父亲等重要客体，包括了观察、测量与访谈等不同方法。心理世界本来是完整的，但当手里拿着锤子的时候，整个世界都成了钉子，某一理论的局限性总是与其局限的"看"相关。当然，有时科学研究必须在限定的范围内工作。本书的研究者们追求完整，力图避免用简单、线性的逻辑覆盖活生生的心理现实，甚至于最后直接用故事来呈现研究成果，尽可能保证完整地反映被试的真实状况。阅读本书时，我经常会感到研究者在与各种预计、预测与预期较劲，同时又并没有觉得有一种颠覆的冲动与快感，更多的阅读体验是透过描述传达的平和之感。

"我们必须睁大眼睛仔细查找答案，考虑所有的可能性。"这是书中我印象最深刻的话。作者说："我们1994年与他们会面时，我们故意不去了解他们的过去，这样我们可以没有偏见地接近他们。"在实际的生活中，父母面对孩子时，应该致力于完整地看。完整地看，最基本的要求，又是最难做到的。因为朝夕相处，对父母而言，很容易出现视而不见、熟视无睹的"看"；对孩子而言，好像父母是天下最有成见的人，"看"死了自己，总盯着某些部分如成绩、行为习惯等不放，真是憋屈死了。如果睁大眼睛，前前后后、左左右右，仔仔细细看个清楚，如果来龙去脉、前因后果，认认真真问个明白，情形肯定是大不同的。

长远地看

中文中"看"的字、词非常丰富，前边我已用了一些，在此，要有另外的"看"，即"瞰"，其中有从高处看、远望之意。作者亨利·马西博士回忆说，西尔维娅·布洛迪的录像帮助我理解了生命开端的重要性——生动展示了婴儿时期的困惑和不信任——而埃里克森则让我看得更远一些。本书的研究项目时间跨度长达三十年，看得够长够远的了，看到的内容也真够沉甸甸的。

孔子云"三十而立"，在30岁这个点上回望，看立了一些什么、如何立的，看父母如何影响孩子，这些结论太重要，值得在此引述，反复阅读：

1. 父母的镇定，善于反省，专注——把孩子当人看待；

2. 父母两情相悦，感情深厚甚于彼此爱慕；

3. 母亲温柔、慈爱、热情并富有同情心——或者说，她能够感受孩子的感受；

4. 父母为孩子积极的能力（自信／进取）感到骄傲。正如一个母亲在孩子哭时表现的那样："她清楚地表达了她的情感"；

5. 父母为孩子的创造性和独立性感到愉悦；

6. 父母强调纪律而非惩罚。"纪律"与"学徒"的拉丁词根相同，这表明父母应该为孩子做出榜样，孩子们追随父母生活的脚步；

7. 至少在最早的几年，父母应该密切关注并且参与孩子的生活。

这些是三十年经历中历历可见的暖流、航标，或者是取之不尽、用之不竭的源泉。就是在这些点上，托尔斯泰的话是对的，换言之，幸福孩子的父母是相似的。

从上述七点中，我还看到父母的高度、深度，确实是只有看到了自己，才能看到孩子；而且其中需要清晰的长远的"看"，着眼于未来，预留成长的空间，父母看到创造性与独立性，体验到的必然是骄傲与愉悦。

不论是指导养育孩子，还是学习研究与干预技术，本书都给我们传递了至关紧要的秘诀：爱与耐心的凝视。

吴和鸣

中国地质大学（武汉）应用心理学研究所副教授

华中科技大学同济医学院心理卫生研究中心学术委员会委员

2013 年 6 月

父母的镜子

参加心理治疗课程的学员中有很多都已经做了父母，当他们学习到诸如客体关系这样一些内容时，经常会感慨地说，要是早几年懂得这些知识，他们的孩子就不会是今天这个样子了。这当中有年轻的父母，他们的孩子或者刚出生，或者正处在学龄前期的某个阶段，如何采取适当的养育方式让孩子的心理得以健康成长成为他们十分关注的话题。另一些较为年长的父母，他们的孩子正在念高中或大学，或者已经工作，有了自己的家庭，但父母和孩子之间仍然存在某些冲突，或者孩子本身就有某种心理障碍，他们试图寻求心理治疗的帮助来解决这些困扰。

临床心理咨询门诊也经常会接待很多家长，他们因为孩子的情绪、行为和学习等问题来求助，并且急迫地想要找到一种能够立刻解决问题的方法。当我们在咨询过程中追溯那些出现问题的孩子的成长经历时，几乎总会发现，从他们出生开始，父母对他们的养育方式就有某种偏差。这些通常源自父母的家庭或自身经历所造成的负面因素，却极大地影响到了孩子的心理成长，使他们的创造力受到抑制，难以调整和控制自己的情绪，在人际关系方面发生种种困难。

面对这些学员和家长，我时常会在在讨论和咨询之外向他们推荐一些关于养育孩子方面的读物，现在我们又多了一本很好的书：由参加中美精神分析培训班的同事翻译的《情感依附》。这本书的作者之一——内森·塞恩伯格，是美国著名的精神分析师、儿童精神病学家，他和他的同事共同完成了一项历时三十年的研究，对76位受访者从出生到成年的生活历程进行了观察、评估和探索，通过大量的第一手材料，生动地揭示了童年期父母的养育方式对孩子的心理发育以及成年后的社会生活所起到的重要作用。

大部分的父母其实并不缺少养育孩子的知识，即使那些在这方面有困难的父母，他们也会有一些自己的关于如何养育孩子的见解，问题是如何把这些知识真正应用到父母对孩子的照顾中去，在孩子和父母之间建立起恰当的情感联结。我们知道，婴儿出生后在心理上最首要的环节就是对母亲的依附，凭借母亲提供的关注、爱抚和回应，婴儿逐渐形成了最初的安全感和信任感，为后来的成长打下良好的基础。《情感依附》的作者认为，母亲和婴儿的这种互动会在三个层面上展开：宏观层面、微观层面和神经心理学层面。其中，宏观层面指母亲的慈爱、快乐、保护等特质，也就是母爱，总体上对一般的母亲来讲没有问题。具有挑战性的是微观层面，即母亲和婴儿之间的微观体态互动，比如手指碰触、言语表达、亲吻、凝视、表情等，这些互动"使母爱具有可操作性"，是真正体现母亲养育方式的核心环节。书中举了一个例子，那是一个患自闭症的3岁女孩，名叫琼，作者马西为了找到治疗的切入点，从琼的父母那里要来了她早年生活的家庭录像，反复观看之后他在其中发现一个细节：

> 当琼四个月大的时候，母亲把她抱在肩膀上，她们的目光跨过操场看向正在拍摄的父亲。母亲用鼻子蹭着琼，孩子开始流口水并微笑，然后将目光转向母亲。就在同一瞬间母亲却看向了别处，她们的眼神不曾相遇。孩子脸上的笑容消失了，目光变得呆滞，脸上没有了表情。类似的事件重复发生了多次。

当然不能说这是造成琼的自闭症的唯一原因，但这类微观层面的眼神的错失肯定会给孩子投下阴影，孩子会因为无法感受到与母亲的情感联结而陷入沮丧之中。如此一点一点地积累下来，就有可能造成孩子以后某种严重的心理障碍。

孩子的成长不可能永远一帆风顺，甚至在婴儿期他们就会面临母亲照顾上的一些微小的疏忽，这些疏忽一方面会让孩子感到受挫，但同时也有助于孩子自我功能的发展。但如果挫折过于强烈，孩子的心理发展就会停滞，陷入退缩当中。在《情感依附》一书里，接受访谈的有一位名叫尼古拉斯的中年男人，他有良好的生活适应能力，事业上也很成功，他在访谈中讲到一段童年的记忆：

> 我最早的记忆是我们去广场玩儿，广场离我们曾经住过的地方不远。滑梯、沙箱和别的孩子都很有趣，但那天我找不见母亲了，惊慌失措。那一定是我大约3岁的时候。我转来转去，四处寻找她，越来越害怕，然后我突然看见了她，那个瞬间我有一种巨大的如释重负的感觉。接着她把我抱起来，拥抱我，整件事就结束了。

可以想象，如果尼古拉斯在那一刻见不到母亲，他就会一直被巨大的恐惧包围着，如果母亲对尼古拉斯内心这种强烈的恐惧完全没有觉察，或者漠然视之，这种恐惧就可能作为他内心的一种核心情感延续下来，影响到他对知识的探索以及后来人际关系的发展。另一个心理发育水平比较好的受访者是塔蒂亚娜，她之所以对自己和身边的一切充满乐观和自信，是因为从小母亲就给予她足够的陪伴和支持。塔蒂亚娜说："那时我知道事情总会好起来的，每当我需要她（母亲）时，她一定会在。"

父母对孩子的养育中有很多偏差都会影响到孩子心理的健康发展。《情感依附》一书观察了一组患有多动症的儿童的家庭，发现这些孩子的父母呈现出十三个特征，其中一个是"倾向于把情感投射在孩子身上"。意思是说，父母在和孩子的交流中不是尽力去理解孩子的内心，而是用自己的情感去代替孩子的情感，使孩子实际上处在被忽视的状态中。这让我想起一个来访者在治疗室里对我讲到他的一个童年记忆：

> 母亲总是喜欢给我削梨，每次削之前她会问我吃不吃，我说不想吃，但她根本不理，还是给我削，然后看着我一直把梨吃完。有时因为要赶着去上学，我吃了一半就出门，到外面把剩下的一半扔了。但母亲会站在阳台上看着，她看到我把梨扔了，下午放学回来就会狠狠地训斥我。

前面说到《情感依附》中的受访者塔蒂亚娜，在她小的时候，母亲总喜欢准备一些橘子让她们吃，但塔蒂亚娜不喜欢吃橘子，她就把它们藏到橱柜后面，当母亲打扫房间发现那些烂橘子时，知道是她干的，就对她说："我相信你，如果你真的不爱吃橘子，我们需要讨论一下，看看我们做些什么。你把东西扔到橱柜后面，完全没对我说谎，但是从另外的角度来看，这就是说谎，因为你在隐藏，我们应该总能讨论事情，即使我们意见不一致。我可以请你吃橘子，你也可以不喜欢吃，但很多时候，你不得不做你不喜欢的事情，那些对你有好处的事情。我不是说做对你有害的事情，而是对你有益的事情。"作者认为，塔蒂亚娜的母亲给予女儿的是讨论分歧的选择而不是破坏性的、毫不动摇的刻板，她的坚定为塔蒂亚娜设定了价值观、期望、极限及控制的框架。

另一些父母的做法对孩子的影响更大，比如书中的另一个受访者凯文，在他小的时候："母亲经常误解孩子，说他很饿，而实际上他在休息；当他充满好奇时，说他'太吵'，从这一点上讲，似乎可以说明母子彼此都是对方生活的侵入者。"

即使做得很好的父母，他们身上的一些负性情绪也会间接地影响到孩子。比如尼古拉斯，他 1 岁时就被查出有一个肾脏异常，父母试图保护他免受焦虑的影响，不让他了解真实的情况，但他们的担心和忧虑还是潜在地影响了尼古拉斯。他在 6 岁时参加一个演出，以中断表演的方式表达了他内心的焦虑。在临床咨询中，与此相似的情形是，我们经常看到有一些父母，他们因为自身的某些经历造成了心理上的偏差，却不知不觉地把这些偏差投射到孩子身上，比如内心怀有深深的内疚感的父母，会经常苛刻地指责孩子做错了事情，让孩子感到一切麻烦都是自己引起的，这样的孩子要么表现出强烈的对立和攻击性，力图证明自己的清白，要么陷入很深的抑郁状态中。

曾经有一个母亲问我，怎样跟孩子交流，因为孩子不跟她说话。我回答说，你去想一句话：我是孩子的母亲。当你把这句话想到自己都很感动的时候再去和孩子交流，他会接受你的。我的意思是说，爱孩子是每一对父母的天性，但有些时候，这种爱因为种种原因被加上了不同程度的实用化、功利化的成分，使孩子感受不到父母的爱。而按照《情感依附》一书中的观点，当父母内心对孩子的爱在当下呈现时，还需要在微观的层面上将其具体化，通过一系列和孩子的充满情感和创造力的微观互动，建立起一种积极、安全、恒定的关系，促进孩子早期心理上的健康成长，为将来的独立和个体化做好准备。从《情感依附》中，我们听到了很多孩子的心声，也看到了很多父母在养育孩子的过程中的成功与失误，只要用心去读，相信这本书会给父母和临床心理工作的同事提供很好的借鉴。

李小龙

武汉市心理医院副主任医师

中国心理卫生协会心理治疗与咨询专业委员会精神分析学组副组长

2013 年 6 月

作者序

这些话语，仅仅是空气，却甘之如饴。

——萨福

写作修复幻灭的声音，它以之对抗死亡。

——爱德华·赫希

该书是我和我的朋友、同为精神科医生的亨利·马西共同撰写的，报告了一项关于纵向母婴研究的结果，该项目由西尔维娅·布洛迪于1964年发起，历时30年，研究了76位被试。在20世纪90年代初马西博士负责这项研究工作，1994年则由我来承担。

我在威斯康星州儿童医院任精神病科主任时，亨利就曾打电话询问我，此前对被试的研究始于他们出生一直持续到18岁，而今对这些业已30岁的被试进行访谈时，应包含哪些内容。我给了他一些建议，其中一条就是进行关于成人依附关系的访谈，我以为我对该研究的参与会到此结束。不到一年，亨利又打来电话说所有76人的访谈都已经完成，每个访谈都进行了录像，每个录像时长约两个半到三个半小时。他问我是否愿意观看录像并对这些被试的生活功能和内心世界的结构进行评估。

非常感谢亨利邀请我参与研究、分享这些生活故事。我是一位精神分析学家，常常数小时倾听他人的内心世界；我还研究母亲和婴儿如何读取、理解彼此的情感并发展依附关系。我发现，依附是一种有力的方法，可以用来理解我们在第一年如何发展亲密关系，以及内部策略如何在整个生命中改变这种发展。

我们起初远距离工作，我不时到巴克利度过长周末并观看那些录像带（还在潘尼斯之家吃饭放松、缓解压力），否则我就要长途跋涉把这些录像资料带回威斯康星（因为它们太珍贵了，不能托运）。一年后，我搬到湾区居住，很大程度上是为了进行合作研究。

我们的方法很简单。阅读被试未来的生活史之前，我观看并评估录像带中的 76 位受访者，亨利也观看并做了总结。当两人都完成上述工作以后，我们对笔记做了对比。我对被试童年生活的重新建构经受了预期观察的检验并因回溯性记录而更加丰富。我们也比较了我们的评估者间信度。我的另外一个同事——埃里克·黑塞，独立评估了有关依附的访谈部分。然后，我们把这些生活经历进行分类，并着手撰写这本书。

为了清晰地表达结论，我们把这 76 个被试分成两类：一类被试的生活从童年早期到成人期相当具有连续性，另一类被试的生活则不具有连续性。生活具有连续性的儿童既包括那些始于最佳养育、获得良好生活功能的儿童，也包括那些始于照料不周、30 年后生活功能欠佳的孩子。生活不具有连续性的儿童从两个方面呈现了与照料预测不一致的结果：一种是始于欠佳的养育，但成年生活完满；另一种则始于最佳的养育，成年生活却并不如意。

对被试进行分类时，我们遵循人性共通的推动力去理解各种体验模式，识别大自然的设计——沿着小路穿过树林，用星座标记天空，观察月球预测潮汐——是为了获得必要的自信，使人能够够成功地驶过生命的海洋。但我们很容易夸大我们想象中的模式，并把它们强加给现实。上个世纪骨相学家们就曾经通过"阅读"头骨上的突起，得出了有关性格的结论——引人注目、令人着迷，然而却是错误的。

然而在研究过程中，我们发现自己听到的是一些基本的东西：人们讲述了关于自己的故事。尽管个体可能会陷入特定的窠臼——甚至只能在某个群体中与他人分享特征——然而个体的生活经历才是真正引人入胜的，而分组在某种程度上是去人性化的。所以，作为研究者我们对被试进行分组，作为作者我们让主人公详细讲出自己的心声。我们希望可以使他们的生活保持丰富的人情味儿。

接下来的章节就是故事了，我们 30 年临床观察的 76 位被试的人生故事。被试的父母们欣然同意在录像、测试和访谈中袒露自己和他们的婴儿，以及后来的儿童、青少年和现在的成年人。起初是对布洛迪博士和持续到 1990 年的那些早期研究者们，后来就是对亨利·马西、我以及帮助我们的人。这些被试讲述的故事并不都是简简单单，有些故事给人以深刻的愉悦感，有的却使我们好似陷入冬日的黑暗一般。

早期的跟踪调查展示了很多关于教养方式与发展的情况，这些 30 岁的受访者则揭示了回忆的作用。我们更深刻地理解了母亲的养育风格对结果和一致性的影响，进一步得出了与早期亲子关系重要性相关的结论，详细阐述了对这种重要性的理解，并在后期对上诉内容进行了修正，这些也是其他纵向研究人员，如沃特斯、汉密尔顿和文斐尔德（Waters, Hamilton, & Weinfeld, 2000）正在发现的。在二十年的研究中，这些调查人员通过使用精心结构化的依附测量及研究不同类型的家庭（中产阶级、贫困、单亲）证明了发展的一致性，表明依附关系是可预测的，条件是把逆境考虑在内。我们的研究补充了他们的工作，扩展了数年的详尽研究并增添了复杂的生活细节，这些生活细节是我们从预期观察和回溯性记录中发现的。我们讲述生活如何并且为何朝着特定的方向前进，精神病症状如何以及为何会出现在某些人身上，以及人们在生活的海洋上试图平稳航行时其个体内在的思想和感情是如何适应外部环境的。

我们花了五年时间观看这些婴儿期、童年和成年的生活录像。在这五年里，我们一直在苦苦思考如何让读者理解我们所看到的。我们思考如何把一个人生故事准确地讲述出来，使之对每个观众而言都是真实而又清晰的。我们想生动地展现出被试如何从内部积极忙碌地建构及重构他们自己，有时候富有成果而有时候却并非如此。

弗洛伊德（1932）建议，最好用两种方法了解我们如何构建内心世界：对发展的预期观察和对生命历程的回溯性叙述。我们的工作揭示了这种双重方法的丰富性。我们发现，单独使用哪种方法都不足够或者更有效。在某些情况下，只有当回溯性叙述告诉我们孩子当时想到和感受到什么时，预期观察才能被完全理解：一个 3 岁的孩子在心理测试时害怕袋鼠，但在他 30 岁时，我们才了解到他曾经被卧室墙上的一张袋鼠图画吓坏了。另外一个孩子在 6 岁时，他的观察研究员被他们父子一起从事的套件无线电活动所打动，而 30 岁时他却回忆说这个活动是一件乏味的苦差事。与此同时，我们把回溯性记忆和预期观察相比较时，记忆呈现为建构：例如，一个成年人回忆了发生在他 4 岁半时与父母的创伤性分离，而在预期观察记录中，我们获知他在 3 岁半到 5 岁间经历过三次重大的分离。换句话说，记忆会重塑历史经验：一个 30 岁的成人描述他的父亲虽然强硬但富有爱心，我们却从他的妹妹那里得知那个男孩曾被父亲殴打至出血。这其中的爱在哪里？

经过 30 年的研究，从这些回溯性与预测性的方法中，我们发现如下因素能够促进孩子的心理健康。

（1）父母的镇定，善于反省、专注——把孩子当人看待；

（2）父母两情相悦，感情深厚甚于彼此爱慕；

（3）母亲温柔、慈爱、热情并富有同情心——或者说，她能够感受孩子的感受；

（4）父母为孩子积极的能力（自信/进取）感到骄傲。正如一个母亲在孩子哭时表现的那样："她清楚地表达了她的情感"；

（5）父母为孩子的创造性和独立性感到愉悦；

（6）父母强调纪律而非惩罚。"纪律"与"学徒"的拉丁词根相同，这表明父母应该为孩子做出榜样，孩子们会追随父母生活的脚步；

（7）至少在最早的几年，父母应该密切关注并且参与孩子的生活。

下面简单地说说记忆。天文学家们争论宇宙是均匀的还是块状的。记忆是块状的。思考刚刚过去的一天，或一年前，或你的童年，回忆是一簇簇的经历，而不是连续的线条。这本书就是探索这一簇簇记忆的组件——感觉、思想、视觉影像和声音如何以及为何就组成了一个记忆。就像瑞巴 7 岁时的记忆：父亲开着崭新的汽车回家，邀请她和她所有的朋友去泰斯特冷饮店。这种让人胃口大开的往事欢快、动人并充满了希望，令她记忆犹新。

"序"这个词是有历史的。一本书的序，先于即将发生的事件而出现，预示着前方有什么。在天主教中，序是更庄严的庆典开始前的感恩祷告；在犹太教中，序就是安息日，仿佛新娘迎来了一天的休息。在这篇序里，我希望引导你们——我们的读者，走进我们多年的工作，赋予这些人的故事和经历以生命力，以使自己可能享有更明智而充实的生活。在我们的努力中，不论对于受访者还是读者，我们的任务和责任，都是在观察孩子内心世界的演变时，心存敬畏。通过这样的方式，30年的故事就不仅仅是在个体的生命中存活一次然后被忘记，而是可以再次进化为更持久的故事，被其他人记住、阅读和回忆，并丰富他们的生活和理解。我们感谢所有那些与我们分享他们生活的人，他们的故事永远存留于我们的脑海里、我们的心里。

我以古代和现代的诗句开始了这篇序，以表明这本书是如何产生的。这些话表明，我们希望读者阅读这些故事时会发生什么。我们的研究对象过着他们自己的生活。如果没有研究者——没有听众，没有观察者——他们的故事就会消失，不仅是他们说的话，还有他们的声音。当我们写下这些故事的时候，我们试图使他们的经历及他们所提供的教益变得更加持久。然而，是读者赋予了这些故事以鲜活的生命气息。愿这些故事根植于你们的脑海和内心——如同他们根植于我们的脑海和内心。愿他们照耀和改变你的生活！

内森·塞恩伯格

于旧金山和贝尔谢巴

前言

　　大约 35 年前，也就是 1968 年 7 月，我在纽约的阿尔伯特·爱因斯坦医学院开始了我的精神病学的学习之旅。当时我只是一个来自中西部毫无经验的新手，刚刚在圣·路易斯医学院毕业来到东部。那时的路易斯还很传统守旧，令人昏昏欲睡，以至于当我在学校报纸发表了一篇支持民权运动的社论时，政府居然质疑我是否属于哈欠连天的学校和学生群体。在纽约，那回荡在高楼大厦间的电钻声、那拥挤的交通、爵士俱乐部，以及为反对越南战争在百老汇大街游行的成千上万的人们，所有这一切震醒了我。

　　我在布朗克斯州立医院接诊的第一批精神病人也同样令我兴奋，那时，我和同学们正想方设法把书籍、讲座、理论和术语与试图帮助的实际人群一一对应起来。在病房、急诊室和住院医生的小办公室而不是在象牙塔里去尽力理解人类的心灵是那么的令人着迷。我们的病人真的相信我们可以帮助他们，加之病人的乐观纯朴与我们刚毕业时那种初生牛犊不怕虎的精神和美好的愿望，好事的确会在他们的身上时有发生。作为学生，我们往往有一种错觉，我们知道的比我们做的多，这给了我冒险的勇气，让我在很长的时间里没有半途而废。

　　我记得在州立医院值夜班时，一个医生要负责几百位病人。值班室的电话铃时常会响起，因为这常常发生在漆黑的凌晨时分，比前半夜更容易唤醒病人的绝望。这个时候我就要离开我的小屋，穿过这寂静黑暗的校园，来到病人住的幽灵般的三座高楼中的一座。

　　灯光昏暗的电梯缓慢上升，当电梯门打开的时候，护士站那明亮的灯光把我唤醒了。通常是一个护士（或者一个助手，他可能做过拳王阿里的陪练，因为力气大而被医院聘用）迎接我，领我来到一个闹哄哄的隔离间。有时是一个男人在咆哮或威胁要挖掉自己和其他人的眼睛。我会评估工作人员、病人以及我自己的情绪和疲劳程度，然后给出"好，让他平静下来"这样的医嘱，因为护士已经告诉我她认为是时候了；或者我会给出另外的建议，"给他75毫克的氯丙嗪"；也有可能是一个穿着病号服的女人，她的年龄和特征都被悲痛淹没，哭诉她的"宝贝"被不知名的"他们"抢走了。

如果我还很有精力，我会坐下来鼓励她说给我听，尽量运用我从前一天的讲座里学到的知识来区分这是躁狂抑郁性精神病还是精神分裂症。通常一个小时后，病人就会平静下来，准备去睡觉，相反我的脑袋却会高速运转，困惑于她是失去了一个真的孩子还是幻想出来的孩子。我知道，对于多数这样的夜间病人来说，我都不会再见到他们，也不会再有机会了解他们痛苦的根源。尽管我有时会在白天取消或跳过午饭挤出时间回来一趟，试图更好地理解他们。不过，没有哪一本书或一堂课曾经以令人信服的方式教给我为什么这些病人会生病。我花了很多年才学会如何真正地倾听病人并与他们交谈。为此我不得不逐渐忘却大部分专业术语和食谱类的东西，以及早期学到的那些循序渐进的方法和技巧。尽管培训使我感觉到能自如地控制临床情况，但是事实上这也成为我和病人间的拐棍和障碍。

然而有一部分培训非常突出，我从来没有放弃过。那是儿童早期发展课程，其中一部分是基于西尔维娅·布洛迪的研究，已经被制作成一部名为"六周时的喂养模式以及母婴互动"的教学片（Brody & Axelrad，1970）。她当时是一名心理学家、精神分析学家，并且是纽约大学医学院和阿尔伯特·爱因斯坦医学院的教授，她的丈夫是纽约市立大学的社会学家希德尼·阿克塞尔拉德，他们一起从事研究工作。不像我们在爱因斯坦医学院接受的其他教学，她的影片并不告诉我们关系是好还是坏，而是通过聚焦于母婴间每时每刻的互动来展示给我们看，常常播放慢镜头。在那之前，还没有别的研究者曾经这么做过。

这部教学片的解说语言平实，直白地用慢镜头呈现了两人花费数小时、仔细地实时查看电影的逐个画面后而做出的解释，这是他们为研究婴儿发展而开创的技术。教学片向我们展示了17位母亲喂养孩子的方式，研究人员认为这些喂养方式都形成了独特的模式，有一些模式很好，也有很多模式是破坏性的。

比如，我记得有位母亲面带微笑，平静地看着她六周大的女儿有节奏地吮奶。婴儿的小手舒展地放在母亲的乳房上，母亲轻轻吻着孩子，孩子慢慢地睡着了。另一位母亲则把儿子抱在大腿上，没有抚摸过他一次，脸上一直毫无表情。只有汤匙和奶瓶碰触着小男孩的嘴唇，孩子的手在空中徒劳地抓来抓去。还有另一个案例就像重复的噩梦一样嵌在我的记忆中。母亲把女儿放在桌上的摇篮里，自己站在一手臂远的地方，拿着奶瓶放在孩子的嘴里。这位母亲环顾着房间，看上去无聊烦闷。一旦当婴儿吐掉奶嘴，母亲就愤怒地把女儿的头猛拉回原来的位置。婴儿的头向前倾着，露出痛苦的表情，好像要哭的样子，却因为奶瓶在嘴里塞得太紧而哭不出来。房间里所有观看影片的人都因此而感到窒息。

我们看到了不同的母亲，有些母亲愤怒、冷漠、控制、跋扈、混乱、无能、疏离、笨拙、呆板、抑郁、好说教，另一些母亲则高效、温柔、愉悦、体贴、宽容且富有同理心。观看这些影片时，我一直在想，这些早期的不同经历必将导致他们情感的成长之路各不相同，且有时会导致不同的精神状况。相对于当时所教的抽象理论而言，比如"口欲期创伤"、"婴儿期偏执—抑郁位的固着"或多巴胺神经通路的异常图，我在这些影片中所看到的一切更能合理地解释病人的痛苦。

我开始相信，这些早期的亲子体验一定可以在某种重要的程度上解释我在州立医院的病房和布朗克斯市医院的急诊室不期而遇的那些惨烈场景。在那里我与和我年龄相仿的年轻人交谈，他们有的在早上醒来觉得自己不属于这个世界，另一些则尝试过通过服用迷幻药或割腕的方式离开这个世界。

我第一批心理治疗的患者中，有一个成功地实现了死亡的愿望。他上小学的时候，一个叔叔长年猥亵他，而父母拒绝相信他。在他成为我的病人之前，他严重吸食海洛因，一天晚上他从医院逃离并再次开始吸毒。以后不久我便得知，他从公寓的窗子跌落而死。我永远不会知道他是跳下、跌倒还是被推下来的，但我得以体会这令人谦卑的教训，那就是我无法阻止人们为某些童年的心灵创伤而付出代价。

当我在受训的第一年里观看布洛迪博士的教学片时，我一直希望能够看到影片里的孩子们是如何长大的。我想，那样我将会获得某些关于生命的真正答案以及更好地帮助病人的工具。

开发研究方法

三年后，也就是 1971 年，我完成了常规的精神科住院医师的实习。沿着儿童在家庭中的早期经历是成人精神病理学主要来源这一方向，我在新兴的家庭研究领域谋得了一个研究员的职位。这让我有机会得以进入阿尔伯特·爱因斯坦医学院的埃莉诺·盖尔森研究托儿所，该项目开创性地发表过关于性别身份在生命早期是如何形成的论文（Roiphe & Galenson，1981）。他们的方法就是，把孩子们在游戏、性觉醒及儿童生活事件（比如生病、与父母分离、兄弟姐妹的出生）中的行为和固有的象征意义与正在同父母进行精神分析取向的深度访谈联系起来，访谈旨在发掘他们关于教养孩子和性的态度。

在托儿所里我开始治疗一个患有自闭症的 3 岁女孩（琼），她总是待在房间的角落里没完没了地旋转硬币，我用了数月的时间，想方设法让女孩摆脱这个固着，与我建立关系，但却毫无进展。我对心理治疗的过程失去了耐心，开始寻找新的信息，我问家长是否拍摄过琼婴儿期的影片。结果是他们有——有颗粒的、跳跃的、无声的 8 毫米家庭电影。由于不知道自己要找些什么，我就在布洛迪和阿克塞尔拉德的指导下一遍又一遍播放影片，终于在一个瞬间吸引了我的眼球：当琼四个月大的时候，母亲把她抱在肩膀上，她们的目光跨过操场看向正在拍摄的父亲。母亲用鼻子蹭着琼，孩子开始流口水并微笑，然后将目光转向母亲。就在同一瞬间母亲却看向了别处，她们的眼神不曾相遇。孩子脸上的笑容消失了，目光变得呆滞，脸上没有了表情。类似的事件重复发生了多次。

到第一年底，录像显示琼已经彻底患有自闭症。她避免所有的目光接触；她没有成熟的表情，无法交流情绪和意图；她没完没了地摇来摇去。在我发现了她在四个月时失败的母子互动后，我又捕捉到六个月大时的其他几个场景——

比上述场景更加短暂——母亲表现得异常沉默，与婴儿的目光接触也非常有限。然而，尽管在影片中发现了这些，治疗的重点也转向与母子共同工作，遗憾的是我从来没能帮助琼。

我仍然不确定是什么导致了琼的自闭症，因为这种状况仍然是一个深刻的医学之谜。每隔几年就有诱人的神经化学、神经结构学或心理学的发现与自闭症的病理有关，但仍然没有答案。有很少的几个孩子经过父母和治疗师极度努力的心理治疗后得以康复，但目前尚无可靠的药物和心理治疗方法。有些自闭症案例可能是心理创伤的结果，另一些是器官因素造成，其他的则可能是情绪创伤与器官损伤共同造成的结果。事实上，琼的案例为精神病治疗和研究带来了一个意义深远的难题，即如何对有重大精神障碍病人的家庭开展工作，其精神障碍一方面可能是心理因素诱发的，另一方面也可能是生物原因引起的；如何研究异常的教养方式对儿童发展的影响而不是责怪父母？年轻的我满腔热情地为琼治疗，由于我过于关注母婴间不同步的目光注视及自闭症源于母亲而不是孩子的可能性，她的家人为此而深感不安。从那以后，我学会了在继续的治疗中不再盲目自信。

另一方面许多精神病医生今天是如此害怕冒犯父母，他们甚至避免暗示父母可能会造成孩子的困扰。通常只有涉及过分的虐待、忽视或毒品的案例才会给精神病学家勇气去质疑父母的行为。如果法律条文表明父母是错的，心理治疗师才能保护自己免受责备父母的指控。依靠儿童的问题完全是由基因和化学失衡造成的解释，精神病医生同样可以保护自己，避免去质疑和试图改变父母的行为。

有些父母可能无意间伤害了孩子，我发现与他们一起工作和研究的最好方法就是温柔地开展治疗或研究。几乎所有的父母都尽力为他们的孩子做到最好。要尊重这个事实，当孩子们的生活并不如意时，要对父母情感的脆弱性保持深切的关心。我向他们承认，有时候我们将永远不确切地知道为什么事情会出错，但是我指出，我们必须睁大眼睛仔细查找答案，考虑所有的可能性，甚至有些是违背当时传统智慧的。

1972 年 6 月，仍然遵循从成人精神病学回到童年早期的路径，我离开东海岸，在旧金山锡安山医院创立了儿童精神病学协会。在那里我也开始了正式研究项目，收集一系列家庭拍摄的电影，包括后来被诊断出患有自闭症的孩子的幼儿期电影和作为对照组的正常儿童的电影，第一次系统地对这类家庭影像进行研究。该项目记录了自闭症最初的症状在生命第一年末就出现了。这使得及早识别儿童自闭症并实施治疗成为可能，因为这时症状尚未变得根深蒂固，治疗很可能是有效的。

通过对自闭症的研究，我的同事凯·坎贝尔和我开发了"压力下母婴依附的马西—坎贝尔量表（ADS 量表）"（Massie & Campbell，1983；Massie & Campbell，1984），从以下几个方面比较正常和非正常家庭中的母婴互动：眼睛注视、声音、触摸、抱持（母亲）、黏附（孩子）、面部表情（情感）和身体接触。这些互动在自闭症案例中经常是混乱的，而这些互动对所有家庭中的亲子联结及随后的儿童情感发展都是最基本的。我的敏感显然得益于几年前观看过布洛迪和阿克塞尔拉德的电影。ADS 量表对于儿科医生测量早期亲子关系是否存在问题非常有效，在我未来的研究中也一直很重要。

我最后几年的培训和在锡安山医院早期的研究工作同样是非常重要的，因为影响我思维形成的埃里克·埃里克森当时就在该医院供职。埃里克森本人的经历很有趣，充分展现了生活带来的迂回曲折。他出生在德国，年轻时到了意大利，搞绘画和玩音乐，在维也纳迷上了精神分析，拜安娜·弗洛伊德为师，1933 年为逃避希特勒的法西斯主义到了美国；后任教于哈佛，开展苏族和尤罗克印第安人的人类学研究。在 20 世纪 40 年代，埃里克森来到旧金山，加入一个治疗师小组，治疗那些在太平洋战争中遭受创伤的士兵，他帮助建立了锡安山医院精神病学部门和旧金山精神分析学院。在此期间，他还活跃在加州大学伯克利分校的心理学系。

1950 年，埃里克森出版了他的里程碑式著作《童年和社会》（*Childhood and Society*；Erikson，1950），划分了人的社会心理发展阶段，展示了个体的身份和社会角色是如何与个人的生命跨度相吻合的。短时间之后，麦卡锡主义席卷了伯克利校园，埃里克森对法西斯主义的破坏性潜力并不陌生，他回到哈佛和奥斯丁里格斯医院，在他职业生涯的末期重新回到旧金山。

在我和埃里克森的接触中，有一个片段非常突出。在一次研讨会上，人们讨论起美国人民的性格特点是如何根植于拓荒神话的，这使得他们不安于现状、勇于探索、痴迷于"新奇"。尽管我们当时所处的位置在大陆的边缘，有人问当西部都被开发而无荒可拓时，会发生什么呢？在白发苍苍、温文尔雅、幽默羞涩而富有洞察力的埃里克森教授思考的时候，屋子里有一阵短暂的沉默。突然，他的手指向空中："空间"，他说，"那就是我们要去的地方"。也许他是指外太空，或内心世界（他已经描述过），抑或是其他的维度。耐人寻味的是，就在距离此处不到四十公里的硅谷，十年以后，世界进入了网络空间。

埃里克森的回答直接命中我从他那里所学的本质——避免线性机械地去思考人。在案例讨论会上，他教我接纳人们生活中的不可预测性。他也帮助我理解了——按照他的术语来说——我们是如何从婴儿时的信任发展到蹒跚学步时的自主性、童年的主动和勤奋，到青年期的自我同一性和亲密，再发展到成年期的繁殖、完整性和智慧。与此相对照，他指出有些人无法逃脱混乱、不信任、怀疑、麻木、隔离和绝望的陷阱。西尔维娅·布洛迪的录像帮助我理解了生命开端的重要性——生动地展示了婴儿时期的困惑和不信任——而埃里克森则让我看得更远一些。

正是基于这两位导师的影响和盖尔森的解释技术，凯·坎贝尔和我于1980 年开始了对 20 个家庭的纵向研究（Massie, Bronstein, Afterman, & Campbell, 1988; Massie, Bronstein, & Afterman, 1996）。我们旨在揭示儿童的性格发展是否与儿童在婴儿期与母亲建立的特定模式有关，这包括注视、声音、抚触、身体接触和情感模式。这些起联结作用的行为导致亲子间发展出心理依附，它们实质上是情感依附的行为构建模块。我们在这个领域的工作从概念上就把我们放到了当时正蓬勃发展的依附研究领域的中心，英国的精神分析学家约翰·鲍比（Bowlby, 1969, 1973, 1980）用大量百科全书式的记录引起了人们对依附的迫切关注，他的记录表明，与主要养育者建立安全的联结是所有婴儿的基本需求，如果没有人来满足婴儿的需求或者安全感丧失，婴儿将遭遇情感上的灾难。

与西尔维娅·布洛迪合作

1987 年秋天的一个晚上，我才第一次真正见到西尔维娅·布洛迪本人。那时我正供职于加州大学医学院，在旧金山的圣玛丽医院主持儿童精神病学培训计划。我追踪研究的这些儿童已经 8 岁了。布洛迪教授来到旧金山精神分析研究院，报告她刚刚完成的后续 18 年研究的分析，她的研究对象就是最初出现在她影片里的那些孩子。当我看到布洛迪教授的演讲通知时，我还不知道她和这些孩子仍然有密切的联系，但是这很自然地唤醒了我早期培训时的生动回忆，特别是一位母亲将孩子的头猛地拉回来接受喂养的场景以及如果我知道影片上的孩子是如何长大的，我就会找到关于精神疾病根源的重要答案的感觉。

西尔维娅的演讲对我来说就像是醍醐灌顶。她身材瘦小但是精神矍铄，虽然已经 76 岁了，她仍然和多年前影片上一样衣着整洁。她播放了一部较新的教学片"六周到六年：能力成长的个体差异"，我以前没有看过。该影片记录了 6 个孩子的生活场景，总在我脑海中萦绕的那个孩子就是其中之一。同样的场景在屏幕上掠过：母亲扭动孩子的头时，孩子苦着脸躲避，然后我们就看到这个 6 岁的女孩，我现在叫她薇姬，正在和母亲一起布置玩具教室。薇姬穿着一件印花连衣裙，眼睛大而黑，却充满担忧。她试探性地移动了下玩偶，用询问的目光看向母亲。然而，母亲脸上毫无表情，就像薇姬童年时一样。母亲穿着迷你裙，戴着军事贝雷帽和墨镜，就像一个穿着时尚的国防部安全及职业保健署的工作人员。她伸出胳膊，挪动了一件家具，算是回应了女儿恳求的目光，却连只言片语的交流也没有。孩子在玩具桌前再也坐不住了，抓着自己的胯部说要去洗手间。令人焦虑、断断续续、毫无乐趣的游戏结束了。

西尔维娅向我们介绍了孩子在高中结束时的状况。我做了笔记，尽管我的注意力都集中在薇姬身上——她是我对过去的试金石，也是最明显受到虐待的孩子，她的生活故事进一步证明了创伤和结果之间可能存在直接的联系。18 岁时，薇姬没有去见布洛迪博士，父母一直贿赂她去，因为他们想让她在家中不要再暴怒。起初，她一直闷闷不乐，和布洛迪博士关系紧张，但逐渐改善。薇姬很聪明，她在高中时成绩一直不错，但她唯一真正感兴趣的是她的德国牧羊犬，她培养和训练的这只德国牧羊犬在狗展上大放异彩。"我们心有灵犀"，薇姬曾这样说她的宠物，"它给了我信心"。她害怕从长岛进入纽约，害怕黑暗，如果没人在家她就害怕夜晚。如果有暴风雨而且只有她一个人，她就会从父母酒柜中拿出一瓶波旁酒，把自己锁在车里喝酒，直到她感到平静、慢慢睡着。尽管她让人感觉冷酷，但她确实有几个好朋友并且计划去上大学。

* * *

晚餐时布洛迪博士呼吸有些困难，看上去有些虚弱。然而当谈到研究课题的时候，她的两眼则闪烁着兴奋的光芒，滔滔不绝地谈论着"我的孩子们"。看到她呼吸困难，我想她是得了严重的疾病。我的妻子——布丽姬特·康奈利，在加州大学伯克利分校教授文化认同的形成，那天晚上与我们在一起。她指出，她的工作主要研究成群的移民如何跨洲迁移，而西尔维娅·布洛迪和我的工作则是研究心理跨越不同生命阶段的内部迁移。她私底下问我，如果西尔维娅无法继续做研究，是否有人来接管她的研究。第二天我给布洛迪博士打电话提出，在 1994 年这些被试 30 岁的时候访谈他们。布洛迪博士接受了，她和我开始密切合作，一直持续到今天。

西尔维娅·布洛迪和这个从出生到 30 岁的研究的根源

在我们的合作过程中，我逐渐了解到西尔维娅·布洛迪的个人经历，那本身就是一部史诗。她出生于 1914 年，在纽约长大，是家里面七个孩子中的老小。她的父母是波兰犹太移民，父亲在服装区从事男式西装的裁剪工作，每天早上 7 点钟离开家，经常在晚上 11 点才回来；母亲总有干不完的活儿：购物、做饭、修修补补，并指导孩子们。

1991年美国心理学会表彰她为精神分析做出的杰出科学贡献时，布洛迪博士谈到了她的童年。她说，在她很小的时候觉得自己不能融入哥哥姐姐们兴奋的生活，只是仔细观察他们，看看长大是什么样子；她也研究哥哥姐姐们青春期时如何与父母斗法，并认为对十几岁的孩子和父母而言，会有更好的方法解决这一时期的问题。引人注目的是，她讲述了她还太小不能独自出去玩耍的时候，她坐在地下室窗前看着外面人行道上的孩子。窗上的铁栅栏似乎使孩子们的游戏变得特别有吸引力，闪耀着电影的光芒（这是她后来自己拍摄电影研究游戏的视觉前身）。

布洛迪高中毕业时，正赶上20世纪30年代的美国大萧条。她太穷，上不起大学，所以在一个小学里做助教以换取一日三餐，学校承诺有钱的时候会支付她的教学工资。最终衡量学校富足的不是金钱而是晚上的讲座，讲座是社区赞助的，演讲者来自当时很前卫的精神分析领域。她了解到，所有的心理学科、精神分析理论对心理结构化、性格形成和精神病症状的解释，都基于对孩子与父母的体验的理解。因此，年轻的西尔维娅·布洛迪当时听到的讲座给了她一个知识框架，这与她对儿童的好奇心是相匹配的。在学校做助手的16年里，她一边照顾年迈的父母，一边业余去夜校学习，最终完成了大学学位。在奖学金的帮助下，她获得了纽约大学的心理学博士学位。

之后，她到堪萨斯托皮卡的门宁格诊所实习，那是20世纪50年代培训儿童发展和精神分析的旗舰地。她回到纽约，带回了四倍于她的博士学位的成就：她的精神分析培训、她的第一本书《母亲的养育模式》（*Patterns of Mothering*；Brody，1956）的手稿，还有她的丈夫西德尼·阿克塞尔拉德（在离开堪萨斯州前他们就开始约会了）。童年时，布洛迪就告诉自己一定要嫁给一个受过教育的人，不用像她的父亲那样需要为了微薄的工资而长时间工作；阿克塞尔拉德用他的社会学专长和研究设计满足了这个愿望，并且成了她的主要研究合作者。有趣的是，为了接受教育，她从大都市来到中西部的玉米地，而我正好相反。

《母亲的养育模式》一书基于布洛迪在门宁格诊所的博士研究，受到了当时也在那儿的西比尔·艾斯卡罗纳的强烈影响（Escalona & Leitch，1952），艾斯卡罗纳是一位因仔细描述婴儿行为而闻名的门宁格派精神分析学家。布洛迪通过仔细研究 32 对母婴在第一个半年的生活行为，扩展了婴儿研究的领域。她认识到，母婴在喂养过程中的互动是理解他们关系的关键。通过研究喂养，她根据母亲的共情、控制和组织喂养孩子的能力大小，创建了现在经典的母亲分组。"我开始工作时，只是直接在表面上观察行为，不知不觉中竟进入了精神冲突问题的领域"，她写道。她对理论的主要贡献是描述了母亲在第一年的生活中如何相继对待孩子的三个性觉区——口腔、肛门和生殖器。非常年幼的孩子的口腔、肛门和生殖器行为刺激母亲（激怒、满足或令她兴奋）的方式，反映了母亲在这些区域的相对掌控和安慰。随着时间的推移，母亲和孩子会在心理行为的过程中紧密联结在一起。母亲和孩子从身体和感情上逐渐分离，但是永远也不会完全分离，因为他们已经成为彼此的心理模板。

布洛迪在方法论上的特殊贡献是，对母婴互动进行微观检测（许多其他研究人员也在 20 世纪 70 年代开始使用）。1963 年，布洛迪和阿克塞尔拉德成立了一个临床培训助理小团队，开始了大规模的前瞻性纵向研究，试图确定母婴关系对情感发展的独特意义。格兰特基金会和国家卫生研究所提供财政支持，131 位待产的母亲回应了招募"婴儿发展研究"志愿者的号召。除了差旅费外，这些家庭没有其他补助，她们是一个社会的缩影（典型的、横截面的），来自纽约各个不同的社会经济群体和很多不同的种族和宗教。大多数从未有过严重的情感症状，也没有接受过任何心理治疗。他们基于不同的动机，对张贴在产科医生办公室里寻找志愿者的告示做出反应。例如，一些人想要更多了解他们的孩子，一些人希望能对抚养他们的孩子有所帮助，也有一些人对参与科学努力而心存好奇。因为资金的不确定性，布洛迪和阿克塞尔拉德最初不确定他们能跟随这些被试多久，但该项目却持续到了今天（自 1992 年开始由我主持）。我于 1968 年第一年培训期间观看的这部影片，是如此的吸引我，让我开始接触这些婴儿，并在四分之一个世纪后开始研究他们的成人生活。

布洛迪和阿克塞尔拉德的研究是前所未有的，是第一个如此完整记录儿童前七年生活的项目，并且这也是自艾伦·斯鲁夫（Sroufe，1997；Sroufe，Carlson，& Shulman；1993）主持的明尼苏达州儿童发展研究以来，有报告结果的研究中唯一这样做的项目。艾伦·斯鲁夫的研究开始于1979年，更关注可测量的行为，比如在设定情境下孩子与母亲分离的反应和在学校的表现，很少关注父母和孩子之间的情感关系。除了拍摄喂奶时的母亲和婴儿，布洛迪和阿克塞尔拉德小组还拍摄了母亲和正在成长的孩子一起玩耍的情景，并且记录孩子出生时的神经成熟度及几乎每年的认知增长。在孩子生命的第一年里，研究人员还要多次采访母亲，此后是定期访谈，主要是确定父母的背景，她养育孩子的艰辛和担忧，她的内部冲突，她的知识、信念和实践以及抚养孩子的快乐。

至此，这项研究又增加了心理测试、儿童观察、校访、教师访谈及不定时的家访。这样，随着岁月的流逝，研究人员记录了孩子们如何建立他们独特的全副武装的防御机制，还记录了他们的主导情绪、个人特长、他们的矛盾和焦虑以及他们与兄弟姐妹、父母和同学之间的关系。

孩子们4岁时，父亲们加入了该项目。他们接受了深度访谈，以后每年一次，直到孩子7岁，有时会不定期地观察父亲与孩子间的互动，这种观察并未按时间均匀分布。如果今天我们设计纵向研究的话，我们会把父亲作为系统的被试吸纳到研究中来，从孩子出生就开始对父亲进行访谈和观察。然而在布洛迪和阿克塞尔拉德构思这项研究的20世纪60年代早期，大多数的父亲在婴儿护理方面都承担着比较次要的角色。当代家庭越来越多地吸收父亲从事婴儿护理工作，但主流的模式仍然是母亲来照料婴儿大部分的需要。孩子们4岁的时候，刚好进入了离开母亲形成个性化心理的时期，那时父亲通常要和孩子们建立他们自己独特的关系，把充满渴望的孩子从和母亲的二元联结中拖拽出来。

这项研究除了使用观察亲子互动的开创性方法，在了解家庭成员情感生活的互动和相关性方面，一直把弗洛伊德的思想作为主导。尤其重要的是，弗洛伊德已经意识到父亲应该如何帮助孩子们从心理上转移到更大的轨道上来，即"母亲—孩子—父亲"的三元结构。弗洛伊德明白这种三角关系对儿童的发展会产生多么巨大的影响力。在孩子大约 4、5 岁的时候，这种影响力达到了精神强度的最高点，弗洛伊德（S. Freud, 1900；Herzog, 2001）以古希腊的弑父娶母的悲剧人物将这个阶段命名为俄狄浦斯阶段。"母亲—父亲—孩子"三角中的激情在人类的情感生活中起着独特的作用，丰富着孩子的幻想生活和未来所有的人际关系，包括兄弟姐妹、学校和社区在内的不断拓宽的关系范围。

弗洛伊德（S. Freud, 1922；S. Freud, 1915, 1940）对理解人类心灵做出的其他两个贡献，对于理解该项目中儿童的发展至关重要——一是他对心理防御机制进行了说明（"自我用来保护自己免受来自内部焦虑或外部威胁的技巧"，一般来说会顺利促进健康的适应，但有时也会妨碍适应），二是他描述了焦躁不安的潜意识生活，指出潜意识生活和意识生活在动力学上紧密相连（"动力学潜意识"）。

在大多数情况下，孩子们 7 岁时，研究者们会与这些家庭告别，直到他们 18 岁再回来。偶尔有些父母会来拜访，骄傲地分享孩子取得的进步，或者因为担心孩子来寻求建议。他们出版了三本书，呈现了 18 年来的研究结果，从婴儿期（《婴儿期焦虑和自我形成》，*Anxiety and Ego Formation in Infancy*；Brody & Axelrad, 1970），到七岁（《母亲、父亲和孩子》，*Mothers, Fathers, and Children*；Brody & Axelrad, 1978），再到青春期（《性格的演变》，*The Evolution of character*；Brody & Siegel, 1992）。每个阶段的研究都发现，母亲在孩子 1 岁时的养育是否适当在许多方面持续地影响着他们的心理成长。在 1 岁时，母亲照顾更周到的儿童在认知和运动成长上的发展显著优于缺少母爱的儿童，他们表现出更积极的情绪，在自己的世界里更加投入，更具有自发性、同情心、好奇心和耐挫力，也更少焦虑和紧张。在 7 岁的时候，母亲更有亲和力，孩子则表现出更好的自尊、人际关系和现实检验能力，焦虑和病态防御较少。同样，在 18 岁的时候，更高效能的母亲继续对孩子的成长起到了更强的推动作用，与较低效能母亲的孩子相比，他们对自己和父母有更好的看法，性心理发育更成熟，性格品质反映了更有利的超我发展，拥有更好的人际关系，更能控制焦虑，较少表现出精神病理症状，发展出更成熟的防御机制及职业志向。

30 岁的后续访谈

我们那次见面一年后，布洛迪博士致函所有在 18 岁时接受她访谈的被试，提醒他们，当他们 30 岁的时候我将联系他们并进行后续访谈。她已经从起初的 131 名成员中找到 91 个进行 18 岁的访谈，我们从这 91 名被试中找到了 81 人来进行 30 岁的后续访谈，我们大多数是通过他们的父母找到他们的，也有一些是通过一家寻找失踪人员的公司找到的。于 1963~1965 年之间在曼哈顿镇雷诺克斯山医院出生后，被试遍布整个美国境内，就像池塘里被鹅卵石击打出的涟漪一样，慢慢散开。大约三分之一的被试仍居住在纽约，三分之一已经搬到纽约郊区，六分之一在东部沿海地区，较少几个在加州，其余的散布在全美的各个社区。在我们找到的 81 人中除 4 人外都同意参与 30 岁的访谈，有一位虽然同意了，却在我们有机会见面之前去了欧洲，我们失去了联系，因此我们研究的 30 岁组被试总数为 76 人。这 4 个拒绝的人说他们太忙或不愿意在这个时候谈论自己的生活。

加利福尼亚健康基金会慷慨资助了访谈，国际精神分析协会的研究顾问委员会和旧金山精神分析协会伊曼纽尔·温德霍尔茨基金会也拨款支持对过去和现在的数据进行分析。旧金山湾区的心理学家卡尔·诺里斯加入了该项目，访谈了半数被试。1994 年与他们会面时，我们故意不去了解他们的过去，这样我们可以没有偏见地接近他们。这与布洛迪博士的团队先前的做法是相似的。测试了孩子们的心理学家，不知道父母和孩子给其他访谈者留下了什么印象，反之亦然。让我有些惊讶的是，居住在加州和仍然居住在纽约的那些被试，他们大都渴望谈论他们的生活，慷慨地分享他们的经历，常常利用这个机会去思考生活中遇到的问题或不确定性。少数要求帮忙寻找治疗师。他们对布洛迪博士模糊而美好的回忆让这一切变得轻松，他们说，这就像是渴望去完成他们的父母已经开始做的什么事情。只有一个，一个女人，说害怕到陌生人的办公室来。像他们的父母一样，他们大多数都很高兴能够对研究的发展有所帮助。

卡尔·诺里斯在美国全境来回奔波，对大部分其他被试进行了访谈。在费城附近一个粗野的社区，一群年轻人用石块砸了他的汽车。在佛罗里达，他的空调停止了工作，当他打开车窗透气时，用于研究的笔记本飞过了高速公路。他冒着生命危险，跑过六车道的高速公路把它找了回来。然后在亚利桑那州，突发的洪水把他困在了索诺拉沙漠。然而，他仍然兴高采烈地回来了，感觉从自己的见闻中更多地了解了人们和美国，这是任何课堂或书本所不能学到的。

随访会面一般持续三到四个小时。我们用一个小摄像机给他们录音、录像，对大多数人来说，这个小摄像机几乎不会引起什么自我意识。访谈的第一部分，我们使用了成人依恋访谈（George, Kaplan, & Main, 1985），是玛丽·梅因和她在加州大学伯克利分校心理学系的同事们一起开发的。这些访谈与被试一起探索了他们记忆中那些在童年早期令他们感到安全或威胁的经历，描绘出他们作为成年人的心理表征图，表征他们孩提时对父母自然安全的依附。这是玛丽·梅因的老师约翰·鲍比和玛丽·安斯沃思所做的实际可视化童年依附（Ainswrorth, Blehar, Waters, & Wall, 1978）的研究扩展。

随访的第二部分是询问他们高中以后的生活——教育、工作、人际关系。然后，我们讨论了他们的焦虑、冲突和精神症状（如果有的话）。最后，我们询问他们生命中最早的记忆，童年和成年时期重复做的梦或噩梦，我们还谈及他们对未来的志向，并让他们谈论对社会的关注。在这个过程中他们也会离开主题，谈论的话题和所做的联想似乎都是饶有趣味的。

76名被试中有53人在30岁时关系稳定，但只有12人（5男7女）有自己的孩子（另外还有1个男人和1个女人的孩子就要出生）——数量很少，这完全符合时代的变迁，从他们父母那一代开始，美国人的婚育年龄就一直在上升。我们拍摄了12位父母喂孩子或与孩子玩耍的录像，以这样的方式结束了访谈，就像布洛迪博士当年拍摄他们和他们的父母一样。这样，我们可以比较代际间的亲子互动。然后我们离开受访者，带着心理测试回家，进一步地了解他们的情感功能。

当所有的访谈完成后，我有幸邀请内森·塞恩伯格作为我的主要合作者，一起分析、整合这些从历时30年的数据中得来的研究结果。他在威斯康星儿童医院做精神病学医学主任时就协助设计了后续访谈，现在他被调任旧金山加州大学医学院精神病学临床教授。塞恩伯格博士是一位精神分析学家、儿童精神病学家，也是婴儿精神病学和儿童、青少年精神生理障碍领域一名经验丰富的研究者。他组织开展了对76个访谈的诊断评估和结果评级，并帮助实现了统计程序概念化。在对所有数据进行整合的时候，我们不断对每个被试生活中的经验教训进行讨论，互相提出最尖锐的批评，直到76位被试的个人传记最终成型，这些传记承载着他们的家庭历史和无意识过程——从大约350页的数据及每位被试的档案研究电影中采集得来。然后，我们转而使这些数据概念化。

这350页的数据和每个被试的历史，其中三分之二来自由布洛迪团队所采集的孩子7岁前的文档，另外三分之一来自她对被试所做的18岁随访和我们的30岁随访。除此之外，还有每个人数小时的录像，有的存放在我们伯克利的实验室里，大多数存放在俄亥俄州阿克伦大学的美国心理学历史档案馆里。我们把从每个人的生活中获得的信息整合到一起，分析从整个小组76个人那里得来的结果，这个任务从1994年开始花了6年时间才完成。这项工作是有益的，但也是令人生畏的。像一个矿山开采了多年，大部分的矿石已被提取，但是我们觉得，只要我们继续研究这些数据和生活故事，总有可能实现新的突破。

为了描述我们所了解的，本书将尽可能让被试的生活自己说话。我们修改了那些可能会让人们认出他们的具体生活细节，小心翼翼地保护被试的匿名性。对于书的大部分，我们避免讨论理论，在附录中保留了方法和统计的细节。

第一章中讨论的那些孩子的父母是布洛迪和阿克塞尔拉德认为最好的，这些孩子的童年大都是快乐的，他们在30岁时是满足和成功的。他们驳斥了托尔斯泰（Tolstoy，1875）的格言："幸福的家庭都是相似的"，他们也没有展现出T.S.艾略特（T. S. Eliot，1936）所认为的隐藏在正常生活中的"人类苦难的更深层设计……"但他们确实呈现了共同的主题。

第二、三章讨论的是童年不快乐的孩子，他们用两种不同的方式处理痛苦。第二章中的孩子们在年轻时外化他们的困扰，主要表现为多动和对抗行为，我们跟随他们进入成年期。第三章中的孩子们内化了童年不幸，大多表现为抑郁和焦虑。痛苦的内化与外化之间的区别并非总是纯粹的，本质上也不具有根本的意义，但它提供了框架，有助于呈现被试的生活并理解发展过程。或者，我们也可以根据他们成人的表现和精神病学的诊断（如果有的话），把他们分类并且追溯到他们的早期生活。然而，因为我们有儿童精神病学的背景并且每天跟儿童一起工作，我们选择首先关注困扰人们生活的最早迹象。清晰地觉察早期迹象，理解其根源及对以后成长的影响，为帮助新一代的家庭奠定了基础。

第四章考察的对象是小时候父母教育良好，而后来的发展却远不及预想的被试；第五章关注了另外那些与预期不符的孩子，他们 30 岁时的表现远远好于根据他们第一年末的不良教养方式所做的预测。这两章提出的问题是：什么因素在被试的生活中让他们以一种与人们根据 7 岁之前的经历所做的预测相反的方式成长。第六章是家庭的重要性，综合了我们所有的研究所得，并讨论了其对抚养孩子、精神病理学理论和情绪困扰治疗的影响。附录（方法和测量）总结了研究方法和各个测量之间关系的统计分析，包括儿童婴儿期受到的母育质量、童年的创伤经历以及依照情绪健康和症状学对 76 名被试的成人表现做出的评估之间的关系。

* * *

在前言中我已经列出了很多有影响的人物，他们是理解这本书的生活基础。他们中的一些曾经是教师，另一些是 20 世纪伟大的临床医师、理论家，如西格蒙德·弗洛伊德和安娜·弗洛伊德（Sigmund Freud & Anna Freud, 1936, 1965），正如她父亲对成人心灵内部的探索，后者阐明了孩子心灵内部的功能；埃里克·埃里克森违背了他的精神分析师安娜·弗洛伊德，将领域拓展至社会心理学的视角，研究个体情感阶段是如何与社会任务相关的；还有约翰·鲍比，他对心理分析过于强调内部心理结构和幻想的偏离进行了修正，重视情感生活的建立是基于婴儿对母亲实际的安全依附，以及在此基础上生长出来的幻想和恐惧。

前面没有提到的其他人也很有影响力，如玛格丽特·马勒（Margaret Mahler, 1975），他描述了一个儿童 2 岁之前，如何从与母亲精神共生进而成长到建立不同于母亲表征的自我表征，以完成与母亲的心理分离及个体化。唐纳德·威尼康特（Donald Winnicott，1962），20 世纪中期的英国儿科医生、精神分析学家，他试图描述婴儿在有敌意和安全的家庭中的不同感觉；乔治·威兰特（George Vaillant，1977），一名精神病医生，在一项富有想象力的、要求很高的纵向研究中描述了 268 名男性从 20 世纪 30 年代晚期的青年期到中年期的防御机制的演变。

在参与布洛迪研究的过程中，联想到我自己的生活和家庭，我更加感恩研究参与者们的勤勉和成就。我感激他们提高了我对自己经历的觉察，感谢他们无私坚定的帮助，为人类普遍的情感发展提供了更全面的理解。

布洛迪现在 80 岁了。令人悲伤的是，她的丈夫西德尼·阿克塞尔拉德在毫无征兆的情况下，于 1976 年心脏病发作去世，当时他仍然在工作和写作。他和布洛迪没有孩子。"他们从没来过，"不久前她告诉我，"但是我有 131 个孩子。"她补充说，眼睛闪烁着光芒。她了解项目中的孩子们早期生活的一切——他们最喜欢的食物、他们和父母的战争、他们的如厕训练、他们的学校适应、他们的问题和成功——她不仅关心孩子们的生活随时间的流逝能教给我们其他人什么，也深切地关心他们每个个体。

我们第一次见面的那个晚上，她像是患了严重的疾病，那是良性哮喘发作，是从金门大桥上刮来的夜雾引起的。由于她在儿童发展领域的贡献，美国心理协会和美国精神分析协会为她颁发荣誉。最近，美国精神分析协会在 2001 年设立婴儿心理研究的"西尔维娅·布洛迪奖"。就是现在，在我重温这些数据的过程中，无论什么时候我遇到关于一个"她的孩子"的问题，我都会拿起电话，打给在纽约的她，她一直在忙于写刚出版的书《厌食症的发展——饥饿艺术家》（*The development of Anorexia——the Hunger Artists*；Brody，2002），这本书是以该研究中那些患有厌食症的儿童或青少年的案例为基础写成的。她记得每个被试并且提供了有关他们生活的无价的细节。

尾声

我保留了一个被试的 30 岁访谈,留待我离开纽约前进行,因为那时我将很有经验。这就是与薇姬的访谈,她婴儿期被强迫吃奶的情景在 1968 年给我留下了不可磨灭的印象,将我锚定在那门课程上,并且最终使我见到了她。当她走进办公室时,我打了一个冷颤。她小心翼翼地走着,还是很瘦,眼睛里充满担忧,不过比童年录像中好些。她在上西区一家动物医院里做办公室经理,刚刚下班,穿着牛仔裤、白衬衫和海军水手大衣。她冷静、小心、柔和的声音掩饰着她内心的紧张。她是很少的、无法看着摄像机的被试之一,就好像摄像机会咬她似的。所以她侧对着摄像机,与我面对面地坐着。

"我的父母就不应该有孩子,"她说,"这是一个巨大的错误。他们错误地认为,他们可以生下我们,而不必做任何事情我们就能在他们做生意的时候自己长大。"薇姬上大学后就不和父母争吵了,现在和他们几乎没有联系。她不再喝酒,她喜欢自己的工作,但她希望能继续在学校上学并成为一名兽医。她的妹妹比她小三岁,最近因神经衰弱住院治疗,医生告诉薇姬,妹妹患有精神分裂症或躁郁症。薇姬认为自己的生活得救,要得益于和姑姑的特殊关系,姑姑离婚后在他们家住了几年。小时候,当薇姬觉得心情糟糕时,就会去姑姑的房间,爬到她的床上,盖上毯子,一连几个小时看电视。20 岁的时候,她甚至准备嫁给姑姑给她介绍的一个男孩,但没有成功,他们分手了。如今,薇姬患有偏头痛、食欲不振和严重的周期性焦虑症。她正要再次开始约会,希望能够找到一个人和她一起创造生活。

薇姬是个令人印象深刻的女人——温柔、能干、口才好,她有心理学头脑,非常坦率,很清楚自己在家庭中经历了什么。她能够看清童年的现实并直言不讳地表达出来,这挽救了她。你将看到其他有着不幸童年的被试的生活,那些不能或不会记住自己经历过什么的人,看上去就不如薇姬发展得如意。当她离开时,我对她感觉不错。尽管童年的创伤给她带来了痛苦,她仍然是一个心境平和、富有洞察力并且充满希望的人。我认为她不会成为自己境遇的受害者。

　　无论是否会对我们自己、我们认识的人或研究中的被试带来影响，薇姬的生活在很多方面都象征着我们能从这些跨越时间的生活中学到些什么。一方面，它再次确认了我们直觉到的或者已经了解到的，我们的家庭关系是如何深刻地塑造了我们。另一方面，它表明情感发展的过程中存在很多令人惊讶的事情。创伤和早期亲子互动深埋于我们的人格之中。创伤可能只是闷烧，就像看起来即将熄灭的火一样，然后再次死灰复燃，演变成我们无法预期的症状。同样，人们的生活也可能以貌似违反逻辑的顺序展开，但当我们拥有充足的信息来密切考察生活时，生活本身往往呈现出更加深刻的逻辑。

亨利·马西

第一章
成功者们

仅仅因为某人有故事，并且知道
这个故事将我们与历史连接，家庭便
存在了。

—— [美] 伍慧明，《骨》

（Fae Myenne Ng，*Bone*）

1 963 年，当西尔维娅·布洛迪和西德尼·阿克塞尔拉德开始性格演化的研究时，他们问参与项目的家长们对新生儿最大的期望是什么，大部分家长都回答希望他们成长为快乐和成功的人。在 1994 年，我们问已是成年人的这些孩子们，世界上什么带给他们未来最大的幸福，他们几乎总是说：养育一个家庭，培养出满足、自信和有能力的孩子。因此，尽管经过了一代人的变迁——这期间，许多男性更加积极地参与到孩子们的生活中，许多女性更多地投身家庭以外去获得成就，这在从前都是男性所追求的——人们关注的核心仍然是他们后代的福祉。然而，正如父辈的艰苦跋涉一样，问题依然在于：你如何从这里到达那里。

养育孩子仍然是生活的基本旅程之一。母亲和父亲应该如何对待他们的孩子，才能使他们对孩子的愿望成为现实？这样的困境折磨着哪怕最坚强的父母。有大量的建议、研究和书籍都在探讨给孩子多少满足和纪律，以及这两种方式会分别带来怎样不同的结果，这些问题意味着我们的文化非常关注究竟如何能给予年轻一代最好的东西。儿童精神病学家都了解，父母在抚养孩子的问题上非常担忧，因为即使他们的孩子没有症状，他们也会寻求帮助。他们经常来咨询，仅仅只是因为焦虑他们和孩子在一个比过去有更多刺激、更少结构和权威的混乱社会里应该怎么过。

本章描述的 3 个男人和 4 个女人，作为成年人的他们过着很充实的人生。他们的经历揭示了父母是如何使孩子过上这种生活的。从 76 个被试的大组里选出 7 个人构成了这个小组，父母在他们的童年早期是做得最好的——对孩子有同理心、投入、关心、有条理、亲切、有回应。30 年后的现在，他们在这群被试里是生活得最好的。我们这么说，并不意味着他们成名或者富有，而是他们获得了一些非常重要的东西，那些都是良好生活的基本构成要素。他们风度翩翩，令人愉快，目前没有经历情绪上的痛苦（虽然有两位受益于过去的心理治疗），工作成功，关心他人的生活，婚姻幸福。我们将让他们的生活来告诉我们，并去聆听父母和孩子的真心话。在如何抚养好孩子这条路上，我们相信他们展现了某些基本的东西。不过，没有任何父母是完美的，也没有什么生活是完全免于痛苦的。他们向我们展现了他们如何克服生命中的问题，以及困难又是如何塑造他们的。

对于本章，我们本可以选择另外几个典型的人，他们目前尚未结婚，也没有恋爱，父母也非常优秀。然而，他们每个人都觉得自己的生活中缺失了什么，他们正在寻找某种关系，而我们在这一章想讨论那些对生活感到满意的人。另外，有些人婴儿期的养育是不幸的，成年后发展得很好，另外一些则早期养育方式良好，成年后却并不出色。第四、五章将讨论他们的生活。本章，我们将追寻这 7 个人的生活轨迹，他们幼年受到了很好的养育并实现了他们的美好愿望。

尼古拉斯

尼古拉斯（尼克）30 岁时，我们请他描述儿时成长过程中他与父母的关系。这个体格健美的红发男人是个经济学教授，他刚刚下班回来，很惬意地向后靠在椅子上，松开领带。然后，他清晰坚定地开始讲述，急切地传授他的亲身经历，并通过参与来了解自己。

"我认为我和父母很亲近。我没有真正过多地想过这些，觉得这理所当然。虽然父亲陪我做了很多事情，陪我读书，晚上编故事，跟我玩拼图游戏，但我还是跟母亲在一起的时间更多。好像并没有一个特定的时间，这一切就是那么自然发生的。我不记得对他们隐藏了很多东西，但是我也没有总是把一切都告诉他们。那时我有一种完美主义倾向，现在还是，所以如果有让我觉得不太得意的事情，我会放在一边不告诉他们。但在大多数情况下，我们一起做了很多事。"

在他的开场白里，尼克确立了三件对他很有意义的事：首先是他与父母双方都很亲密；第二，他对与父亲分享智力活动感到兴奋；第三，他独立于父母。我们请尼克更进一步，用具体的形容词向我们分别描述父母双方并回忆那些可以说明这些形容词的事件。想了一会儿，他回应说："我的母亲充满了爱、保护、快乐和活力。我最早的记忆是我们去广场玩儿，广场离我们曾经住过的地方不远。滑梯、沙箱和别的孩子都很有趣，但那天我找不见母亲了，惊慌失措。

那一定是我大约 3 岁的时候。我转来转去，四处寻找她，越来越害怕，然后我突然看见了她，那个瞬间我有一种巨大的、如释重负的感觉。接着她把我抱起来，拥抱我，整件事就结束了。还有一次，是相同年龄的时候，我们开车遭遇了一场真正的、突发的冰雹，这是一个不寻常的事件，我们像是困在鼓里面。我不记得母亲的反应，但我确实记得有一种很强烈的感觉，就是只要她在，一切都没有问题。我还记得像感恩节那样令人兴奋的大家庭晚餐，每个人都来了，当第一次可以帮忙布置餐桌，与父母及哥哥一起做饭时，我是多么快乐。我的意思是我当时身高刚刚够到桌子，所以大概只能做一些琐碎的小事，但那种因为我所做的一切而被欣赏的感觉何其美妙，这种感觉一直都在。"

我们问尼克，他的记忆中母亲在哪些方面活力四射并且快乐，他继续讲述他记忆中的家庭聚会："嗯，她并不害羞，但这并不是说她希望成为关注的焦点。一走进满满一屋子人的房间，她就会感到兴奋，会建议一些事情让大家去做或谈论，她的热情很有感染力。这也让我想取悦她，因为我很崇拜她。我记得另一个事件，对我有着深远的影响，发生在我大约 7、8 岁的时候。有个孩子在操场上伤害了我，我便试图对我的小弟弟做相同的事，你知道，就是对他发泄我的愤怒。这时，母亲走过来，把我拉到一边，告诉我这不是正确的行为方式。她没有对我喊大叫或打我。她做得很谨慎，甚至一点儿没让我难堪，但我对自己感到深深的失望，因为我让她失望了。"

然后，尼克详细讲述了在儿童早期有关父亲的记忆："他常常钻到我的被窝里，有时哄我睡觉，会给我讲故事，或者我们会一起编故事，通常是幻想的东西。这一直持续到我 5、6 岁的时候。我很期待故事游戏，它很令人兴奋，父亲是一个说话非常温柔的人，所以那不是我们通常一起玩儿的方式。例如，他根本不是一个体育迷，但他知道我是，每年我的生日我们都去看洋基队打球，那棒极了，我们就像一个团队一起去做一些事情。就是这样，他对我和我的成长很有兴趣。父亲继承了祖父的卡车引擎改造企业，他了解各种事情，像美国制造业的历史、劳工运动、经济学等。因此在高中时，他会帮我写历史论文，提出一些比老师所提的问题更先进的问题让我思考。这再次给了我一起做事的美妙感觉。"

"父亲很少发怒。事实上,我不确定他是否真的生过我的气,但我知道有几次,他表示不满意或者严厉地对我说话。有一次考试,按说我应该考得不错,但我却考了个实在很糟糕的成绩,我有点害怕给他看到试卷,不是因为我预计他会大声喊叫,而是因为我预计他会感到失望。相反他只是说:'好了,你下次会做得更好。让我们看看你做错了什么。'还有另外一个模糊的记忆。我本来是要去操场和朋友见面,但我刚刚打碎了玩具,或是我正在做我不应该做的事情,父亲说'你知道你不能现在出去',我崩溃了,我一直那么期待这次活动。我不记得那时整个过程发生了什么,但我记得,父亲和我最终到了操场,我不得不以某种方式来弥补我的过错,因为他只是不想让我逃脱责任。我记得我度过了一段特别棒的时光,要知道我有一个特别了不起的父亲让我自由成长。"

* * *

很多对塑造儿童而言非常重要的因素浮现在这些回忆里。母亲快乐精神的感染力显得尤为突出;而在互动中、睡前故事游戏中,以及分享引擎改造事业如何顺应美国历史发展的过程中,父子一起思考的愉悦感具有同样重要的感染力。尼克的回忆,也传达了家长的权威感和富有同理心的明智的纪律约束。父母对孩子充满兴趣和热爱,他们努力保护他并积极参与他的生活(即,共情他的情感生活并真正地分享他的活动)。所有这些都始终氤氲在尼克的回忆里。父母在他们自己的生活中为尼克做出了能够胜任的示范,并希望他能做得很好。相应地,尼克对父母的崇拜也使他想做得很好来取悦他们。

尼克回忆的准确度如何呢?事实上,我们发现,大多数这项研究的被试在30岁时对他们的童年有着相当真实的记忆,具有讽刺意味的是,远比他们在18岁时的记忆真实多了。这可能是因为在18岁时,他们过度需要把脱离父母作为正常成长过程的一部分,因此也把自己从记忆中隔离。30岁的记忆大部分是细腻、多维和深思熟虑的;18岁的记忆倾向于单维性的卡通风格,以及传统的家庭体验内容。

现在让我们转向尼克生命早期的真实记录,看看它是如何与他的回忆相一致的。尼克的生命开始于不复杂的怀孕和分娩,在早期的访谈中,研究人员在他出生后几天或几周内与他的母亲在一起，他们注意到她体贴、冷静、对婴儿充满自信，也很关注他。尼克的母亲在他姐姐出生前曾经做过教师，她预想家庭任务完成后回去教学。孩子们都在文法学校。父母都相对保守，很看重教育。他们高中时认识，然后逐渐在大学开始约会。他们对彼此的感情是显而易见的。

在尼克出生第一年的数周数月里，母亲为他而自豪，对他都是温柔、亲切、幽默的。她用母乳喂养他，几个月后换成奶瓶和固体食物。父亲会在母亲要求的时候帮忙并积极地陪孩子玩儿。不过，还是母亲最多地参与了对尼克的照料以及后来的纪律约束。作为一个婴儿，尼克有些笨拙，胖乎乎的，不是身体最有吸引力的婴儿，但是他非常机警和快乐，狼吞虎咽地吃，一直笑着。他爱用他绿色的大眼睛目不转睛地看他的母亲和访客。他是一个有活力的、执著的男孩，他的发育测试总是高于正常水平。到第一年年底和两岁初时，他那么充满活力和好奇，经常迅速从一个活动或玩具跳跃到另一个。尼克1岁时，布洛迪在给他母亲的反馈中催促她帮助儿子延迟满足并扩展儿子的注意力广度，即使这意味着有时会令他受挫。尼克的母亲仔细聆听并表示同意。她担心，自己很难不迅速让步于儿子的有力请求，因为这可能会使这个快乐的小男孩喜怒无常或生气，但她也认为，这将是一个值得尝试的挑战。许多年后，尼克的母亲充满感激地回忆了对这个建议的采纳，称其帮助儿子开发了忍受挫折和为自己设定困难目标的能力。

几乎所有研究中的家庭都遭遇过威胁他们心身健康的危机，尼克家也不例外。到第一年年底时，在一次例行婴儿健康体检中，儿科医生发现尼克的一个肾脏异常。专家主张，尼克的身体状况需要每年做尿液分析和X射线，还说随着年龄的增长可能需要手术治疗，甚至从长远看有可能永久性残疾。当尼克的母亲告诉访谈者这个消息时，她哭了。父母试图保护儿子免受他们焦虑的影响，让他了解到他只是做了个例行体检而已。事实上，他是一个无比活跃的小男孩，他们很骄傲他的体型随着个头迅速地成长。他们甚至佩服他非常疲倦或饥饿时也会乱发脾气。他的母亲喜欢通过亲吻和向他的脖子吹气来安慰他。他高兴得咯咯地笑了，她叹了口气，神态恬静。

虽然父母尽力保护儿子，不让尼克了解自己的肾脏状况，让他免受焦虑困扰，但都没有成功。他在不知自觉中回应了父母的恐惧，有一次还在上一年级的时候，他在学校说自己的体侧疼痛，坚持母亲来接他回家。一连几天，他都很难回去上学。结果表明，尼克正在遭受焦虑的袭击，因为他的疼痛没有任何躯体基础。医生确定说他的肾脏状况没有进展，没有必要做介入检查（如导尿管或活检）。到尼克青春期的时候，他的医生确定说，尼克的尿检显示无害，不会影响他的健康。

尽管父母小心谨慎，尼克还是内化了父母的恐惧，那种恐惧即便他们用最大的努力也无法隐瞒。这种焦虑穿透了尼克自己的防御系统，使他感到疼痛并几天不敢去上学。当父母受到疾病、婚姻问题或社区恐怖事件的打击时，即便是很谨慎的父母也无法隐藏他们的情感。尽管孩子们可能什么也不说，父母的焦虑也会传染给孩子并与他们的内心产生共鸣，在孩子的人格和潜意识中生成一股情绪流。所以，当尼克6岁参与项目时（他遭受疼痛和焦虑打击前的几个月），他演出了这样一个故事：故事里有个孩子生病了，被带到一个发疯的学校护士那里，护士给了他过量的药，使这个孩子病得更重了。演到这里，尼克停下来去了洗手间（表演中断，大概是因为故事情节令他感到焦虑，同样地，他一定意识到父母的恐惧与排尿有关）。回来后，他说他把学校的药冲进下水道了，这样发疯的护士就再也拿不到了，戏剧化地表达出他希望摆脱每年拜访的肾脏专家。

18岁的时候，尼克报告说他身体状况很好，虽然他也记得小时候曾被告知他的肾令人担忧。值得注意的是，他的心理测试表明，他一直在和难以言说的担忧做斗争，担心他的身体是否完好，这损害了他的自信，尽管他在高中就有着很好的成就。尼克在思想世界里非常舒适。他选择了游泳这种非接触式的运动作为自己的竞技体育项目。对身体潜在的担心在成年期仍然是他的主题。在他30岁时，房树人测验的人物画（Buck，1966）里他给自己画了魁梧的上身，眼睛向下看着他的"下半身"——在他的画里被省略了，这表明他很担心自己的身体状况或为此觉得尴尬。

图1

尼古拉斯对他身体的担心就像一场精心演出的背景音乐中所播放的主旋律。事实上，可能恰恰是这种担心，使他一直致力于追求知识，并促使他积极支持这样的事业——为那些在生活中遭遇残疾和蒙受偏见的人们谋福利。

* * *

尽管在7岁的时候有过焦虑发作，但尼克压根儿不是个胆小的男生。第一次上学（实际上是学前班），他发现自己班的老师严厉且爱挑剔。几天之后，尼克立场坚定地说："我不会回到那里，除非老师死了。"父母另外给他找了学校，尼克就被迷住了。"我的新老师很好，她一定是个母亲。"他这样说，并且快乐地把老师的和善等同于母亲。尼克对泰迪熊温柔的爱也显示出他对父母的热爱,他告诉他们:"泰迪是我的,就像我是你们的。"至于他的自爱,他在 4 岁时就大肆宣扬:"我是最棒的,看看我有多帅。"后来在 18 岁和 30岁时,他曾讲到,自己必须当心,不能为已取得的成功而过于沾沾自喜,"小时候和十几岁时,我有些以自我为中心。我现在试图防范这一点。"

尼克在学校的孩子中是一个领导者,他不反对维护自己的利益,甚至不惜用塑料棒球棒打一个男孩。他有时"像一个野蛮的印第安人"那样玩耍。有两次他和弟弟妹妹受到过于严厉的处罚后从家里逃跑,在后院躲了 30 分钟。总体上,尼克快乐、合作、机智、富有创造性、勤奋且学业优秀。青少年时期,有时候当他逼迫自己必须成功时,他会不自觉地眨眼睛。成年后,他仍然显示出这个怪癖。尽管尼克偶尔有这样的抽搐,一位研究小组成员在尼克 7 岁时仍写道:"我很难在尼克身上发现冲突的迹象。他是迄今为止我测试过的最放松的孩子之一。"尼克当时的智商是 136,极有天赋。

尼克的父母真正欣赏他,说当他在文法学校时,"我们没有干涉,只是顺其自然",这是非常意义深远的一种立场,是父母提供给孩子的礼物。正如在接下来的一章,我们将在那些陷入困境的家庭中看到的那样,父母太容易把他们自身的需求和缺点投射到孩子身上。父母透过个人欲望或自我感受的棱镜来看待他们的孩子(例如,把孩子看做天才、"坏种子"、"重担",或是对过去艰难困苦的补偿,或一个助手,这通常视情况而定),试图按照他们的愿望来塑造孩子,最后往往混淆他们自己和孩子的现实。

尼克的父母头脑异常冷静,重视礼仪,幽默、热情、亲切、宽容,当然也包括坚定性以及有组织性,他们对孩子乐于付出、细致贴心。意识到孩子的智力潜能,他们反而决定不催促他超越同龄人或者制定特殊的教育安排,为的是不妨碍他的社交发展。在养育孩子方面,根据多年的经验,他们提出了一些自己的观点。尼克的父亲说:"父母能给予孩子最重要的,就是被爱的感觉以及自己在家里很安全的感觉,无论世道怎样变幻莫测,家里的事情都不会任意变化、反复无常。我想,我的主要优势就是能够使孩子摆脱愤怒,因为我非常有耐心,而且那对我来说也是个挑战。"

这不是个说一套做一套的父亲。他给予儿子他所信奉的关爱，但这对任何父母来说都不是一件容易的事，尤其是当孩子用不守规矩来挑战自己的极限时（很多时候尼克就是那样做的）。母亲是尼克的主要纪律监督员，当他调皮的时候，母亲就靠讲道理和约束来制止他。一年有两至三次，她只好打他的屁股。渐渐地，她使尼克的父亲在纪律方面发挥了和她同等的作用，然而这对尼克的父亲来说是非常艰难的，因为他觉得自己小时候受到的责打和控制实在太多了。

有一次，他们很惊讶地发现儿子与其他孩子非常合群，尼克的父母说，因为那些孩子太害羞了，所以他似乎不属于他们。然而，尼克不愧为他们的孩子，尽管父母不是总能看到这一点。像所有孩子们一样，通过模仿、吸收和内化，他习得了父母各种不同的品质。父母的行为、情绪、防御机制和整体风格等方面的点点滴滴，成为他人格的基石。长大后，尼克谈到自己如何从母亲那学到了自信和友善，他十分钦佩母亲走进房间总能唤起人们热情的能力；从父亲身上，他获得了从事智力活动的兴奋以及正义感。

尼克担任高中辩论协会主席时，曾与校长发生了很大的冲突——实际上是一次激烈的争吵——起因是尼克试图获得使用会议厅的许可，开展一次有关节育话题的辩论赛，而校长认为不合适。尼克遭受了暂时的冷遇，但这并没有影响几所大学为他提供奖学金。上大学前夕，他拜访了布洛迪，布洛迪这样描述他："一个非比寻常的年轻人。他的高贵令人愉悦，他坚毅、坦率、清晰地做了自我介绍。他很爱笑，热情、幽默、稳重、真诚。他对父母的高度评价可能与自己健康的自尊有关。他不必像许多十几岁的少年那样苦苦思索价值观或者目标，因为他很早以前就已经仔细思考过了。他在交流中显示出真正的乐观主义，与他交谈非常愉快。"

上大学后，尼克并没有像很多人那样陷入迷茫。人生中的重要转折点，诸如念初中、上高中、离开家、大学毕业等，经常暴露出人的性格弱点，而同时为修复和成长提供机会。但是，尼克很稳定并对"青春实验期"很开放。大学期间，他第一次与异性发生了性关系，也喝醉过几次。与本研究中90％的同龄人一样，他尝试过大麻，也和他们一样，这并没有变成他的嗜好。大三那年的夏天，他回家照顾他深爱的祖父，陪伴他走完了生命的最后几周。尼克的大学专业是工程，但后来换了专业，读研究生时改学了经济，因为他发现工程过于与社会疏离，而他希望更多地参与到社会问题中。

他以对年轻人而言的异常方式实现了这个愿望。他的毕业论文非常全面和充满活力，获得博士学位后，他争取到了令人垂涎的在华盛顿特区的总统经济顾问委员会实习的机会。他到华盛顿时，正值北美自由贸易协议进行谈判。他被安排调查研究自由贸易对美国钢铁工人的积极影响，结果他发现自己不能这么做，与之相反，他记录了消极后果。他坚持不懈地为调查结果而拼搏，使之被纳入了最终的协议。实习期满后，他搬到费城一所大学，转入学术界，并且写完了一本重要的教科书。

尼古拉斯为什么感到伤心吗？他有遗憾吗？他30岁时，我们这样问他。他的脸上闪过一缕沉思的表情。"我现在的生活比以前想的更稳定。我和妻子住在郊区，养着一只猫和一只狗。不全是我所希望的生活，但我想是我意料之中的。"说到这里，他笑了。尼克倾向于适应环境，同时并不牺牲独立思考和行动的能力，这一点使他不仅年轻有为而且亲切随和。他告诉我们，他承认自己比较顺从，也好奇，他或许在生活中会错过些什么，因为他一般都会遵从父母、老师，还有社会以及妻子的非常合理的期望。然后他好像想到了什么，接着补充道，他怀疑，如果只是为了验证自己是否错过了诸如认识其他女人或者"辍学"之类的什么而放弃工作和婚姻中热爱和尊重的一切，这是否值得。"有时候，在人生的某些阶段，"他继续说道，"我意识到父母期盼我做得很好。父母喜欢我的信息一直鼓励我觉得自己能够做好——达到他们的期望。"看来，尼克在成长中得到了很好的照料和奖励，所以他没有反叛的动机。"我的的确确是充满爱的快乐童年的产品。我想过得更舒服，不追求最好的前程，更少一些完美主义。我希望自己现在正朝着这个目标前进。"

他和妻子希望在大约两年后有孩子，那时她将通过她所任教的大学的任期评估。他对孩子的愿望是：让他们了解自己是谁、有独立意识并且知道父母总是在那里。在某种意义上，他将提供给孩子的——他说正是他目前提供给学生的——是尼古拉斯在会见之初时所强调的他父母的那些品质：保护和分离的自由。父母子女之间这种来来回回的交流处于大多数人生活的核心，尼克在自己的生活中很好地展示了这一点并阐明其益处。

* * *

访谈接近尾声时，我们请被试说说他们人生中最早的记忆，因为它往往是他们与我们分享的整个故事的浓缩。尼克的记忆追溯到自己两三岁的时候。记忆中，他和父亲一起往山下跑。他回忆说："那股兴奋劲真像是在做白日梦，感觉像是从地面上飞了起来。"现在他和父母每月交谈几次，而且当他有好消息要宣布时，一定会打电话给他们。"这事儿跟和朋友不一样。"他说道，"如果有坏消息，我给他们打电话时就会更谨慎。实际上，对于跟他们更频繁地保持联系，或者在主要节假日以外再经常开车去纽约，我感到有些压力，但我也非常感激他们总会很小心地不唠叨我。我希望自己可以更开诚布公地跟父母讨论成年的我是怎样的，就像跟妻子谈话一样，或者像我们现在这样。"

有趣的是，尼克和父母对于彼此的亲密都有种轻微的不适感，而尼克恰恰把个人的优势和成功大量归功于父母有能力理解并协调亲密和距离之间的边界——本质上是两代人之间的边界。小时候，父母养育他，让他过着孩童该过的童年生活（不希望拔苗助长），并且也知道什么时候给他设限。然而，尼克的父母有时也会模糊这种边界，比如在陪他玩的时候，父亲在睡前故事时间和他一起幻想，母亲邀请他一起布置感恩节餐桌。就如同与父亲一起奔跑时飞一样的感觉，这些经历给了尼克一种近乎有魔力的、与父母共享的全能的感觉。从根本上说，父母既知道怎样把他推向成功，也懂得随着他的年龄增长而放手。

塔蒂亚娜

塔蒂亚娜（蒂娜）成长于一个虔诚的宗教家庭，父母从南美移民过来，几乎没有受过正规的教育。瘦削、黑发、沉着稳重的蒂娜在纽约公共利益基金会工作，负责报告政府的政策对消费者的影响。她通过上夜大已经快要取得法律学位了，很幸福地嫁给了一位专科院校的历史老师。她的大长方形眼镜在脸上显得有些笨拙，但那并不会掩盖她经常绽放的温暖笑容。同样，她不用手势或者身体语言来增强说话的分量，但是她词汇丰富并且认真组织要说的话。

提及母亲她热泪盈眶，"我们非常亲密。母亲非常亲切、慈爱，她也很有挑战性、对自己和我们的要求很高。请原谅我的失态，但是我想起了上小学的时候，当时由于我学习努力，考试成绩优异，别的孩子总是戏弄我。有一次，他们偷偷拿走我的书包，在教室里传来传去，我实在拿他们没办法，于是跑出去告诉校长再也不想来上学了。校长住在教区，离我们很近，他通过教会了解了我们，所以她说：'告诉你的父母，我明晚去你家吃饭。'我们都坐下来，校长解释说我没有做错什么，但我对其他学生而言的确是个挑战，这非常棒却会使我显得与众不同。母亲像往常一样在那里安抚我——父亲的英语不足以同时与校长和我交谈——说事情一定会改变并会越来越好。"

蒂娜拭去泪水，笑了。"母亲通常知道如何处理事情。你想听橘子的故事吗？母亲来自委内瑞拉，喜欢水果，早餐和晚餐总会给我们准备新鲜的橘子瓣儿，教育我们盘子里有什么就吃什么。但是我记得我不喜欢吃橘子，所以我决定最好把它们藏到橱柜后面，那样没有人会发现。有一天母亲打扫时发现了那些烂橘子，她显然知道这是从哪里来的，因为妹妹很小，还干不了这事儿。她走过来问我：'我在橱柜后面发现了橘子，你知道它们怎么到那里的吗？'我开始支支吾吾的，然后意识到她知道是我干的，所以我就告诉了她。她说：'我相信你，如果你真的不爱吃橘子，我们需要讨论下，看看我们做些什么。你把东西扔到橱柜后面，完全没对我说谎，但是从另外的角度来看，这就是说谎，因为你在隐瞒，我们可以讨论事情，即使我们意见不一致。我可以请你吃橘子，你也可以不喜欢吃，但很多时候，你不得不做你不喜欢的事情，那些对你有好处的事情。我不是说做对你有害的事情，而是对你有益的事情。'"

"还有许多其他的记忆，像每天晚上都会尽情地吃，得到很多拥抱和亲吻，只要我们有需要，她都会在那里。我上四年级时，母亲回到梅西公司做全职售货员，所以我和妹妹基本上每天都是自己从学校走回家。除了邻居偶尔来看看我们，我们都是独自在家。很显然，母亲刚回去工作时，我一定是吓坏了，因为我跑到校长办公室说我生病了，但我觉得真不知道自己为什么要这样做，校长打电话给正在上班的母亲，叫她马上来学校接我。母亲立刻离开工作到学校接我，带我回家，喂我喝汤，然后开始给我读故事。那时我知道事情总会好起来的，每当我需要她时，她一定会在。"

关于父亲，蒂娜说在她的成长历程中，他低调、善解人意、慈爱、通情达理并且坚强。"因为做机修工，他不得不在我起床之前就离开家去上班，晚上带着满身的疲惫回家。我们总是等到他回家才开始吃饭，因为这是一周内我们唯一真正能坐下来聊天的时间。无论多累，他总会听我们讲故事，尽管他确实不发表太多的评论。晚饭后，他会躺在摇椅上，这时我就会蹦起来坐在他的大腿上，伸出胳膊搂着他，他总是会拥抱我和回吻我。他从来不说'走开，我太累了'，只是给予我们温暖的安慰。当家庭中出现问题或争吵时，比如我和妹妹打起来了，父亲会尽力平息事端而母亲更可能大喊大叫。他可能会说：'这到底是怎么回事？'我们会更迅速地回应他，因为他通常不会说太多，所以每当他说话，我们就会很在意。"

体育作为一种媒介，在父亲与子女（不仅是儿子还有女儿）之间的情感纽带作用，一遍遍地出现在这些30岁人的回忆中。蒂娜如是描述说："我的父亲那时是——现在依然是——一个狂热的棒球迷，我记得他曾经试图在街上教我怎样击球和打球。他是一位狂热的大都会队球迷，因为我们住的地方和体育场就隔着高速公路。赛季只要有球赛，我们家的电视就开着。我记得自己小时候缠着父亲给我讲解球赛，他也确实那样做了。然后，我了解了所有球员的名字和击球率。女儿对他所喜欢的体育如此感兴趣，再加上能记住所有的那些东西，为此他非常得意。周日我们会去圣杰罗姆，仪式结束后他的朋友们会在外面讨论球赛，我会凑过去说'如此这般，昨晚的比赛很棒'，他们听了都很吃惊。我可以看到他站得高高的，笑盈盈地看着我，对朋友们说：'她对这些非常了解，她能告诉你们任何你们想知道的球员的信息'，感到他真的因为我们共享的事情为我自豪的那种感觉真是太棒了。"

塔蒂亚娜的记录表明，父亲不仅给了她良好的自我感觉和自信，而且赞赏她对事物的学习——在这个例子中是关于棒球的准确资料。这给她在学校的良好表现带来了乐趣。蒂娜的母亲也支持她的学业，到高中时，她所受的教育已经超过了父母，这并没有威胁到他们，而是使他们非常高兴。蒂娜讲到在成长过程中父母的可靠以及在情感上对她的呵护，她把成年后的内在安全感和才干大多归功于此。她补充道，母亲的坚定性和挑战她的意愿让自己受益匪浅。橘子的故事表明，母亲确信蒂娜将来有时会不得不做一些自己不喜欢但母亲觉得对她有益的事情。蒂娜的母亲给予女儿讨论分歧的选择而不是破坏性的、毫不动摇的刻板，她的坚定为蒂娜设定了价值观、期望、极限及控制的框架。

塔蒂亚娜关于保护、爱和兴奋的回忆让人想起尼古拉斯和父母在一起时的回忆；她跳到父亲大腿上的回忆呼应了尼古拉斯的母亲对小儿子轻微的性欲反应的描述。然而，与尼克的记录相比，她强调家庭的温暖和亲密；她回忆了她小学四年级时母亲回去做全职工作时害怕与母亲分离的恐惧，以及她无意识中用假装生病来验证母亲是否依然触手可及。相反，尼克的早期记忆强调用分离来应对母亲的保护。在这种差异中，蒂娜为我们展示了女性比男性更加重视与他人的亲密关系，霍多洛夫（Chodorow，1978）和吉利根（Gilligan，1982）在过去的三十年中已经阐明了这种性别差异。尽管如此，成年的尼古拉斯非常重视与妻子的亲密，与塔蒂亚娜尊重她与丈夫之间的亲密关系一样强烈。

除了表明女性与男性对分离的反应不同，蒂娜在母亲重新回去工作时的焦虑是由多方面的原因造成的，这也可能是她八个月大时与父母分离六周的持久性的创伤后反应的一部分。成年后的她对这次分离没有有意识的回忆，也不了解它可能如何持续影响她的人际关系。然而，婴儿期父母的暂时丧失似乎以她意识之外的方式控制着她成年后的生存面貌。为了更加理解这一点，我们需要求助于塔蒂亚娜的早期生活记录，看看研究人员记录的关于她父母的第一手资料，更多地了解蒂娜与父母的分离和团聚。

第一个见到蒂娜母亲的项目研究人员这样写道:"她友好、坦诚、很有表现力。"这位年轻的母亲当时 20 岁,高中毕业后一直做商店售货员。她在照顾年幼的弟弟和妹妹方面相当有经验。她说,自己的父母坚定、和善,她还深情地谈到比她大 10 岁的丈夫,说丈夫是个英俊、彬彬有礼、勤奋的工人。

蒂娜父亲有限的英语使他的访谈者了解到他很拘谨,但他们写道:"他的眼神温暖而喜悦。他非常了解自己的孩子,给我们讲了她大量的生活细节。他为人直率,对女儿满意、专注并充满兴趣。"这位父亲在十几岁高中还没有毕业时就来到了美国,紧接着开始了机修工学徒的工作。父母俩谁都没有再接受教育的愿望,喜欢在空闲时间散散步,看看电影或体育赛事,也看电视;但他们明显希望自己的孩子有接受教育的机会。母亲在蒂娜出生后不再工作,用奶瓶喂养女儿,用她自己的话说,"这样更现代、更方便……太多的母亲们的奶不好,导致孩子过敏。"

蒂娜的母亲刚怀孕的那几个月非常难熬,晨吐不断,她说:"我很高兴要生小孩,但母亲认为我怀孕有点早,这让我很难过。然而,姥姥渐渐地习惯'失去'大女儿,开始喜欢有个外孙,并跟我们一起照料宝宝。"除了帮忙做些困难的家务,无论是蒂娜的母亲还是外祖母,都不期望或不想让孩子的父亲再做其他事情。在蒂娜的早期生活中,访谈人员这样记录她的母亲:"在家里以及在生活中,这位母亲显然与自己没有冲突。她非常和蔼可亲,甚至有些讨好。她最重要的动力似乎是,她想做'好女孩'并拥有优秀的孩子。"

蒂娜出生的头几个月里很安静,并不是特别精力旺盛或固执,在母亲的怀里很容易放松。研究记录这样描述这对母女:"她是最体贴的母亲之一,与孩子很合拍,有洞察力、性情温和、矜持但经常愉快地微笑,很有自发性。她高效、经济、温柔、沉着地照料孩子的需求,甚至在孩子哭得很凶的时候也如此。这位母亲不仅沉稳能干,不大惊小怪,而且会用深思熟虑的谨慎方式做出回应。尽管看起来很累,但她明显很享受与孩子在一起的时光,她似乎总能与蒂娜一致并保持自己作为母亲的位置和节奏。"

有一次蒂娜在访谈中很烦躁，因为她的母亲没有像她想要的那样迅速地做出回应。母亲抱起她，非常温柔地告诉蒂娜："你刚才那会儿一定觉得我是一个很糟糕的母亲。"这位母亲与访谈者很诚恳地交谈，也专注地听，不时发出赞许声："这是多好的问题啊！"

蒂娜的认知和情感发展比大多数孩子更为迅速。六个月大时，她已经非常警觉，目光冷静，使人想起她父母矜持的举止。研究人员还推测，她的节制可能源于她回应母亲的态度。母亲的态度变得越来越说教，如果还算不上责备的话，因为她经常催促蒂娜，"要乖……给什么你就吃什么……保持不动……"等等。但是在观察者看来，这位母亲从来没有达到过于控制的程度。

蒂娜八个月大的时候，母女俩的共鸣能力在一个很重要的方面失效。在大家庭的催促下，母亲把蒂娜留给住在纽约的父母，而她和丈夫去委内瑞拉住了六周以认识丈夫的家人。当夫妇二人回家后，蒂娜迅速用微笑问候父亲并径直跑向他。然而，她几乎不认母亲，既不对她微笑，也不走向她，只是站在远处好奇地打量着母亲。最后，外祖母问："母亲在哪里呢？"孩子指了指桌上母亲的照片，母亲哭了起来，抱起蒂娜并紧紧拥抱她。母亲说，蒂娜软绵绵地挂在自己的臂弯里，许久才开始回应她。这以后很多周，蒂娜执拗地黏着母亲，如果母亲去什么地方不带她，她就会非常难过。

这位母亲向研究人员报告说，她很震惊自己不在家的时候会那么想念女儿，她再也不会不带女儿外出了，而这个誓言一直维持到蒂娜上大学。显然，蒂娜也非常想念母亲。分离的痛苦促使她调用了她的心理防御，在这么小的年龄蒂娜就已经开始使用防御机制（像所有儿童一样）来处理分离对心理平衡带来的威胁。因此，为了减轻丧失的痛苦，她在意识层面阻断了母亲的意象：团聚时，她不做反应，无言地拒绝认出母亲，严厉地报复母亲的离开。父亲反而逃脱了这种严厉的待遇，因为在这个年龄段，父亲参与较少，也显得不那么重要。

团聚后的几个月里，蒂娜压抑而孤僻。两岁时，她的部分自发性复苏了，此时母亲不得不重返工作岗位，而蒂娜又开始变得迟钝。母亲又继续工作了一年半，直到第二个孩子出生，从这开始，她留在家里全职照顾孩子们，直到蒂娜上小学四年级。

即使在父母离开的困难时刻以及母亲去工作的时候，只要给蒂娜足够的时间去适应新环境，她就能变得活跃起来，玩得很开心。她的母亲——在根本上把孩子引以为傲且对女儿非常宽容——也在学着降低对女儿的要求。她说教得少了，不再让蒂娜担心自己"弄臭"了什么，并且将如厕训练从第一年底推迟到第二年底（仍然很早）。当蒂娜做了非常危险的事情时（比如拿东西戳燃气灶），母亲不再叫她"坏女孩"，也不再打她的手。母亲更愿意解释那些危险行为的后果，特别是她看到女儿开始批评并打其他孩子后。蒂娜的母亲说，她在小时候因为成熟、安静以及自律而受到赞赏，她曾试图按这个方向来塑造蒂娜，多亏布洛迪博士提供机会反映孩子的成长状况，她开始意识到这可能对女儿的自发性造成损失。

到上学时，蒂娜显现了非常女性化的特征，打了耳洞，带着金色的耳环。她果断而认真，秒杀了她的发展性测验，对于她的年龄而言，这是很强的能力。7岁时她的智商是120，如果不是某些不成熟性、过度自律的思想及对母亲的依赖妨碍了她的表现，她的智商可能会更高。例如，在回答"如果你割伤了手指怎么办"这个测试题时，她答道："告诉母亲。""如果你被派到商店买面包，结果发现没有面包怎么办？"她回答说："我必须告诉母亲。"像父母一样，她小心谨慎、遵循期望，所以她无法想象可以采取独立的行动，如自己包扎手指或买其他东西来替代面包。当蒂娜和母亲玩耍时，两人彼此喜欢、交谈、微笑、交换意见并分享乐趣。然而当他们玩玩具屋时，母亲积极地加固女儿摆放在上面的人物，但她不可能完全避免教导孩子，当蒂娜把创可贴贴在玩具屋里的书柜上时，母亲妨碍了孩子想象力的飞翔，说："你不能把创可贴贴在书柜上。"

蒂娜的母亲沉着、高贵，只偶尔开开玩笑，她自豪的是7岁的女儿只在2岁半时发过一次脾气。当时正在购物，蒂娜想要糖果，而母亲没有带零钱，孩子便大发脾气。"我拂去她裤子上的灰尘，并告诉她永远不能再那么干。我不能让她跟我小时候一样，喜怒无常、生闷气，把什么事都憋在心里。"

蒂娜上小学一年级的时候，本研究的观察员在一次校园走访之后报告："在我所见过的人中，蒂娜有着最甜美的面孔。她偶尔会咧着嘴笑，表示期待和害羞。她在课堂受到了难以置信的管制，被一个沙哑嗓音的女老师管理。这个老师以严惩的方式压制所有的孩子。蒂娜以最长时间的注意力、最好的行动力和令人印象深刻的工作能力，将此处理得最好。她有吸引老师眼球的强烈欲望，不过有点太装模作样了，有些过于频繁地举手回答问题。虽然有时对同学过于爱说教，但是她还是慷慨并乐于助人的。"

塔蒂亚娜是个快乐的孩子——和朋友一起玩耍，享受获胜，接纳失败，欣赏镜中的自己，长大了想做教师和母亲。像她母亲一样，她有严格的道德感，对权威非常尊重。谈及女儿的发展，这位母亲仍然在担心女儿很小的时候自己可能太严格，也许过于注重礼貌了。

* * *

十年过去了，1982年塔蒂亚娜在高中生活要结束时来参加访谈，她泰然自若、镇静、坦率。布洛迪博士观察到，"这是一个不同寻常的女孩，她的文化兴趣虽然不广泛，却也非常有益。她与人的关系很牢靠，反映了她有一个尽责的、充满爱心的家。蒂娜多少有些土气或过于拘谨，但无疑有一种谦逊的朴实和乐于付出的品质，这在当今是很难能可贵的。我禁不住觉得她强烈地压抑了她的情感、幻想和冲动，但这些压抑是积极健康的，使她可以富有成效、充满喜悦地发挥她的能量，因为她的人际关系非常积极。"

上高中的时候，蒂娜学业成绩优异，在学校的芭蕾舞团跳舞并且还做兼职工作。据她说，她与同学们的关系很轻松，多年没有被戏弄，而初中时甚至她在愚人节那天扔水球都会被指责。18岁时的心理测试证实，她内化了父母对"做好"的高度重视，但也为此付出了代价：想要宣称摆脱父母的期望和控制而独立的欲望与取悦父母的忠诚欲望撕扯着她的内心。测试人员得出的结论是，她高度发展了强迫性防御机制以及与此相伴而生的人格特质。

蒂娜选择了一所离家近的中等规模且竞争不太激烈的大学。她主修商科，因为这与父母的工作相关。他们都升职到了管理岗位，贸易常常是家庭谈话的一部分。她也认为自己可以利用商科专业提供的知识为社会做些建设性的事情。

尽管心理测验显示她的内心有冲突，但她坚持认为父母的严格并没有让她难以承受。她喜欢自己头脑冷静，但也希望对待事情不用像以前那样认真，觉得自己有时应该让别人超过她。她希望自己能更开朗一些，但也清楚地知道，只结识她了解和信任的人的谨慎风格妨碍了她变得更加开朗。

现在，又过了12年，蒂娜已经心智成熟。正如布洛迪博士预料的那样，她生活中的进展继续飞速向前，因为她非常享受大学生活并且成功进入工作领域。读大四时，她与未来丈夫的相遇非常有趣。他们一起学习一门课程，一天早上下课后，他向她做了自我介绍，说："你今天看上去有些心烦，我能帮你做些什么吗？"这与她对父母的支持的喜好产生共鸣，所以她也回应了他。他们开始了一段非常令人满意的关系，在这段关系里，蒂娜觉得他给自己带来了很多笑声，减少了自己生活中的严肃性。两人维持了两年的异地恋关系，那时蒂娜回到纽约接受了消费者基金会的工作，并且住在家里，而她的男朋友留在大学里继续攻读硕士学位。

父母对自我控制的高度重视今天继续影响着蒂娜的情感生活和外在行为。她的未婚夫是她第一个（并且唯一的）性伴侣，他们一直等到订婚才发生性关系。与研究中大多数被试不同，蒂娜从未吸食过大麻，说对此毫无兴趣。她确实偶尔会喝点酒，不过她说自己从没喝醉过，因为"我不喜欢不知道什么东西会从嘴里冒出来的感觉"。

但是关于伦理决策，她的确可以自由地做出决定。她在定期去天主教堂和上教区学校的过程中被教养长大，但是，她说她乐意对教会的教义做出自己的结论，她解释说："我不会堕胎，但我也意识到对有些人来说，为了不把一个被忽视的孩子带到世上，堕胎是有必要的。"

与家人的亲近对她来说意味着什么呢？蒂娜对此进行思考并以此结束了访谈："父母是我力量的源泉，但有时我觉得这可能也阻碍了我。我真的必须学会说：'好吧，我必须以我想要的方式做些事情，而并非按家人希望的方式去做。'例如，我丈夫不是天主教徒，这让我父亲特别难以接受，所以很多次想到我使父亲那么难受，我感到非常不忠、非常愧疚。父亲的确慢慢习惯了，而这时我丈夫说他会改信天主教。因为用一种宗教传统来养育孩子会更好，这当然有益于我的父母。有时候我也觉得父母过于理解我。好像母亲比我更了解我自己似的。如果我打算做一个芝士蛋糕，母亲大概已经为我买好了配料。所以，学会让自己思考我真正想要什么对我来说是种挑战，但从很多方面来说，正是这种斗争使我变得更好。"

其他成功案例

许多其他被试也非常成功，尽管他们不一定获得尼古拉斯的学术成就或者塔蒂亚娜的职业素养。其他五位被试阐释了五种不同的家庭背景、不同的生活阅历，有一个还阐释了童年后期父母离异的负面影响。他们与尼克、蒂娜拥有共同的特性——坚强、健康的人格、高尚的道德价值观，以及作为成年人的幸福感和职业满足感。

罗丝是她那勤劳的家庭中年龄最小的孩子，而且是第一个上大学的孩子。她刚刚拿到小学教师资格证书，同时在一个非百老汇歌舞剧中担任舞蹈演员，还当侍应生养活自己。她笑起来非常有感染力，描述起家庭的优缺点以及在公立学校上学的挑战性时语言非常风趣机智，并且充满了细节。她的丈夫白天在印刷厂上班，晚上去夜校进修。

另一个被试伊冯，很权威地讲述了她在红十字会的行政工作，这延续了她那个富裕家庭所强调的社会责任的传统。在大学期间，她疯狂地反叛了教养她长大的礼仪标准。可以这么说，她尝试了与既定轨迹相反的生活。21岁时，她的男朋友——一个比她大很多、酗酒的雕塑家——没有任何征兆地离开了她。伊冯虚张声势地用剃须刀片割腕。她告诉我们，自己造成的伤口和痛苦使她内心的感情痛苦和愤怒浮现出来（这实实在在地向她显示出，男朋友让她感觉有多糟糕）。这是一个转折点，她意识到她正在用自己被虐待的方式虐待自己。她决定做出更好的决策来管理自己的生活，设置好航线。大约一年后，父亲将她现在的丈夫介绍给了她，他们现在已经幸福地生活了好几年。

另一个男性——维克多，他的父母分担了差不多同等的育儿工作，这样的儿童在研究中属于少数。大学毕业后，维克多回到了父母所在的乡村。维克多跟父亲（地方报纸的兼职记者和家庭主夫）一样，在当地的高中兼职做美术老师，以便照顾他的两个孩子，而他的妻子做全职的护士工作，是家庭主要的收入来源（像维克多的母亲）。也和父亲一样，维克多自己盖了自家的房子。他是研究中已经有孩子的14个被试之一。后续访谈中的被试在20来岁有孩子是很罕见的，这与今天美国大部分年轻人推迟到20来岁中期结婚（从上一代的20来岁早期）、30来岁生子是一致的。

下一个是布拉德，这是个像王子一样被宠爱的孩子，由他的母亲、偏爱他的父亲和三个赞赏他的姐姐抚养长大。30岁的他散发出一种威严的气场——英俊潇洒、见多识广、自信、放松、随意地穿着剪裁考究的衣服，开放、慷慨。父母的工作是进口由设计师专门设计的建筑瓷砖。布拉德生长在自己的家庭中，耳濡目染地接触了艺术和商业，成功地建立了自己的公司，为世界纺织品的设计和生产提供计算机数据基础。他的妻子经营着一家画廊。

最后是茱莉亚，她8岁的时候父母离异，是本研究中18岁以前家庭破裂的9名儿童中的一个。这9名儿童中，只有茱莉亚的父母在离婚前及离婚后都非常高效、可靠且善于培养孩子。与离婚中特别常见的模式相反，茱莉亚的父母没有将他们的分手演变成对孩子进行个人控制或占有的斗争。尽管他们对彼此有很深的失望和挥之不去的艰涩情感，两个成年人依然愉快宽容地相处。父亲周三定期到母亲家里看望茱莉亚并陪她玩耍，茱莉亚大部分周末去父亲那里（不是法院的命令，而是茱莉亚、母亲、父亲都渴望如此）。十几岁时，茱莉亚按照自己的意愿在父母之间来来去去，和父母分别发展了特别的关系和活动，例如，帮助布置母亲的房子，和父亲一起远足旅行。

"我从来没有觉得缺失了父母的爱"，她说，"父亲在工作中常常去旅行，但是只要他在城里，我一直可以见到他。"父母支持性的存在、母亲自律的职业女性的榜样作用对茱莉亚很见成效。今天的茱莉亚庄重、沉着、口才好、开放而且爱笑。父母离异之后，茱莉亚对于是否应该信任婚姻，经历过诸多疑虑，而今她的幸福婚姻生活已有一段时间了，并且希望养育孩子，同时也很享受在一家中等规模制造厂担任市场总监的职务。但是她补充说："我完全不能描述离婚对我的影响。那在当时是——现在还是——我生命中最艰难的历程。我一直觉得自己的内心被两个方向的力量拉扯着，希望和父母都在一起。和父亲在一起，我因为离开母亲而内疚；而和母亲在一起，我又觉得背叛了父亲。我从来没有放弃希望父母破镜重圆的愿望。我想我与他们非同寻常地亲近，是因为在很小的时候我已经就父亲母亲之间的麻烦来讨论他们的感受了。"

持续十多年的内心挣扎对她的影响，今天在她的人格中仍有所呈现。她觉得她对于自己的行为过于小心翼翼，所以向丈夫求助帮她放松。她也意识到自己可能很不合理地把负责任的自我要求投射到别人身上了，对他人过于严厉，而且对他人的行为过于"道学气"。她从来没有精神症状，也没有寻求过心理治疗，但是，如果当初在父母离异时做心理治疗处理一下她与父母的冲突，她人格中某些坚硬的边缘会变得柔软。在茱莉亚的道德感中，有她对父亲为另一个女人而离开母亲所压抑的愤怒。那段关系失败了，父母现在都是单身。由于离婚给家庭造成了经济困难，茱莉亚觉得作为成年人，她对能否获得高收入过于担忧。她希望有一天能有足够的安全感自愿去照顾别人。

虽然父母离异给茱莉亚造成了创伤，但她还是在职业和情感上很成功，在本研究中儿时父母离异的 9 个被试中，茱莉亚是个例外。其他被试在整体功能量表（GAF；美国精神病学会，1994b）上的得分都低到至少有某些心理症状的点。实际上，茱莉亚对生活所持有的压抑、谨慎的情感回应，继续流露着由父母婚姻解体而造成的紧张，这使她不同于其他拥有效能父母的高功能儿童。尽管有离婚的影响，使茱莉亚顺利成长的是，父母（受到他们对彼此礼仪的调解）在离异后仍然持续地积极参与她的生活，以及茱莉亚在成长过程中没有再遭遇创伤的事实（见第四章，遗失的承诺）。

这一组的 7 名被试用他们的生活表明哪些因素促进了儿童的情感发展，也说明了高智商和家庭财富都不是成功的先决条件。尽管有些被试从父母那里获得经济支持，智商很高，而且没有浪费他们的天赋，不过也没有必要遵循一条标准化的途径或模型，因为他们的生活展示了丰富的变化，甚至要绕路穿越一段段的悲伤。

成功的基石

对于所有这些被描述为"表现好"的被试，他们与母亲在婴儿期的良好关系奠定了他们顺利发展的基石。出于评估的目的，所有这些在生活中做得很好的被试都做了 GAF，分数为 91 或以上（功能优秀）；他们的母亲都被早期的研究者归类为母亲教养方式 A 组（良好）（具体评估情况见附录）。实际上，什么构成了成功的早期母子关系是难以用言语来描述的。被试对他们早年与父母一起生活的回忆传递着家庭的情感氛围；母亲和儿童在喂养和游戏过程中的画面呈现着早期的关系；研究团队对母亲与婴儿的描述记录着真实的行为。对两个家庭的母亲教养方式的描述，使画面有所扩展。

"我只有参加婚礼、葬礼或宾戈游戏[1] 时外出。"当罗丝非常小的时候，母亲曾经如此断言。她是一个全职家庭主妇，丈夫每天工作 15 个小时来养活一大家子人。她凌晨 4 点半起床沏茶，并和丈夫共享，然后丈夫奔赴纽约富尔顿鱼市开始工作。之后她回到床上，直到 6 点半起床，为三个年长的孩子做好去上学的准备。上午晚些时候丈夫回到新泽西，到汽车用品店工作，下班后的高峰期则在附近的白日酒吧打工。在家里待着让母亲有时间与罗丝在一起，她从心里喜欢罗丝。研究记录这样描述母女一起玩玩偶房子的情景：母亲用重复和贴标签的方式来确认孩子的决定和表达。她耐心、支持、放松而专注。她看起来由衷地对女儿充满兴趣，了解她每天的经历——父亲也如此——而且似乎能够透过孩子的眼睛看世界。

---

[1] 一种常见的美国风俗，不仅受到民众团体的鼓励，而且也得到教会的宽恕。它能带来一些必要的收入。参加者通常聚集在城市喧嚣的地方，社会地位和兴趣等方面都相似的人会在一起玩。因为通常是一美元一张卡，所以宾戈游戏被看做危险性低的赌博，不会给参加者造成经济上的威胁。

30岁的罗丝获得了小学教师证书，说她感觉在感情上与母亲非常亲近，就住在几个街区之外。带着些许惊异，她表示自己和母亲的交流一直非常好，母亲对她的世界的兴趣和愉悦使母女间很亲密。母亲对她的愉悦不仅仅局限于玩耍或好的行为，当罗丝争强好胜和叛逆的时候，母亲会大笑并为女儿感到骄傲。用母亲的话说，就是"在打击我方面，她是最棒的。就是这个小家伙，她在惹麻烦方面有着可爱的想象力。"

项目工作人员对布拉德的母亲做出如下评论：在布拉德六周的时候，她已经能够对孩子进行体贴、愉快的回应，并且一直持续到他六个月、十二个月的喂养过程中。这个小男孩在不到一年的时间里获得了不同凡响的飞跃成长，从中可以窥见母婴之间健康稳固的关系。对这个孩子来说，吃饭已经成为他和母亲的愉快游戏。不像很多1岁的孩子那样，喂食没有在布拉德和母亲之间造成紧张，他们能够彼此友善、轻松自在。"这位母亲甚至讲到，她对儿子阴茎的迷恋以及她如何喜欢清洗孩子的阴茎并注意到他的勃起。

布拉德2岁几个月之后，母亲说自己对他可能有些过于兴奋了，或许她应该有所保留并保持距离。她幻想着每年都能够新生一个小儿子，这样就可以不断重复她和布拉德在一起的体验。说到这里，她的眼睛里涌出了泪水。或隐或现地，她意识到需要当心不要使自己和儿子的关系中有过多性的意味，这么做的一个办法是将她的注意力转移到别的孩子身上。

像发生在本章所有7个儿童的父母身上一样，布拉德的母亲对儿子的爱使她有时模糊了父母和孩子的边界（达到几乎允许自己被儿子过度性刺激并反过来过度刺激儿子的程度）。尽管如此，她始终坚守着向儿子提供保护、慈爱和指导的基本角色。

成功儿童的父母

将那些把子女培养得很有成果的父母和那些子女成长得很混乱的父母进行比较，会发现成功儿童的父母的很多品质，这些品质使他们区别于那些不太成功的同伴。

父母的信心

家长对子女的信心是有效养育孩子的必要条件。在儿童生命的早期，母亲的信心也许是提供良好照料的唯一最基本的成分。这会培育出自信的孩子。然而，母亲的信心并不意味着母亲的全知或自我确定，认为自己有所有答案，有冲突的时候孩子总是错的（第二章呈现了这种态度带来的一些后果）。

成功儿童的自信的母亲乐于寻求和接受建议。此外，本章 7 对父母中已经有 5 对在抚养学步期的儿童，并已从先前的经验里获得了安全措施。事实上，有几位母亲从养育第一个孩子的艰难岁月里学到了很多。例如，布拉德的母亲在他出生前一年接受了心理治疗，把母亲的角色从她父亲希望她与之一起从事贸易的期待中分离出来，这个冲突曾经使她对第一个孩子特别没有信心。

父母的乐观

所有 7 个孩子的父母都具备一个特征，父母对儿童和未来充满了乐观的情感，这是良好培育极其重要的基石。伊冯的母亲生动形象地表达了这一点。"只要我们给孩子机会，孩子就会绽放。"她说，同时也代表她的丈夫说。孩子 12 个月大时，布洛迪访问了伊冯和她的母亲，她写道："这位母亲有着非常成熟的共情、坚定及制定标准的能力。她似乎能够用安静的方式要求孩子们照顾好自己、承载挫败并很自然地为彼此付出。"这位母亲关于孩子会在未来绽放的信念与尼古拉斯的父母将他的成功归因于"我们没有妨碍那些本来有的优势的发挥"是非常一致的。

父母的镇静

7 对父母成功的基石也包含父母的镇静、反省及对年幼儿童的专注。对于理解婴儿、缓解紧张、以一种促进成长的方式对儿童的情绪做出回应而言，这些品质都是必需的。这些品质也以次级的方式有所成效，使儿童从父母那里学会镇静、反省和专注，并使这些成为他们自己技能的一部分。

母亲的爱

母亲的爱、温柔、温暖也呈现在每个婴儿的生活中。悲哀的是，这并没有提供给所有的婴儿，因为很多事情会影响一个母亲自由地向孩子传递温暖。例如，在后面我们将要描述的家庭中，父母担心亲吻会惯坏孩子，母亲会把对父亲的愤怒发泄在孩子身上。

父母的共情

父母的共情在很大程度上出现在 6 个孩子的家庭中。共情，源自希腊语，字面意思是进入另一个人的感受，不同于同情。同情的意思是与另一个人一同感受；共情包含着冷静、体贴、专注和温暖的元素。然而，共情的实际过程要求父母执行一系列的心理和行为步骤。首先，必须有爱，这是共情背后的动力；其次，必须有洞察力，洞察力是个工具，使父母有可能将自己投入到儿童的体验中去。一旦投入到儿童的体验中——也就是说，认同孩子——父母就能够理解儿童的状态和情绪，掌握儿童需要什么想要什么。共情常常在眨眼间发生，家长通过将自己投入到儿童的体验中，将这种体验准确地翻译成成人语言，然后再重新解构为婴儿的语言，形式有喁喁私语、婴儿话、成人话、触摸、明显夸张的面部表情、游戏，以及喂养和为婴儿保暖等。

父母对子女的积极性感到骄傲

在每个家庭里，父母都对子女的积极性表示出极大的骄傲和愉悦。7 个孩子中成长得非常好的 4 个孩子（尼克、罗丝、茱莉亚、布拉德）的父母，不仅对孩子的积极性感到骄傲，还看重孩子愤怒和果断的能力。布拉德的父亲这样描述他的儿子："他总是有个好脾气。"他的母亲补充说："他很清楚地表达他的情感。"在评估他为自己说话的能力方面，尽管有时候带着脾气，她还是鼓励他。

父母对子女的独立性感到愉悦

父母对子女的独立性和分离感到愉悦，这使父母能够欣赏孩子充沛的精力和大笑大闹。比如，布拉德的母亲讲到她怎样期望儿子尽可能快地行动自理；她为他能自己吃饭和独自迅速地管理事情感到愉快。她用她的满意培养他的独立性，但不强迫他，也不阻止他依赖她，她也很慷慨地纵容他。布拉德的父亲补充说："我们想让家人保持亲密，尽可能多地花时间在一起做事情。晚餐时间保持规律对我们很重要。"父母对子女主动性的乐见与对子女独立性的欣赏是并行的。所有这些成功儿童的父母都不受焦虑干扰，有充足的安全感允许自己的孩子自主，即便这种自主性会让他们发生小事故，让他们犯错并制造混乱。

纪律

父母的过分纵容引出了这些情绪成熟的父母如何管教孩子的问题。"纪律"这个词来自拉丁词根"弟子"。就像在圣经里说，耶稣的门徒追随着他的生活方式。在项目被试的生活叙述中，那些发展良好的孩子的父母过着自律的生活，成为孩子们效仿的榜样，孩子们就不需要很多的处罚。在必要的时候，每个家庭中父母的管教都是细致、及时、慎重的。其中六个家庭在处理这个问题上存在显著的相似性，仿佛他们曾经在一起交流经验、相互提问并共同制定了策略。这些家庭通常不信奉在1岁时惩罚或训练孩子的习惯，而是等到2岁，这时候初学走路的孩子已经有能力四处走动，能够将自己和他人置于危险境地。在那之前父母的焦点是保护和养育孩子，而不是限制他们。简而言之，布拉德的母亲说："我认为纪律对于第一年是不重要的，但后来如果你不足够坚定，孩子就会操纵你。"

随着这些孩子成长为成熟的学步儿童，进入幼儿园，开始上小学，他们试图维护自己的自主性、试探和打破规则，这是所有儿童时常会做的事情。他们需要定期的干预和父母的监护，但父母的反应并非治安警戒。这些父母通常会一起商议如何应对孩子更过分的胡闹。他们不发脾气、不打孩子，而是根据孩子的行为制定明智审慎的纪律。父母没有把孩子的错误行为看做个人的侮辱和失败，因此他们不怀恨在心，能够对孩子表示同情并调整错误行为带给孩子的后果。

当孩子表现不好时，父母逐步做出回应。首先，父母在对儿童的偏差行为做出反应时会为孩子示范节制。第二，每个家长试图规劝他们的孩子，解释规则的重要性，并反过来倾听孩子。第三，如果规劝无效，他们就对孩子的合作提供奖品和激励，并承诺如果孩子没有听从警告就会得到类似失去娱乐和特权的限制。规劝每天发生或每天多次发生。例如，有几个家庭中日常的规劝是这样的：不要伤到妹妹，别乱丢玩具。限制和奖励大多是隔周一次。第四，当孩子们仍然不在意，父母需要做更多事来吸引他们的注意。最常见的做法是有力地提高他们的声音，这可能一个星期发生几次。有时候父母会升级到叫喊。一般来说，这些非常成熟的父母能够控制他们的叫喊，大约一个月发生不到一次。他们的叫喊不是冷漠的，它清楚地表达了真实的不舒服的感觉，清楚地让孩子知道下一个结果是什么，例如：我已经警告你很多次了；我已经够了，如果你再这样做一次，你就不可以出去玩了；如果你想要看电视，你必须有另外的想法。

父母不会对孩子凶，也不会咒骂孩子。他们不说孩子是邪恶或者可恨的，并没有威胁要离开孩子或者把孩子送走。他们的叫喊，就像其他措施一样，在整体上着眼于获得孩子的注意，传递给孩子行为准则，让孩子清楚如果他们继续表现糟糕的后果将是什么。

第五，当讲道理和约束都不起作用，提高嗓门也无效的时候，父母会把孩子隔离在他们的房间或家里偏僻的角落里（不是令人害怕的地方，如黑暗的壁橱或地下室）。隔离可能持续到孩子安静下来、同意合作，有时会持续到孩子道歉，有时候隔离持续一段设定的时间（从五分钟到一整晚）。父母的目的不是惩罚，而是获得孩子的合作。这些家庭里，在房间隔离孩子的做法很少用，通常一年四五次，但有时会以疾风骤雨般的频率出现，一两周出现两三次。父母究竟有多么严肃认真呢？经过两三次检验后，孩子必然会明白哪些事情是他们能够侥幸逃脱的，而哪些事情是不能的。

第六，在这一组父母基本正常的儿童组中，当其余的办法都不起作用时，父母实在是够了，所有的孩子都挨过打。打得很少，比较有代表性的是一年打两三次，一次打一到三下，用手重重地打在孩子穿着衣服的屁股上。我们所讲述的这些比较成功的 30 岁的人，都回忆说他们五年级以后再没有被打过。事实上，成年后的他们很有代表性的说法是，他们不确定自己是否真的被打过屁股。

对这些孩子而言，体罚非常罕见而且没有显著的身体疼痛，所以并没有在他们的记忆里留下清晰永久的痕迹。尼古拉斯是这组中的典型，成人后的他说："我想我小时候曾经被打过一两次屁股，不过不疼。父母说我偶尔会挨打，但我真不记得了。"相反，我们后续将在其他家庭中听到，创伤性的殴打非常固着地铭刻在孩子的记忆中。

父母访谈的历史研究记录与子女成年后的记忆是一致的。父母报告说，到孩子上小学的时候，打屁股就减少到大约一年一次了。例如，罗丝的母亲——在纪律方面倡导父母合作——在女儿8岁的时候，她说："我们最后一次打她是去年她离家出走的时候。她从前门出去，没人知道，这样她有可能遇到糟糕的事情。她父亲真的打破了她的裤子。那是唯一一次他那么厉害地打她。罗丝三周没跟父亲讲话。最后我只好告诉她，她对父亲的惩罚已经足够了，她才又跟他讲话。"罗丝的母亲还主动讲述了她和孩子在一起发生的变化，"我18岁生了第一个孩子，36岁生了罗丝。我对待第一个孩子的态度，俨然我自己是个婴儿，要不然这就是我婴儿时母亲养育我的态度。我太严厉了，就仿佛我那时是在回击我的母亲似的，我尽量去想我已经是个成人了，但事实上我不是。罗丝得到了最好的爱。"

这些父母亲都不太相信打屁股的价值。对他们而言，打屁股是很令人遗憾的最后一招，而不是令他们感到骄傲的纪律形式。不管是他们作为父母还是我们作为儿童心理医生，都不会建议其他父母体罚孩子。相反，这些父母都把打孩子屁股看做他们自身的失败，因为他们不够坚决、不够善解人意。我们同意他们的看法：宽容、坚定、体贴比体罚更加可取。这些父母真正传递给孩子的是对于宽容、接纳、爱、乐趣和温暖的信念，以及尊重他人和社会期望，例如接受学校和家庭的规则。这些父母通过树立榜样、讨论、坚定和承担后果等爱的方式来传递他们的纪律。

本章中儿童的父母对子女的约束如此有效，他们是怎样做到的呢？父母的判断力日渐走向成熟，没有一条是放之四海皆准的道路。这些父母从不同的背景慢慢发展出他们的能力。例如，尼古拉斯的父亲小时候曾经定期被父亲用木

棍狠狠地打屁股，他说："那一点儿用处都没有。"他决定以不同的方式对待
自己的儿子。另一些父母亲紧紧追随自己的父母，而另一些则判断他们童年的
时候父母没有给过他们足够的约束。有几对父母是都是通过先养育了年长的孩
子，才学会了更加放松或者更加坚定地抚养后面的孩子。始终如一的是，每位
父母在教养子女方面都非常努力。对他们来说，这是耗神低效的时刻，也常常
是养育儿女最痛苦、最艰难的部分。他们都很认真地思考如何约束和惩罚孩子，
当他们觉得自己有些过分的时候都感觉很糟糕。

母亲的感染力

这些母亲中每个人都具备的特点是——快乐母亲的感染力，微笑和亲切的
表情显著地呈现了她们对生活所持有的基本满足感。她们比较随和，天性快乐，
但对孩子都很努力。本章中的 7 个孩子的母亲至少在孩子 1 岁前都是全职母亲。
除了罗丝的母亲，她们在随后的几年里都回到了职场或学校，付出的时间却不
尽相同。有两位母亲试图在孩子 2 岁时回去做全职工作，但是当看到孩子的发
展成就有所退步和孩子有苦恼时，她们就减少工作，又做了几年兼职。所有的
父亲一直都在做全职工作，只有维克多的父亲在儿子 3 岁时与妻子交换了位置。
因为她做护士，赚钱的能力更强，而家里需要这笔钱。维克多的母亲外出从事
全职工作，父亲继续从事兼职工作并成为一名"家庭主夫"，承担了大部分家
务和照料孩子的工作。他对孩子的爱扩展到家庭以外，几年后他成为镇上孩子
夏季影院项目的主管。

尽管整天都在外面工作，维克多的母亲很喜欢孩子。她和儿子在参加项目
时一起玩耍，她大笑着诠释了"快乐母亲的感染力"。"这真是太好玩儿了！"
维克多的母亲、布拉德的母亲和尼古拉斯的母亲都因为几乎带有情欲地（如果
不真如此）亲吻儿子而感到快乐。研究描述了布拉德 6 个月大时，母亲对他灵
敏快乐的回应，她亲吻他的全身（包括他的生殖器）。父母愉悦的态度是有感
染力的，很快便在孩子的人格中充分显现出来。布拉德 1 岁时，研究者写道："他
快乐兴奋地摇摇摆摆。"伊冯 1 岁的时候，会花时间待在外面，抱着奶瓶坐在

母亲大腿上，在空中伸展挥舞她的两条小腿，然后逗母亲，把她的大脚趾伸进母亲嘴里，母亲吮吸了一会儿她的大脚趾，明白过来这是伊冯发明的喂奶和爱的游戏。之后，伊冯灵活地吸吮一会儿自己的脚趾，随后母女俩一起放声大笑起来。罗丝的父亲一天工作 14 个小时，会喝很多啤酒，回到家时常常很暴躁。30 岁的时候，罗丝以她滔滔不绝的幽默原谅了乐于奉献的父亲。父亲对家庭经年的忠诚付出，婚礼上穿过走廊时流下的幸福泪水，在她心里比他那些愤怒发作更有分量。忆及此时，罗丝带着对父亲的爱流泪了。

这些家庭中母亲的快乐与她们和丈夫的关系密切相关。七个家庭中的六个，父母间存在着浓情蜜意的联结。即便父母间存在性情差异，他们也能彼此尊重、支持。他们有时在养育孩子的问题上意见相左，他们都能够彼此妥协。即便是那对离婚的夫妇，在很多年里他们的婚姻都充满了爱和合作，后来父亲经历了一系列的生意失败，患了严重的抑郁而驶离了婚姻的轨道。

表 1.1　发展良好的儿童其父母具备的品质

1	自信	9	可依赖
2	快乐母亲的感染力	10	共情
3	乐观	11	对孩子的积极感到骄傲
4	镇静	12	对孩子的创造性感到骄傲
5	关注孩子	13	对孩子的独立性感到骄傲
6	体贴	14	谨慎的戒律
7	温柔	15	富有同情心的纪律
8	温暖		

三个层面的母婴互动

对健康养育方式特定组件的探寻使我们理解，母婴互动在三个不同层面的体验中发生。到目前为止，讲述被试的生活故事时，我们主要集中在第一层，称为整体（或宏观）层面。这里的积极组件包括母亲的自信、快乐、慈爱、一致性、组织、保护、移情和同情。当这些品质共同作用于儿童，儿童便体验到我们的文化所命名的"母爱"。儿童内化并回报父母的这些情感和行为，使之反过来成为其自身的人格和反应技能的一部分。早在生命中最初的岁月里，儿童就开始表现出这些特质，延续至成年，并传递给下一代。

第二，更深层面的母婴行为是微观体态的互动层面。通过对录像中在一起的母婴一秒秒细致的微观分析，从而将宏观互动分解成更具体的行为的微观组件。用科学家不优美的术语来说，就是分析母婴的微观体态行为"使母爱具有可操作性。"例如，在我们的研究中，我们以每时每刻为基础，分析了电影中母婴的喂养、玩耍及带来适度压力的短暂分离后的团聚，以期确定和描述社交互动微观体态层面的核心组件。这些核心组件包括：母婴的目光注视，母婴的情感交换，母婴游戏和接触时的抚触，相互的言语表达、抱持和彼此的体态调整，以及对肢体亲密或靠近的维系。这些行为是对整体层面行为的跟进，也就是说，如果宏观互动健康，微观互动也是健康的。

这些微观互动的体验（受人类物种先天固有的情感和反应所推动）也是母婴赖以相互联结的纽带。每对母婴是通过下列方式建立他们独特的联结模式的：（1）他们偏爱的社交互动的微观体态元素的相互作用（或许是手指碰触、言语表达、亲吻、凝视、表情等）；（2）母婴间特殊的时机和节奏；（3）母婴各具特征的体力。这种联结风格是儿童与父母彼此形成心理依附的基础。

在良好的人际关系中，当一个婴儿体验到诸如饥饿、寒冷和恐惧等压力，会用眼睛、哭泣、痛苦的表情、手的抓取和碰触及试图保持亲密等表达其不适（即婴儿运用联结的组件进行交流）。父母用同一形式的一系列反应迅速回应。这种互动在生命的第一年里重复上千次，为儿童提供了依附、情感安全及随后的独立性成长的基础。

思想和感觉是婴儿期微观行为的基础。无论母亲是否用言语向婴儿表达她的思想，它们都隐含在母亲的动作里，即使婴儿尚不能用言语表达，它们也作为互动的部分在儿童内部进化着。下面是一个详细的研究观察例子，使用了短暂分离和团聚的范式，该范式由安斯沃思等人（Ainsworth et al., 1978）开发，用以评估儿童对母亲依附的安全性，这个例子引导我们理解儿童的心理状态。

我们观察 12 个月大的孩子在母亲离开房间三分钟后与她团聚的情形，我们特别注意孩子的肢体动作，因为这个年龄段的孩子用动作说话。如果儿童对于和母亲依附的安全性感到不安全或矛盾，他 / 她可能会哭着接近返回的母亲，伸手要求被抱起，但接着会目光向下看或者不看母亲，当母亲抱起他 / 她时像一袋土豆一样软绵绵地挂在母亲身上，他 / 她或许会伸出胳膊搂着母亲的脖子，但会抬高转弯处把手向上避免用手掌碰触母亲。

相反，如果 12 个月大的孩子经历了有效的教养方式，没有在婴儿期与父母分离，在依附中感觉安全，与母亲分开几分钟后再接近母亲，常常泪汪汪地凝视着母亲的脸庞。被抱起的时候，他 / 她把自己蜷缩到母亲的身体里，并将他 / 她的手和手掌完整地放在母亲的颈部或背部。这样的互动无声胜有声地表达了前语言期儿童的心理状态。

与那些日后在生活中成绩较小的儿童的母婴互动相比，我们已经详细描述的成功儿童和他们的父母在这些微观体态参数上运作得非常顺利和积极。我们想知道，这些行为是否将持续到下一代呢？本章的 7 个人中只有维克多已经有了孩子。我们拍摄了他和他的宝宝以及 3 岁女儿在一起的影片，研究他们的互动，看到维克多已经从他的父母那里学到了很好的功课。他对孩子们做出了富有洞察力、温柔、及时的回应，和他的母亲当年对他一样。

母婴互动的第三个维度是神经心理学层面。心理学家默里和库珀（Murray & Cooper, 1997）比较了沮丧和健康的母亲及婴儿的认知和情感发展过程，曾经综述如下："……越来越多的证据表明，经验因素影响了婴儿大脑发育的过程。这在婴儿生长的最初几周和几个月是非常快速的，先是生长速度惊人的突触，其次是大量的修剪，只保留功能连接。因此，父母多次敏锐地回应以吸引婴儿的参与，然后调节他们的行为回应婴儿的兴奋和兴趣以保持婴儿的注意，这些很可能直接影响婴儿大脑分化和组织的进程。其他研究也表明，产后 2 个月的婴儿的技能仍有相当大的灵活性，在最好的情况下，从婴儿与主要养育者的互动到与其他人的互动中，婴儿的行为发生相对适度的泛化……母亲在面对面的互动中成功保持了婴儿的注意和参与，这种情形在几个月里反复发生，可能到四五个月时，已经影响到婴儿在更大范围的社交和非社交环境中植入信息及处理信息的能力。"

作为临床医生，当我们与父母和学龄儿童一起工作时，我们的治疗集中在情感和行为的整体（宏观）层面上。当婴幼儿是我们的病人时，我们还把注意放在他们与父母发生的微观事务上。如果这些事务陷入困境，我们甚至可能试图把每时每刻的微观体态行为引入父母的有意识关注中，从而给他们机会做出有目的的改变。相比之下，虽然越来越多来自实验室、临床研究及心理治疗的发现能够相互支持，并为新的理解开辟了更广阔的前景，神经生理学和神经心理学结构化的领域仍然是实验室科学家的领地。

对于父母来说，感觉和思维的领域（即整体互动的层面）是第一位的。本章中的家庭为我们示范了成功的做法，他们在这个层面上都做得很好。父母都准确地意识到他们应该如何与婴儿关联。当出现困难时，他们可以调整其反应和感受，向他人请求帮助并听取建议。他们的子女是受益者。总之，好的父母的感觉和时机造就了与婴儿每时每刻的良性互动。感觉和行为结合，反过来促进神经心理的发展，并相应地促进良好的情绪发展。值得注意的是，30年之后，拥有成功父母—婴儿关系的成年子女都对他们早期与父母的依附持有积极、安全的心理表征，这一点显示在他们的成人依附访谈的安全评级中。

难以效仿的行为？

这些成功孩子的父母的行为太难效仿吗？这是在过多地要求父母要真正自信、乐观、敏感和警醒吗？如果这组榜样父母是完美的，他们的孩子也是完美的，仿效他们的确是过高的期望，但幸运的是，事实并非如此。尽管他们非常优秀能干，和所有的父母一样，每一位父亲和母亲都存在弱点和问题。他们的孩子也一样，现在这些子女成年后有时会自我怀疑，或为了在其他方面很能干而牺牲人格中某领域的力量。

例如，尼古拉斯的父母期待他发挥出自己的能力并符合社会的期望。有的时候，研究人员觉得他的母亲对他过于说教，错过了享受乐趣的机会（"一本正经"，他们这么描述她）。30岁时，尼古拉斯回应了这些问题，他想知道他可能错过了什么。塔蒂亚娜的父母对她的期望更直言不讳。他们积极地谈论对她的希望：取得成就，表现非常优秀得体。有的时候，这在某种程度上令研究人员担心。这使塔蒂亚娜有时把自己从同学中孤立出来而成长，因为她需要给老师留下深刻印象。令人高兴的是，她到高中时觉得自己更是班级的一部分，现在作为一个成年人，她说丈夫给她的生活带来更多笑声，使她不再那么严肃。

不同的是，罗丝的父母对女儿的期望相对随意，她比尼克或蒂娜有更轻松的本性。但相对应的是，她并没有逼迫自己追求学术或专业。因此罗丝的职业发展落后于尼克和蒂娜很多年，过去还有过错误的开始，现在已经30岁还要为完成大学学业和取得小学教师证书而努力。

蒂娜的父母因为缺乏关于儿童发展的知识，在共情她的时候出现过严重的失误，做出过创伤性的错误行为——在她出生的第一年里离开了六周。这似乎形成了蒂娜与父母物理分离的持久焦虑，并对于独立于父母之外行事感到非常冲突。

伊冯的母亲在女儿前六周时患有严重产后抑郁和焦虑，她的抑郁与有了几个女儿后希望有一个儿子有关。这种痛苦——不同于她之前经历过的任何事情——如此强烈，以至于她有时觉得自己可能会精神错乱而需要住院。但她有意识地用意志力使自己隔离和抑制她的痛苦。尽管患有抑郁症，她对孩子的奉献让她走上正轨，表面上她在婴儿的照料方面做得很好。在朋友和家庭医生的安慰下，到伊冯三个月大时，她的抑郁症已经痊愈。这以后不久，一位研究访谈人员观察发现，"这个母亲在看孩子时容光焕发、喜不自胜。"

不过，在伊冯的童年，当她偶尔拒绝礼貌行为时，母亲对她非常严厉。一位访谈人员指出，伊冯的母亲"按照既定的行为准则生活才更舒适，并可能缺少一些灵活性。"母亲的这些特点或许可以解释伊冯大学时的反叛，或许也可以解释为什么伊冯自己同样缺乏情感灵活性。当男友离开她时，伊冯感觉被剥夺并被逼入绝境，以致用利器割伤了自己。伊冯从这个低点开始改正自己——

实际上，她运用她的痛苦感受做出了停止自毁的决定——开始在生活中做更好的选择。

虽然家里有麻烦，但是事情的发展最终对维克多是非常适合的。在他的早年生活中，母亲因家庭贫困非常伤心。父亲努力要成为小说家，什么都赚不到；母亲照顾3个孩子并做兼职工作，曾经一度考虑带着孩子离开家。这样的压力让全家损失惨重，维克多得了几次严重的传染病，母亲出了车祸，父亲患了肝炎。母亲一度告诉访谈者："对我而言，丈夫像是屋里的另一个孩子。"她仍然对维克多保持敏锐的理解和幽默。终于在他快3岁的时候，父母达成了和解。他们从纽约搬到新罕布什尔州的一个小镇上，父亲成了小镇周报的作者，牺牲了他在世界舞台成名的愿望，获得了当地的认可和一小笔固定的工资。他还接管了照顾孩子和最大份额的家务工作，而母亲开始外出做全职工作。20年后，因为父亲的特写文章和夏季儿童剧院项目为村里的文化生活做出了贡献，市政委员会为父亲颁发了荣誉。而维克多自己成为了父亲、家庭主夫和兼职美术老师。

维克多父母的和解是困难的，他们需要与家庭治疗师断断续续地一起工作来经营这不寻常家庭的情感。成年的维克多回忆了一些他小学时与家庭治疗师的单独会面："能够跟某个感兴趣的人谈一谈我对于母亲做全职工作而父亲在家里做饭洗衣的感受，这很酷。这帮助我克服了感到有些丢脸的想法，孩子们有时会取笑我。我相信它让我更容易坦然面对妻子和我像父母那样打理生活的事实。"

维克多4岁时，访谈人员写道："父亲更能觉察儿子的感情受到微妙影响后的细微差别，而母亲对孩子行为的回应则更为宽泛。"好奇的是，这是对关系中典型男性反应模式和女性反应模式的逆转，说明研究人员们在基于统计学的研究概括上漏掉了个体差异。尽管维克多的家庭基本上是健全的，但是母亲去做全职工作，不能时常与孩子在一起，看到儿子变得不那么大胆、更加害羞时，母亲还是体验到一波又一波的内疚。维克多一直到今天还保持着这种柔和的特性。

布拉德家的问题实际上喜忧参半。他的母亲热情洋溢，喜欢肢体接触，对儿子抱有宏大的幻想。这样的幻想如此之多，以至于在布拉德1岁时，访谈人员对母亲兴奋幻想的程度感到震惊，这已经形成了她关于儿子的意象。用母亲的话说，布拉德"倔强、迷人、天才、积极进取、坚定自信"。然而，这不是访谈人员看到的小男孩，因为在研究人员看来他健康快乐，但并没有引人注目的与众不同。随着时间的推移，布拉德很好地适应了母亲关于他的意象，也受益于父亲的强大的角色示范。30岁时，布拉德所展现的实际上就是婴儿期时母亲对他的愿景。但是，一个观察者写道，母亲活力四射，与年幼的布拉德不停地快乐交谈，"使他有时很难插嘴"。或许正是因为这些原因，布拉德在童年期形成了轻微口吃的特点，开口讲话时显得有些犹豫，这些特点现在仍然存在。

每个人都有心理动力但不是所有人都存在精神病理，这7个成功的孩子很好地说明了这一现象：他们同样存在心理冲突、防御机制、优点和弱点，以及人格中未充分发展的部分。但是，没有人患精神疾病或呈现出造成任何后果的症状，心理动力的有效协调使他们成为令人钦佩的人。

影响儿童发展的四个因素

最后，让我们简单地考虑一下被认为影响儿童发展的四个因素对这些成功孩子的影响，它们是：母乳喂养与奶瓶喂养、兄弟姐妹、父母的教育和经济（社会）地位以及宗教。关于喂养，我们无法辨别成功的孩子基于母乳喂养或奶瓶喂养的差异。布拉德和维克多的母亲进行母乳喂养，其他人用奶瓶喂养。进一步说，研究项目在整组76名被试中没有发现任何有关奶瓶喂养和母乳喂养的统计效应。显然，更重要的是母亲将什么带进了喂养体验中。另外我们可以假设，如果塔蒂亚娜的母亲用母乳喂养女儿，她可能不会遭受敏锐性方面的失误而在女儿8个月大时丢下她去委内瑞拉。然而，她对女儿整体的共情仍然比其他许多母乳喂养的母亲更加成熟。

至于兄弟姐妹对这7个孩子的影响，研究人员或被试均未发现兄弟姐妹以任何方式对他们成年后的满足感和成就感产生明显的影响。虽然如此，但同胞关系以及兄弟姐妹的角色模型则刻印在每个被试的情感生活中。兄弟姐妹通过相互联系的经验、分享以及在某些情况下通过他们的相对疏远或竞争给每个被试提供了生活的丰富性、实质性和深度。在本研究中，兄弟姐妹的存在教会孩子们如何竞争、获胜、失败、分享、分离和回归，以及如何感受同情、愤怒和骄傲。然而，没有哪项功课是完全依靠兄弟姐妹学到的（没有兄弟姐妹的儿童也能学到），因为儿童最早是在与父母的三角世界里为自己寻找位置的过程中学到这些的——即弗洛伊德所说的俄狄浦斯情境。

76 个家庭中的其他一些家庭里，兄弟姐妹事实上的确发挥着更强大的塑造作用，但都是在不寻常的情况下：例如，一个兄弟或姐妹有严重生理缺陷或心理疾病、某个兄弟姐妹具有不同寻常的竞争性或敌意、父母偏爱另一个孩子以及在大家庭中年长的兄弟姐妹为某个孩子提供相当多的照料等。如果一个孩子有兄弟或姐妹生病，他／她不得不处理自己作为健康幸存者的内疚感，以及父母集中在生病的兄弟或姐妹身上的关注。如果孩子有一个异常专横的兄弟或姐妹，他／她就必须学会掌控自己的竞争力、愤怒，否则就可能很被动或在受控制的过程中体验到能力不足的感觉。

父母的受教育水平、经济情况及儿童的智力水平对儿童发展的影响如何呢？对本章描述的 7 名儿童而言——同样对整组 76 名被试而言——父母的财政状况、受教育水平和儿童的智商对形成人格及成人职业能力和满意度不起重要作用。父母对儿童的养育方式、父母的人格以及他们对孩子的期望，是决定儿童未来心理健康和适应性的更强有力的因素。举例说明，塔蒂亚娜家是受教育最少、最贫穷的，而她很快将从法学院毕业。本章所有孩子都有别的孩子同样的或优于他们父母的经济和教育程度。

另一方面，智商（通过智商测试测得）的确有助于预测本章中的儿童（以及整个研究人群）能否获得高等教育。本研究中的 4 个天才儿童：尼古拉斯、塔蒂亚娜和茉莉亚已经获得硕士以上的学位，布拉德取得了计算机科学硕士学位并创立了自己的公司。对布拉德而言，从大学的安全感中脱离出来，投身到商界那种独立与竞争的不确定中，并不容易。一段时间的心理治疗帮助他下定决心独自创业，自此，事情发展得非常顺利。其他被试（罗丝、维克多、伊冯）

不是天才但都在工作或学习中表现优异，良好的养育方式使他们能够很好地运用自己的能力。

最后，我们考虑了宗教在这些孩子生活中的作用。通过评估父母的信仰和对信仰的践行，以及与成年子女的交谈来看，对于那些发展顺利的儿童而言，有组织的宗教对他们成年人格的形成产生了令人惊讶的巨大影响。并不是说宗教信条久而久之指导了孩子的行为或教导他们去信仰什么，而是在孩子的成长过程中，当父母积极地归属某个教会或在家里践行某种宗教传统时，宗教强化了父母的个人信条。在这些成功的家庭中，父母通常特别强调要尊重他人、热爱家庭、同情他人、社交行为高雅并自给自足。没有特定的宗教实践或归属，父母也可以传递和示范这些信念，但在这些家庭中，宗教实践框架似乎支持了父母传递给子女的信息。家庭属于什么特定的传统并不重要，因为下面几个教派都被提到过：天主教、新教、犹太教和贵格会。7个家庭中的4个家庭每周会去参加宗教仪式，虽然只有塔蒂亚娜家虔诚地相信圣经奇迹是真理而非隐喻性的教义。另外两个家庭偶尔去参加宗教仪式，更倾向于在家里践行他们的信仰仪式。

现在有三个成年被试继续定期参加仪式：每个星期天伊冯和丈夫同她父母一起去她儿时的同一所教堂做礼拜；维克多和塔蒂亚娜也去教堂做礼拜，但比他们的父母稍微不那么规律和投入。罗丝去教堂比她的父母少多了；布拉德、尼古拉斯和茱莉亚效仿他们的父母，偶尔在特殊的时刻去参加仪式或在家里举行一些仪式。当这些30岁的人有了孩子并希望传递传统和价值观时，他们对宗教的参与程度很可能发生很大改变。只有塔蒂亚娜毫不犹豫地回答说，她相信上帝；其他人的回应更模棱两可和理智，坚持信仰上帝存在的可能性而非确定性。

尽管托尔斯泰（1873）曾经解读过，"幸福的家庭"都是相似的并且缺乏戏剧性，我们穿越了塔蒂亚娜、尼古拉斯和他们五个同伴的生活，这个旅程提供了新的发现，提醒我们从新的视角看待古老的真理。接下来的第二章，主要讲述充满了紧张、痛苦甚至悲剧的家庭。

第二章
童年痛苦的外化

我尝试新生事物，但我却不知道
我的内心是否改变。

——[英]尼尔（Neil，42Up）

儿童感到痛苦的时候，基本上会采取两种方法来缓解：一种是把情绪和不安向外释放，表现为问题行为（常常是极度的焦躁不安、过度活跃、挑衅或者行为涣散）；另一种是停止对情绪进行躯体化，从而把痛苦指向内心。痛苦内化通常表现为抑郁、焦虑和恐惧，随着时间的推移这些情绪经常破坏儿童的人格发展：导致缺乏胜任感、强迫行为和强迫观念，有时甚至是补偿性的夸大或者自负。这些表现都是这类孩子的行为特征。

大多数痛苦的儿童主要通过外化或内化作为其应对方式。然而对他们来说，在痛苦内化和行为外化间不停地来回转化，直到症状和人格扭曲之间获得相对稳定和平衡。尽管大多数孩子在成年后的人格特征有别于他人（这在早年就有征兆），有些甚至在7岁以前就已经相当明显，然而我们的研究显示，这个过程——就像沙子和黏土通过地质作用压缩和沉淀变成岩石需要漫长的时间积累——会在他们二十几岁时才发生。

一个5岁的孩子说想要取悦挑剔的父母："我想做好，但是我做不到。"事实上，他根本无法达到父母的期望。尽管如此，他拒绝陷入被动状态，取而代之的是，他的身体就像安装了永动机的马达一样不停运动。他遭遇了无数次的事故，每一次都显示内心必须重新遭受一次痛苦。本项目的76个孩子中就有6个像他一样，被确诊为儿童早期机能亢进。

尽管是30年前所做的诊断，那时他们的（通过当时的研究记录重现）行为表现符合或接近当今最常见的儿童精神病学诊断——注意缺陷多动障碍（ADHD）。有些孩子也具有轻度躁狂的症状：有欣快感，焦躁不安，情绪状态在难过、不快和愤怒间飘移。我们在本章将追踪2个极端多动的孩子，从他们出生一直到30岁，而对其他4个的描述会稍微简略些，旨在理解儿童外化症状的含义及意义。这6个孩子的人生历程说明了一系列问题：（1）痛苦外化所包含的心理机制；（2）与第一章中成功快乐的家庭相比，多动孩子的家庭所存在的问题；（3）儿童之所以有这些症状是早期亲子互动问题的反应；（4）外化儿童应对痛苦的心理防御机制；（5）症状和防御随着时间推移如何持续和转化，并影响其成年后的人格和生活。

表 2.1　注意缺陷多动障碍（ADHD）的诊断标准

1	无法注意到细节和工作
2	无法持续维持注意力
3	别人说话时似乎没在听
4	缺乏组织任务和活动的能力
5	遗失活动必需的东西
6	容易分心
7	健忘
8	在座位上无法安静坐着，动来动去
9	时常离开座位，坐不住
10	过度地跑或者爬高
11	无法安静地游戏
12	"总是处于活跃状态，像被马达驱动一样"
13	太快地抢答问题
14	无法等待轮流
15	常中断或干扰其他人

（摘自《精神疾病诊断与统计手册》第四版（DSM IV），美国精神医学会1994年版。符合至少6项以上注意力不集中的症状或者至少6项多动或冲动的症状，并且适应不良，与现有的发展水平不相符合，才能作此诊断。）

弗朗克—— "我想做好，但是我做不到"

弗朗克的父母是长岛的农场主。他们呆板、面无表情，看上去就像格兰特·伍兹的典型画作《美国哥特式》中的夫妇。艰苦的工作似乎让他们筋疲力尽。当照顾弗朗克时，这位母亲像个木头似的，冷酷，而且死气沉沉。录像显示她没有笑容，无情，机械，喂食时也很少和婴儿说话。只有在清洁或者抱婴儿时，她才动一下，即使动也是轻轻地。

当弗朗克很安静时，母亲总是打扰他，让他变得很紧张，这说明她很难理解孩子的需求。她说自己很爱孩子，但是似乎这温柔太过含蓄，不懂如何释放。她很被动，人在这儿却总是心不在焉，有些荒谬。弗朗克哭时，她甚至不知道该做什么。虽然把孩子抱了起来，但孩子依然紧张而无法放松下来。弗朗克的父亲显得很安静，接纳，一丝不苟，更像位母亲。从积极的角度看，这对父母表现出的安静和稳健令人印象深刻。

弗朗克1岁前的发展水平相当超前，他精力充沛，看到其他孩子时，会开心地、喋喋不休地牙牙学语。父母评价他是个"纯粹的男孩"，想着他将来"长大一定会很帅气，不让人操心"。然而，从学走路开始，他就变得越来越多动，参与每件事情，都不能安静坐下来。他和父母一样，更愿意做事而不是和人打交道。他很小就模仿父母并认同他们，除了其他孩子能让他稍微感兴趣，其他的情绪反应已经消失。弗朗克1岁后变得易怒，容易受挫，很难安抚，漫无目标，远离人群。这种孤独感会造成一种自娱自乐的假象，父母却误认为这是成熟和知足。他2岁时误食了老鼠药，在医院待了一整夜。

弗朗克3岁时比同龄的孩子更黏母亲。和母亲分开一会儿之后，他再看见母亲时就哭了起来，母亲却没有任何反应。弗朗克在这一年中变得越加抗拒和多动，就像体内有一个看不见的巨大马达在操控着。人际接触会让弗朗克失控的马达停下来，但是父母情感淡漠，不能与他建立联结。另外一种可能是：弗朗克想要通过多动来激起父母对他的兴趣，或者在父母疏远的情况下仍然感觉到自己充满活力。这是轻度躁狂的防御行为的早期形式，以此抵御内心的空虚或者父母的抑郁。

弗朗克似乎经常多动，并且避免进行人际接触，也许是因为他已经对父母感情上的疏离感到愤怒。他语调平缓，害羞，很难维持注意力。与父亲一起运动时他最开心，然而这样的打闹很奇怪：父亲平躺在地板上，而弗朗克发狂似地在他身体上跳上跳下。

弗朗克3岁时学会了上厕所，但是一直尿床好多年。他在家里不断尝试，想表达善意而行动却常常落败。例如，他想帮母亲清洁房间，却用玩具枪往画上喷水，然后再用脏衬衫把水擦掉。母亲要他停下来，然而直到屋子里一团糟才来制止，然后打他的屁股。在此期间，他的父母一天会轻打他几次。

弗朗克 4 岁参与研究面谈时，焦躁不安，霸道地要饼干吃，根本不可能进行测试。他打开水龙头，测试者对他进行口头警告完全没有用，最后不得不关掉水龙头，以免游戏室泡水。他的父母依旧疏远而且迂腐，根本没有意识到孩子有问题，对他的内心世界也一无所知。5 岁时，弗朗克勇敢地恳求失望的母亲不要打他屁股："我想做好，但是我做不到。"

在以后的几年里，弗朗克压抑了敌意，确实变得"很好"。他在参与项目的时候不小心撞翻了黑板，会说："别担心，我会把它修好。"他和母亲依旧像机器人一样拘谨、机械，但是在外面弗朗克与大人和孩子都相处很好。避免冲突这一点帮助他与人群建立联结并远离孤独。虽然如此，他 5 岁时的会晤记录这样写道："他压抑了攻击性，自尊极低，并且为此而烦恼。"当玩奇幻游戏时，他扮演怪兽或者外星机器人；现实生活中，他很快乐。

弗朗克的父母在他 7 岁时驯服了他的多动，打屁股减少到每周一次。他很少真正地发火，有一次母亲在会客结束后要他把玩具收好，他粗鲁地把玩具朝玩具箱扔过去。当同学出车祸死后，父亲告诉他说这都是不听父母话的后果，这让弗朗克体验到恐惧。但不幸的是，父母的驯服过程干扰了孩子的冲动，压抑了攻击性和自发行为。正像我们看到的，这会导致持续的攻击性冲动（包括正常性冲动）的冲突。除了弗朗克发狂导致"每周至少一次暴打"外，父母对他在家里的表现很满意。当他问父母他们是否会死去，父母很困惑。观察者认为，这个疑问表达了他对父母压抑的愤怒，以及想到他们可能会抛弃自己时的内疚和恐惧。

弗朗克在学校感到紧张，也可能是焦虑被压抑，他咬指甲，咬得手指上的活肉都露出来了。他不时被激惹，动来动去，当想和同学交流时显得挑衅而且不合时宜，这让同学感到很尴尬。但无论如何，他仍旧努力地示好。他不会听从老师的教导，但是会不时地找机会赞同一下。他的成绩还不错。7 岁时，弗朗克在测试中表现出明显的强迫特征，很难对测试做出简短回答。这个特征一直保留下来。研究者们认为这源于低自尊，是为了压抑自负的需要，他甚至在很大程度上掩饰自己的聪明。

现在，让我们看看弗朗克18岁时的样子。尽管他外表强壮，却显得温顺而有条不紊。他不时露出温暖的笑容，说一些贴心的话。他在高中表现良好，成绩很好，这与其高智商一致。他计划进入一家附近的大学，便于周末探望父母，并想要成为一名老师。

* * *

18岁时的心理测试显示，弗朗克和儿时一样，仍然想要控制冲动和情绪反应。罗夏墨迹测验（Exner，1974）和主题统觉测验（Bellak，1975）描述了他身上隐含的攻击性没有得到解决，显示他压抑而且受限。鉴于他小时候曾经那么焦躁不安，布洛迪博士对他表现出来的沉静、清醒和自控感到吃惊，但是，这些是以牺牲他的情感生活作为代价的。他说自己对什么事情都没有兴趣，认为这与同学们夏天都离开了有关，这令人难以信服。他说在打篮球时感觉很好，但是对自己总是受轻伤感到遗憾。他体内的无聊和执著显示，他的抑郁正在累积。

和很多同龄人一样，弗朗克已经不记得童年的苦恼。"我的父亲母亲是世界上最好的。他们总是陪着我……不会给我压力，一心为了我好。"接着他说，曾经有一次被打屁股，但是没有受伤。他一方面把父母想象成很友善，另一方面无视父母与他之间的关系有问题的事实。他把两者结合起来。他谴责自己没有感情，把愤怒内化以此来保护父母。

弗朗克有两处童年不快的记忆。一次是因为玩游戏导致父母不允许他外出，为此他感到懊恼和羞愧。父母控制过度或者疏离（尤其是父亲缺席男孩的生活）的孩子，都像弗朗克一样对射击游戏入迷。形象地说，弗朗克的父母让他的情感熄火，所以他想自己制造些火花。

另外一次是，他14岁时搬家到一个新的社区。弗朗克说，和之前的小伙伴们共同度过的童年是他人生中最明媚的时光，此时他面露哀伤。在新家，他没找到新朋友。作为研究者，我们猜想，即使有证据显示他童年在交友方面存在一些问题，但是童年的小伙伴更像是死气沉沉的核心家庭的替代品。我们也怀疑，弗朗克14岁时为失去朋友而感到悲伤是否是真实的记忆，也许它反映了更深层的、难以忘怀的、从未体验过的经历（或者从未有过的经历），它实际上植根于童年早期与父母的关系。

弗朗克说话热切、喋喋不休、浮想联翩。由此我们设想，曾经在童年期导致他行为失调的马达如今表现为语言表达上的失控。他安静地坐着，却热切地从他如何想助人、反战、惩罚那些对他不敬的人到学习武术一个接一个话题地漫谈。因为觉得太焦躁不安，所以他不看比赛；更因为受一点小伤就很难康复而不去运动。他坚持不喝酒、不抽烟，因为这既不合法也不健康。超强的道德观和自我批评看起来从原初状态转变为自我冲突和折磨。弗朗克否认自己处于抑郁状态。但是随后他假定，如果某人处在抑郁状态，自杀是合理的，有足够充分的理由。布洛迪博士也认为他的漫谈源于孤独，由此他得以坚持下来。她督促他在发现自己不快乐时尽快找一个治疗师。

* * *

12年过去了，弗朗克30岁了，他看起来很憔悴、很茫然。他穿着蓝工衣、卡其裤参加面谈；刘海长到遮住了眼镜。他告诉我们，感觉自己20年的时光好像丢了一样。大学时，他和同学有过一段短暂的无性婚姻，感觉上更像是学习伙伴。妻子去另外一所大学读研究生，而他留下来上临时课程，大部分周末都回家。10年来，他没有和其他女孩约会过，对男人和女人都没有性欲。尽管他意识到生活并不那么幸福，但是却没有进行过心理咨询。他仍然坚持自己从未抑郁过，只是有时对自己感到有些困惑。他仍然纠结于14岁搬家失去童年的朋友这件事。

父母曾经要弗朗克回家一起去农场干活，但他不肯。他想和更多的人一起工作，并且运用自己的头脑。他很会赚钱，从大学开始就在餐馆、书店和网站工作并且很快获得晋升，但随后就没了兴趣。一年前，他因为喜欢研究道德和意义的问题，进入了神学研究生院。他喜欢人群，设想毕业后教书甚至拥有一帮会众。然而，他不确定自己是否真正相信上帝的存在，所以怀疑自己是否适合这个职业。

弗朗克30岁的心理测试显示，他7岁时的人格原型已经被具体化了。他最初的防御机制就是用友善来压抑攻击性的冲动，顽固的退行，甚至退行到睡觉——就像病理性的隐退、强迫性的理智化和合理化，这样就把感觉阻隔在外。他还有一个强迫性的表现就是，当离家时，经常要两次甚至三次返回检查是否关闭热水器和灯。他自己也认为这有点不太合情理。

这里，有重大意义的是，弗朗克不再把父母理想化。现在，他能回忆起儿时想要多和他们在一起的孤独感，尤其盼望和父亲在一起的热切的感觉。引人注意的是，我们在25年前的一段研究录像中看到，弗朗克摆弄着玩具进行角色扮演。他说："这是父亲，这是我。我给父亲建座房子，这样我和父亲就可以在里面一起玩。"弗朗克成年以后也说，希望父母来"推动"自己成为一个年轻人，但是却说不出他们应该怎么做。这个愿望看来更像是渴望：渴望父母在过去投入更多。他说，儿时母亲让他感觉有安全感，但她总是很忙，经常让他一个人待在家里。他记得从上学开始，父母就没有抱过他，直到今天他也很难和他们谈论私人的话题。他认为，这是自己的一个缺点。

很明显，弗朗克很烦恼，我们都担心他。他第一次记事是4岁时被困在闷热的房间里。如今，他就像当年母亲对待他一样把自己困住。他会周期性地做噩梦，被怪兽追赶，但是枪却熄火了。这代表他的性无能或者面对内心的邪恶情感时的无力感。他有一些躯体症状，比如经常性的消化不良，一次甚至三天不能走路，却没有任何生理原因。他典型的心境是"疲惫"。自杀是个他感兴趣的问题，但是他并不认为自己需要心理学的帮助。他坚持认为，这些想法仅仅是哲学上的思考。

达芙娜——就像被发射的、焦躁不安的陀螺

好动、任性的孩子并不总是像弗朗克一样凄凉，他们也不一定在生活中适应性很差。达芙娜就乐观很多。她是4个孩子中的老大，母亲生她时19岁。母亲当时是法律事务所的秘书，而父亲是年轻的律师。母亲是行动型的，不好内省，喜欢法律事务所热闹的氛围。她说，自己儿时的环境就像这里一样，是一个紧密、

快乐的大家庭。

达芙娜的母亲告诉采访者，她想给予女儿全部的爱，但是精力和人格阻碍了她和女儿的亲密接触。她自己还是青少年，就像很多十几岁的孩子一样，情感需要调整，耐心需要发展。她对孩子很"忙碌"却并不亲密。喂孩子的时候，她的控制欲强，并且缺乏共情。她一直都富有进取心，有领导才能而且很自信。

在哺乳的6个星期里，母亲在照顾达芙娜时显得手忙脚乱，大声地聊天，快乐地发号施令，根本没有安静的时候。母亲没有留意到，达芙娜在喝奶时都不能放松，否则她不会不放慢喝奶的节奏。母亲的微笑看起来很亲密，幽默感让气氛很愉快，但是母女两人的情感没有联结。观察者写到，这位母亲就像"被发射的、焦躁不安的陀螺"。母婴之间缺少互动；母亲没有把孩子带入到互动中，也不允许孩子把她牵涉进来。

6个月大时，达芙娜紧张、好动，喂奶时经常呕吐。为了吸引和取悦婴儿，母亲不时地做鬼脸、聊天。但是，她经常显得粗暴而且戏弄孩子，很少安静地和孩子玩或者让孩子一个人待着。达芙娜现在有很多种心情——安静、克制、易怒，满足，惹人爱的微笑。

达芙娜1岁大时，母亲经常把饭放在桌上，让女儿跑来跑去拿自己喜欢吃的东西，她觉得孩子不想让人喂。然而，研究者们观察到，达芙娜等待母亲来喂自己或是向母亲索要食物，但是母亲都没有注意到。其他时间母亲不让达芙娜跑来跑去，而是把她紧紧地系在高脚椅里参加社交活动——她对着母亲挥动香蕉并做鬼脸，就像母亲之前逗她时做的那样。

达芙娜1岁的发展测试与此呼应，她喜欢身体活动和社交活动，不太理解物体间的关系。她学会了走路，不停地走来走去，一旦处于危险中，母亲就会打她的屁股。她2岁时观察者写道："达芙娜的运动发展水平很高，经常运动，并且运动强度超过了我所见过的其他孩子。她是唯一一个几分钟之内就可以让家具翻倒的孩子。"

达芙娜蹒跚学步时，母亲的情绪和行为经常飘忽不定，要么过度控制，要么在情感和身体上疏离孩子。她为孩子感到自豪——预示着女儿长大后将是一个友善、外向的人——但是很快地，她又讽刺、冷漠对待达芙娜："你过得真是不幸啊！"目前为止，达芙娜认同了母亲的自信和活动频繁这些外向的品质。

当健谈的母亲在场时，2 岁多的达芙娜会变得害羞，但是，母亲不在时她会与观察者熟络起来。直到 3 岁达芙娜还在吸奶瓶。之后，她才放弃奶瓶开始使用厕所。但是，像弗朗克一样，直到 11 岁她都还有尿床的问题。达芙娜很固执，脾气很大，这让父亲很恼火，经常打她，但是相比而言，她也很容易平复情绪。总体来讲，父母很爱她，当更多兄弟姐妹出生的时候，达芙娜试图帮忙甚至照顾他们。

达芙娜 4 岁时，家庭被乌云笼罩。母亲变得很紧张，烟不离口，大声咒骂丈夫很"懒"。研究者们认为，这个阶段出现问题是因为又将有两个孩子出生。父亲在面谈中显得疏离，但是第一次谈到他的父亲有酗酒的问题而母亲脾气暴躁。多年以后，当达芙娜 18 岁时，研究者才从她那里了解到，父亲当时有躁狂行为而且酗酒。

5 岁时，达芙娜保持了一贯的活泼和友善。测试中她挑战自己并获得成功，但是养成了逃避冲突、唯唯诺诺的习惯。尽管母亲继续疏离并且举止粗鲁，但是母女一起玩耍时，女儿很兴奋、很享受，母亲也能积极回应。

在一次会谈中，母女谈到了另一个孩子的惨剧。母亲开古怪的玩笑，想要放松，"你错过了所有有趣的地方。先是达芙娜出生了，另外那个 2 岁的孩子从悬崖上摔了下来，随后发现我丈夫在地下室里失去了知觉。"达芙娜 5 岁时谈到这次事故，"你知道，莱恩从山上摔下来了，你想象不到他要做那么多 X 射线检查。"父亲在会谈中显得有些逃避，"我表现得像个孩子。不知道我怎么会有这么多孩子，需要寻求帮助。"

达芙娜在幼儿园持续几周出现头疼、胃疼或者其他身体部位的疼痛。观察者发现，她在学校"坚定、温柔、能干合群，但偶尔独自一人"。早期的多动转变成强迫性的洁癖，教室和家里的玩具都很整洁。这说明，她渴望创造外部的秩序感管理内心的狂躁，以此认同母亲的职业女性形象。

达芙娜 6 岁时，听到父亲说起自己在幼儿园时很爱读书而女儿不看书，她就显得孩子气、自我中心、独断和不安。父亲说达芙娜已经长大了，不能再进行体罚。但自相矛盾的是，他刚刚因为她重重摔门而打了她。母亲仍然那么热心和善良，欣赏达芙娜的社会交往能力。然而，她仍然很少深入孩子的内心世界，当达芙娜在访谈快结束时想再多玩一会儿的时候，她马上变得干脆而冷漠。

7岁时，达芙娜的活力和紧张表露无遗。观察人员写道："无疑她是我见过的最活泼的孩子。她说话很快，动作迅速，露齿笑，富有感染力，行为具有戏剧性，表情丰富多变。她说话的时候，思维被外界干扰，想到什么就说什么。"问她什么是胃，她答道："它……就像……吸收食物那个部分……你知道……我们不需要……你知道……它走开了。"

在发展测试中，达芙娜努力回答了一部分题目。她深思熟虑，追求完美，回避失败，不断确认，怀疑自己。她的一段话让观察者吃惊。她说，能想到最快乐的事情就是"睡觉"。这显示达芙娜很难推动自己成长（她总是被环境和父母推动）。她心力交瘁，想要退行到意识的另外一种状态（睡觉），然后退却。

孩子一方面需要释放，同时也需要引导，很明显这有些失衡。母亲直言不讳："我看到我身上的淘气变成了孩子人格的一部分。它们如此狂热，我根本无法控制。"她解释道，当达芙娜在沙发上跳来跳去时，她就像龙卷风一样暴躁，不但限制孩子待在房间里不许出来，还打了孩子的屁股。达芙娜要做的家务有铺床、收拾桌子、喂猫、打扫房间，对于这个年龄的孩子来说显得过于繁重。

* * *

布洛迪博士想知道，11年后，在经过了喜忧参半的童年之后，达芙娜现在会是什么样子。她来的时候，带着18年来惯有的微笑，说话很快，开放，偶尔无厘头，很少停顿下来反馈。她着装艳丽，体态优美，喜欢很多高中的课外活动，尤其是拉拉队。父母参加很多社区活动，是教师家长联谊会的委员。她像他们一样忙碌。

达芙娜的成绩是Bs，大学入学考试的成绩还没到Bs。18岁时的IQ分数与7岁时一样是112，是较高的分数。尽管她在很多方面都感受到成功和快乐，却仍然觉得对学习不够自信。心理测试表明，这是自信心不足影响了学习效果。

看来，达芙娜仍然需要陪伴，她还没有发展为独立个体。她的童年观察者很担心这一点，因为她渴望取悦别人。我们稍后会在理论上说明，婴儿期母亲对达芙娜缺乏回应和过度控制也许渐渐破坏了她的个人发展。母女之间的问题导致了达芙娜挥之不去的孤独感。她试图通过认同母亲和发展强迫性的社交活动来弥补。当她离家上大学时，想要全力以赴争取成为校园剧场的主角，吸引注意力会让她感觉良好。这有些哗众取宠，也相当自恋。

布洛迪博士也感觉到，是父母的严格训导压制了女儿的个人发展，导致她心理上对人际关系非常依赖。因为父亲有酗酒的问题，所以达芙娜宽容那些有问题的人，同时也坚决支持自我的形象。18岁时，达芙娜清晰地回忆起自己4、5岁时父亲的危机。她和母亲在屋子里发现白兰地的酒瓶；父亲住院，后来母亲告诉她，父亲得的是躁郁症。达芙娜说，每隔几年，"他就会心力交瘁，失去理智"。大部分时间里，父亲不怎么喝酒仍能继续工作。

* * *

达芙娜30岁时，我们再次见到她，时光让她受益很多。观察者写道："她是一个令人印象深刻的可爱女孩，在研究中脱颖而出——沉着，富有思想，有修养，温和而且知足。"尽管第一个孩子即将降生，她仍然像儿时一样活泼，像母亲一样率直。现在，达芙娜拥有一个安静祥和、充满吸引力的家庭，这来之不易，"曾经有段时间，我都买不起尿壶"。二十几岁时她曾嫁给一个酒鬼，最终离婚。在此期间，她也酗酒。酗酒让我们想起，6岁时她说过，能想到最幸福的事情就是睡觉。睡觉对于儿童和喝酒对于成人一样，都能够抵御冲突和不快。她说："现在让我上瘾的就是巧克力。"

达芙娜儿时最幸福的事情，就是拥有很多女性朋友和做弟妹们的"小家长"。她天真地认为，在儿时母亲喜欢和她玩耍令她感觉舒适。然而，观察者记录到，母亲与婴儿的互动显得唐突和粗心，两者反差很大，这就衍生了几个重要的问题。她是否是在成熟地评价，即母亲当时是善意的而且已经尽力了？早期经验被遗忘是否扭曲了这个评价？与父亲相比，母亲还算情绪稳定，与其他母亲的养育方式相比也还过得去，这些因素分别在多大程度上影响这个评价？也可能是她要保护母亲不受指责，或者为了避免贬低母亲而使自己遭受内疚的谴责？这些问题都有助于我们更好地理解成年子女与父母之间的关系和发展，同样适用于成年人的心理治疗，我们将在第六章进一步叙述。

另一方面，达芙娜说父亲的生活就像痛苦的过山车。高兴、积极向上的时候，充满乐趣；抑郁、低落的时候，充满敌意。他总是没有预兆地使她恐惧。在她11岁时，父亲没有工作，母亲不得不把孩子们送到亲戚家待几周，全心工作直到他重新振作起来。母亲因为这段经历成为地区寄养机构的活跃分子。有趣的是，达芙娜30岁时，除了几次记忆与父亲相关、相对详实之外，忘记了父亲曾经打过她。也许她需要压抑与侵犯性有关的情绪。她说："我善于原谅；底线在于，我从没有学会愤怒，我害怕失去控制。在和父亲共同经历过这一切之后，我不能冒这个险。"

她上大学时是剧场的主角；但是随后她拒绝了电视台的工作机会，成了少年犯的缓刑鉴定官。她运用与人交往的天赋进入了父亲的行业。她笑着说："嘿，我跟律师很熟，知道怎么和他们打交道。我父亲就是我的顾问，带着我四处结识法官和律师。工作很简单，我很擅长。"也是因为这个，她结识了第一任丈夫——一个公设辩护律师。但是法庭周围的生活节奏太快，丈夫又酗酒，她想要改变。"我想到要离开丈夫就感觉很糟糕。父亲告诉我，应该和他在一起，这样他就会戒酒。"实际上，她从十几岁起就总想着要有一个男朋友。她说，自己很依赖第一任丈夫，离开他很难。在绝望时，她想过自杀，接受了精神科治疗才熬了过来。

第二任丈夫和她第一次约会时，就问她到底想要逃离什么。由此，她反思自己是在害怕感觉和环境失控。目前为止，他们在一起四年了，丈夫让她可以停下来，不再疲于奔命。"他像我母亲一样富有实践力，但是更冷静；不像我父亲和第一任丈夫一样还是个孩子。"夫妻俩开了一个园艺供应公司，她不再感觉到强迫性的冲动。"我焦虑的时候，能够坐下来思考。曾经的生活太亢奋，那是我从小成长起来的生活模式。我不再感觉到像在赛跑或者暴风雨即将来临。就在买回来婴儿床的那一刻，我从没有想过会幸福到哭起来。我的成长环境太混乱了，直到现在，我才能一个人静静地待着，而不是经常性的寻求刺激。"

达芙娜最为父亲感到难过。"我想摇醒并告诉他：'面对现实！'爷爷去年去世时，他甚至都那么冷漠。"

最后，我们问达芙娜，如果可以的话，她将怎样改变世界。她就像许多研究被试一样，把自身的痛苦经历投射于社会。她说："世界充满了恐惧。或者害怕自己拥有的不够多，或者害怕丧失所拥有的。人们能做的，就是避免恐惧或者让他人感到恐惧。这点需要改变。我对恐惧和它所导致的行为深深着迷。"

凯文——一张黏性的网

凯文既没有像达芙娜一样，家庭气氛紧张、充满戏剧性和刺激过度，也没有像弗朗克一样，感情淡漠和严格要求。然而，他必须面对父母的困惑。凯文强势的外婆不赞成要这个孩子，所以母亲在从医院回家之前，都谈到照顾不了儿子。丈夫没办法说服妻子，母乳喂养的时间很短，因为他觉得喝奶粉更好。

凯文6周大时，研究者这样描述他的母亲："她还没有与婴儿建立关系。显然她想一个人待着，内心冲突、丈夫和缺乏母亲的支持把她隔离开来。她压抑了情感，看起来有条不紊却经常误解孩子，说他很饿而实际上他在休息；当他充满好奇时，又说他"太吵"。从这点上讲，似乎可以说明母子彼此都是对方生活的侵入者。当孩子很饿时，她总是动作迟缓地去满足他；当孩子不安时，她总是笨拙地想要去安抚。"

研究人员这样描述凯文的父亲："看到妻子与孩子亲近，他显得不舒服，无法放松，感情冷漠，回避眼神交流。尽管很有礼貌却并不吸引人。父亲看起来像藏了起来，羞怯地、饱含感情地注视着儿子，但是却羞于（很少）说爱儿子。"

在这种氛围下，凯文缺少刺激和支持性的亲子关系，显得没有那么活跃，压抑且不善于表达。半岁以后，观察者很少能够吸引他，他有些抑郁。1岁后，凯文学习走路，这是一项新开发的运动和探险旅程，让抑郁有所缓解，甚至让他感到了快乐。父母带给孩子的乐趣却相形见绌。母亲仍然不开心，经常不安、情感淡漠。父亲经常退缩，从不真正参与儿子的活动。2岁时，他逐渐变得无法放松，无法集中注意力。

随着年龄的增长，凯文变得敏捷、冲动，粗暴地对待玩具，还经常打母亲。他不理会父母，不肯待在房间里，偶尔会挨打。父母日渐沮丧，认定他多动且很难管教。他们过早地教他学习礼仪，希望他能有教养。他们开始离开孩子一到两周的时间，以此进行放松。在父亲经历了一次事故而受了小伤之后，凯文显得紧张而烦躁，经常担心车祸、抢劫以及电视上出现的坏消息。对男孩子来说，最不正常的是他看一些悲伤的电影时会哭，害怕自己和父母会死去。鉴于孩子并不会泾渭分明地选择外化或者内化，凯文的恐惧可能是对与父母多次分离的反应，夹杂着内心对于父母不能融入自己生活的愤怒和不安。

在学校，凯文有时聪明，有时笨拙，有时快乐，有时失控，经常漫不经心。他有一次拉响了火警警报。还有一次，他在学校打群架，脸上被划了一道，跑去向老师哭诉，眼泪却是"干的"，似乎他知道，好斗只是表面，内心很难过。凯文的学业成绩和智力都是中等水平。学校经常安排辅导，帮助他渡过学习中的难关。

这个小男孩青春期和成年后会保留哪些个性特征呢？在他18岁时，布洛迪博士写道："家庭成员纷争不断，凯文深陷其中。他想逃离，但是觉得太孤单。随着年龄的增长，他学会把精力转移到运动中，不理其他事情。"他十几岁时最大的乐趣就是，和父亲一起打高尔夫，但是，父母把他和弟弟妹妹进行比较，令他感到不安。

布洛迪博士的评论很有预见性，12年后我们拜访他时，他觉得生活缺乏乐趣。他说对婚姻生活很满意，但是他、妻子和父母三方卷入了不动产企业的纠纷，其间他们就财产问题相互指责。他看起来很深沉，愤恨、犹豫和不善辞令，这让研究者觉得似乎说了错话，凯文会因此责怪他。他很难信任别人，好像曾经被深深伤害过。然而，同时他显示出强烈的想要被关注的愿望。当我们请他描述自己的父母时，他第一次提到他们和蔼、保护性强、乐于分享。但是，当我们问到有关于此的记忆时，他却说不出来，记不起父母让他觉得开心的事情。他记得并感激父母，他们教导他要努力工作，要有责任感。在他的成长过程中，真正让他感到温暖的是，一个叔叔教他打棒球，经常带他出去钓鱼。

现在，凯文是一家社会服务机构的副经理，他对此很满足。他还想去读城市规划的研究生，但是怀疑自己是否能够达到读写训练的要求。高尔夫仍然是他和父亲的乐趣，要孩子对他来说还太遥远。他说，心理治疗让他不再那么害羞，但是仍然被恐惧所困扰，经常会担心自己和妻子的健康。儿时的多动症状减轻了，他现在可以坐下来工作。早期的症状已经转化成慢性的、轻微的内疚性抑郁和不安（心境恶劣），还有强迫性人格特征，强迫性的无法抑制的担心取代了儿时的多动。

他试图尽可能地宽恕父母，把他们想得很好。当放下防御时，他说父母离自己很遥远而且苛求。每种说法都相对正确，因为从小到大父母一直在照料他，然而同时，他们常常在感情层面缺位，不投入，不令人满意。

法利——家暴父亲的"坏种"

法利是 76 个孩子中唯一遭遇家暴的。他的故事显示：首先，家暴在早期、可塑的时间段里影响儿童的长相和行为；其次，家暴会固化在人格中。父亲是一个情绪不稳定、易怒和偏执的人，法利小的时候经常挨打，父亲承诺要有责任感却经常不回家。他想要控制内心的绝望，对妻子和两个儿子施暴，经常用鞭子打他们，法利因此两次被送进医院。在 30 岁的访谈中，法利曾给我们看过肩头被鞭打留下的疤痕。

不幸的是，母亲不够成熟且无力保护孩子，直到 10 年后她找到另外一个男人。她放弃了离婚，这对她来说代价太大。她威胁丈夫，如果不停止家暴她就带孩子离开，丈夫最终冷漠地妥协了。

母亲的不成熟还体现在对小法利的照顾上。例如喂奶时，母子属于两个不同的世界。孩子已经喝饱了，对麦片不感兴趣，但是母亲会继续舀起一勺麦片放到他嘴里。孩子安静的时候仍然显得很不安，她误解成他还很饿，继续机械地喂他，令他更紧张。孩子安静、饥饿、吃饱、易怒和回应的状态经常被误读。

它们之间转换迅速，一个临时的观察者都能看出，母亲在喂养时节奏永远不变，表情哀怨（显示她未与孩子建立联结），认为喂养不重要。

父亲家暴，母亲机械、迟钝，这并不意味着法利将被过度控制，婴儿和幼儿早期他相对被忽视。父母大部分时间在隔壁的咖啡馆里工作，孩子们自由跑动。邻居、十几岁的女孩，还有住在街角的姑姑临时帮忙照看孩子，没有固定的吃饭时间，累的时候倒下就睡。他们再大一点时，随时随地、随心所欲在餐馆、房间、电视机前和门前阶梯上吃东西。

小法利表现得紧张、拘谨、焦躁不安。6个月时，观察者写道："母子间如此缺乏互动令人震惊，彼此都在误读对方。观察期间，法利比任何其他的婴儿都哭得多。但是他很坚韧，喜欢运用身体，带着胜利的微笑。会走路时，他就开始搞破坏，父母没有办法阻止他。"对法利来说，他想要通过持续的、变化性的、少与人打交道的多动缓解内心的紧张。再大一点时，他很少走路，只是跑。在布鲁克林周围，他是跑得最快的孩子。也许他想要逃离内心的邪恶，因为父亲给他贴标签，说他是"坏种"，他们为每件事情斗争——穿衣服、收玩具、打扫卫生、吃饭和写作业。

一个观察者写道："我感觉这个孩子很悲观主义，有明显的情绪问题，生活在充满困惑的环境中，缺乏安全感，家庭暴力更是恶化了情感困扰。"这是本研究76个孩子中，研究者唯一启动儿童保护服务的家庭（另外一个孩子尼塔，在第五章将要讲到，也同样遭受了家暴，但研究者当时没有意识到严重性）。

法利也得到了补偿，父母让他和弟弟上艺术和音乐课程，认可他们谦逊的表现。父母很享受轮流送孩子上小学。在学习班上，法利很沉默，不善表达，很难集中注意力。他对街上传来的噪音很敏感，一听到声音就会跳上窗子。和同学相处时，他就像父亲一样远离他人，很少和同学快乐地互动。但是他试图取悦老师，做各种杂务。"小大人"，一个老师这样评价他，还补充说他的母亲"很温和"。法利在7岁时告诉观察者："我很爱父母。"后来，法利高中时成为田径明星，父母一方总是会出现在看台上。

法利18岁时，布洛迪博士担心他在面谈中的表现。但是，他表现得很直率，穿着流行嬉皮士的扎染 T 恤，齐肩的长发修剪得很好。儿童时期的多动症状消失了，他上初中以来一直很温柔、平静。因为挨打少，法利的 IQ 分数从儿时的中等水平（95）增长到较高水平（112），他说本来可以更好，但是他有考试焦虑。他的优势是运动，正在努力申请德克萨斯大学的运动员奖学金。他以前做过收银员，高中时曾帮助家里打理餐馆，想学商务专业。

心理测试显示，他自尊水平较低，同一性丧失，与父母形象共生。在多动性方面，他很难抑制强迫性行为，不能安静地坐下来时会感到羞愧。心理防御方面，他时而表现得盲目乐观，时而易怒；他总是把自己的愤怒投射在他人身上；把人分成两种——全好或者全坏。除了这些缺点外，他是一个愉快的少年。但是，在布罗迪博士看来，他"太顺从"，声音低沉，不带感情，兴趣早熟、狭窄、固定。

现在，法利成年了，相貌随着时间发生了变化。他穿着时尚，西部风格——牛仔靴、铆钉装饰的 LevisT 恤和丹尼背心。然而，没在德克萨斯待多久，他很快就想家了。大学的运动生涯也过早地结束了。回家后，他说服父母把咖啡馆升级为高档的果汁和三文治酒吧。他还在曼哈顿开了两家分店，一家由他经营，另外一家由弟弟经营。这样挣得远比想象的要多，在他领导下，家里的店计划进一步扩张。

我们很高兴地看到，虽然童年遭了很多罪，但现在法利的生活很幸福。不过，他的行为没有活力，看来像是心力耗竭。法利说："我努力工作，是个现实主义者。我不会雇佣完美的人，只想雇那些好坏相抵的人。"这个方法也解释了他和父亲的相处之道，他们现在合伙做生意。

2 年前，法利和唯一一个认真交往多年的女友结婚。"在我妥协之前，我们约会了 10 年。我知道她想要孩子，但是我害怕做父亲，我知道父母和孩子相处时会很失败。妻子脾气很坏，我花了好长时间来适应。高中时我接受了心理治疗，我需要和别人谈谈我父亲。治疗师有几次邀请我父母参与治疗，父亲光聊自己，所有人都心烦意乱。"这是他第一次谈论对父亲的感受。

直到 10 岁时，法利还能记起很多父亲体罚自己的事。一次，他和弟弟偷吃了父亲为自己留的比萨，挨了打。还有一次，他被打得耳朵流血住了院。如果父亲回家，看到玩具在地上，就会认为孩子们在玩没有学习而惩罚他们。曾有一段时间，法利至少一周一次因为做错事而挨打。一次，父亲让他在壁橱里吃饭，并且要把盘子舔干净才能出来。法利歇斯底里，拒绝吃饭，希望母亲能回来阻止父亲；但是她没有，法利吃完东西就吐了。"父亲总是在第二天道歉，但是我们害怕得都尿裤子了。"法利30岁再谈起这些经历时，还是全身颤抖。"我经常想找个地方躲起来。但是，我知道他爱我们，想要我们拥有最好的东西；所以，当母亲要带我们走时，他从此不再打我们。他很奇怪，每天工作很努力，除了工作外很少说话。我知道，他小时候很苦，我能理解。我从来没见过他笑。"

法利成年后富有同情心和力量，早期的亢奋很久以前就被抑制了。在他早期的焦躁不安背后，是来自父亲的狂躁，以及他自己的固执、愤怒和紧张，还有家庭结构的缺失。他在学校时缺乏控制，所以成绩不好。但是，他成功地把冲动转化为运动。好心的婶婶住在旁边，赋予他力量统整自己，而不是被父亲彻底摧毁。现在，法利通过发展家族生意，来使焦躁不安和侵略性升华。

作为成年人，法利认同了父母身上的优秀品质，比如父亲的自信、父母为家庭奉献和努力工作。但是，他不可能一点都不受童年的影响。当二十几岁和未婚妻刚开始发生性关系时，他曾一度阳痿。心理治疗帮助他痊愈。成年后，每当工作中遇到威胁或者必须面对员工或者供应商的时候，他经常惊恐发作。有一次，父亲因为肾结石疼痛，法利也开始胃疼，跑进了急救室，担心自己得了癌症。

法利小时候在父亲的暴怒下会挨打，惊恐发作是无意识的，再次重复了当时的恐惧，这是慢性的、创伤后的应激反应。焦虑与婴儿期母子之间痛苦的、分离的关系有关；然而，法利只觉得害怕父亲。因此，他娶了个脾气很大的妻子让过去得以延续，他必须努力面对另外一个人的暴怒，但是幸运的是，妻子对他也是一种保护。家庭成员都害怕父亲，他们之间互助而不能分离。与众不同的是，这种共生关系让家族生意兴隆。在某些方面，法利（和许多遭受家暴的孩子一样）就像处于极权政治统治之下。即使有获得自由的机会，他仍然选择熟悉的家庭模式，从未真正得到解放。

坎迪斯——"我能想到最不爽的事，就是我自己"

在 6 个多动的孩子中，坎迪斯是另外一个被虐待的。对她的虐待不是体罚，而是不可宽恕的、来自母亲的精神折磨。法利知道父母在乎自己，坎迪斯却从不确定父母是否在乎自己。坎迪斯降生几天之后，母亲就宣称她"要摆脱一个不想要的孩子"，她就是这样冷冰冰地养育孩子的。

母亲的态度反复无常，常常说的和做的不一致，这说明她内心对爱充满困惑，不是很坚定。比如，她用奶瓶喂奶，认为这样效率高。但是，她又说不会再用奶瓶这个东西，因为"母乳喂养才是唯一与宝贝亲近的方式"。不久之后，她就把坎迪斯一个人留在婴儿床里吸吮支撑奶瓶。她计划全身心抚育女儿，因为"缺乏关注会让孩子受伤"，但是没过多久又说："被关注的孩子有一个弱点，总是喜欢找母亲。"听她谈孩子，就像听部队或者政府领袖谈施政纲领。她担心，要求太严格的话，女儿不再爱她。她错误地认为，按时睡觉和起床"就是条件反射"，很快就能适应。在"习惯培养"期间，她和丈夫把一个月大的孩子留给保姆，出去度假两周。

录像显示，6 个月大的坎迪斯在母亲给她喂奶时想要扭动，母亲连忙紧张地制止她。这位母亲说话清晰干脆，无暇顾及孩子想要一起聊天或者一块儿玩耍的愿望。在儿童精神分析专家看来，这段录像让人很痛苦。但是，对于未经专业训练的观察者来说，母亲看起来很高效，她专心凝视孩子，也不发火。除了这些不尽如人意之外，坎迪斯在出生的第一年里，喜欢笑而且咯咯作声，喜欢被人抱，她的发展超前，精力充沛，也很好相处。

然而，1 岁过后，坎迪斯的发展速度减慢了。在测试中，如果她通过一两次尝试都不能解决问题，她就会没了兴致。在出生的第二年里，她不再爱笑，变得很紧张。她不能休息，不停地走来走去，不能老实地待在母亲膝下或者周围，玩玩具也只能玩一会儿。

坎迪斯的母亲不像其他母亲一样，看到孩子出现问题时会改变。她仍然喜欢控制和牵制，爱干净。坎迪斯把食物弄在盘子外时，她会去擦干净，制止孩子的自发行为。母亲无法容忍脏乱，很少和女儿一起吃饭。坎迪斯要读完报纸或者运动完才能吃饭。

为什么父亲会容忍这一切发生呢？他没看到这样做会不利于女儿的成长吗？那是因为，他就像母亲一样顺从，认为家庭和谐最重要。虽然，身处妻子和女儿的夹缝中，他还有机会和女儿一起玩耍。观察者这样描写父亲："他很胆小。但是，当谈到妻子很难缠时，眼神发亮，与女儿联合起来反抗她。对坎迪斯来说这是个安慰。但是，父亲缺乏勇气，不能做孩子的榜样。"

坎迪斯蹒跚学步时，每当生气就会把东西拆成零件而搞坏，并且大发脾气。长大点后，她已经能够容忍人们，但是不与他们发生联系，尽管事实上她从未离开过人群。她不停地忙碌，但是没有活力。实际上，是多动挽救了她，否则她将患上孤独症。如果她不这么忙碌的话，如果她陷入被动状态的话，她就会创造出一个虚幻的世界去填补空虚的生活。随着时间推移，她定格在冷漠的微笑和坏脾气之中。她的言谈表明，一个被忽视的孩子对周遭发生的事情感到困惑，却无法表达，最终筋疲力尽。

坎迪斯上托儿所之后，母亲重新工作做航空代理，她的心境稍微改善。这时母亲对女儿还有些满意，认为她是一个自信的孩子。但是，如果达不到自己的要求，比如没把房间打扫干净，就要打屁股或者关进屋子来教育她。而对这么小的孩子来说，打扫房间是很难做到的。坎迪斯5岁时在幼儿园有些反叛，表现为被动的侵犯行为——偷偷剪掉娃娃的头发、偷其他孩子的东西，或者包里藏些学校不允许带的糖果。她在班上要么过度顺从，要么焦躁不安，经常强迫性地刮、擦、敲打或者掐自己的腿和手淫。她注意力不集中，抑郁茫然，尴尬而且过分警觉。她很难融入孩子们的游戏，自己坐在位子上待着。老师说："她优柔寡断，她遵守规则是因为恐惧。"一次，一个小女孩被大一点的女孩欺负了，心酸的坎迪斯抱住她说："我了解你的感受。"但是，她太压抑没再多说什么，两个人就分开了。

6、7岁的时候，坎迪斯改变了。测试中，她争分夺秒，说个不停，要么夸口自己聪明，要么贬低测试的问题有多么愚蠢。看起来，轻度躁狂的防御机制开始发挥作用，这说明她认同了母亲的愤怒和侵略性。在研究中母女一块儿玩的时候，她们争夺控制权。坎迪斯告诉母亲，什么时候把玩具和家具放在什么地方。母亲责骂道："别对我发号施令"；坎迪斯回应："那你就别做事"。在学校她总是插科打诨，浮夸粗鲁，爱指挥人，甚至打扫卫生时粗暴地把玩具扔进筐里。她很健谈，大声地自言自语，明显想要控制权，也可能是想吸引成人和其他孩子的注意力。

在坎迪斯 8 岁时，研究者问到她能想到的最不开心的事是什么，她说："我自己，因为我很卑微。"她已经学会了把自己看做不愉快的人，运用母亲批评她的方式批评自己。她没能取悦母亲，也丧失了还击母亲的能力，所谓的生活已经了无生趣。她再一次经历了情绪和行为上的转变：去年表现出的夸张（轻度躁狂）已经消失，随之而来的是严重缺乏自信，更加循规蹈矩，在学业和研究测试中追求完美。小姑娘在研究面谈中逐条完成测试，安静而且井井有条地匹配积木，显得惊人的优雅和敏感。当她在测试中没做对题时，会通过把错误合理化和偷偷作弊来鼓励自己。她眼中流露着哀伤，仿佛肩头有千钧重担。

10 年过去了，坎迪斯 18 岁时，眼睛依然流露着哀伤，穿着很素净也很平常。她在学校的成绩一般得 C，IQ 分数也从 7 岁时的非常聪明下降到一般水平。她孤独，没有目标，唯有在高中健康中心兼职做学生协调人这点，才让她看得到前途。她不像其他 18 岁的孩子，没有将父母理想化或者将问题重重的亲子关系轻描淡写。她说，自己的童年没有一点儿乐趣。她清楚地记得，母亲野心勃勃，很少欣赏她所做的一切。她感觉和父亲更亲近一些，但是，在和母亲的斗争中，父亲很少站在她这边，令她感觉很受伤。"我并不是因为自己是个小孩子感到被剥夺，而是我根本不知道拥有是什么感觉。过去我曾经心烦，摔门或者打烂大部分我自己的东西，但是，现在我放弃了。因为我从未因此而获得成就感。我应该勇敢面对母亲，但有好几次她变得更加愤怒或者开始哭泣，我不得不让步。我猜她快要崩溃了。"

坎迪斯 18 岁时，即将远离令她不安的家庭，布洛迪博士写道："她忠诚优雅，但是压抑。她心理饥渴，虽然意识到这点，却不知道如何走出来，心情被愤怒和难过所羁绊。"坎迪斯这时采取的心理防御机制是回避、与挑衅者认同、抑制、退行、压抑、限制和把侵略性指向自身。最积极的防御是反向形成,她扮演帮助者的角色,避开糟糕的和被剥夺的感觉。

坎迪斯成年后,远离父母住在加拿大,很少和他们联系。她外表平常,行事温和,善于迎合,关于母亲拒绝和敌对的记忆生动而刻板。她18岁时向研究人员补充了新的信息:14岁那年,周六早上有足球比赛,比赛前有通宵晚会。因为她没有事先打电话回家征求母亲同意,在赛场上被母亲拖回了家。儿时鼻子出血弄脏了房间的过道,她至今想起仍然觉得有负罪感。她告诉我们,高二时曾经离家出走,几天都躲在朋友家里。

她的家庭生活一团糟,成年之后通过努力工作来获得满足。她是一个中等企业的人员福利经理。这是高中时在健康中心志愿者工作的延续,帮助别人贡献自己,证明她是个好人,而不是一个坏的、愤怒的人,并以此来适应生活。付出而不是索取,是反向形成的防御机制。尽管没有完成大学学业,她仍然被晋升到现在这个职位。她以公司为家,在这里她关心和教导那些来向她求助的人。"我做得比父母当年做得好。"

除了出生的前几个月反应还算活跃外,她的个人生活濒临悲剧边缘。她几乎没有约会过,像父亲一样不善表达,和男人交谈时说不出话来。曾经和一个男人交往几个月感觉不错,想要结婚,但是对方突然就人间蒸发了。她不知道是否能够再约会。她沉默压抑,只在30岁那年说起在高中时儿时的保姆逝世,才表现出难过。这是唯一一个无私照顾她的人,坎迪斯一直保存着她最心爱的摇椅,保姆不在的时候,她蜷缩在里面。直到今天,她唯一一个老朋友是小学同学——离家出走时给她提供避难所。她们通过信件联系。

"我的童年没意思。"坎迪斯总结说,脸上露出淡淡的微笑,努力让情绪平衡。"我猜,我笑是因为我想像父亲一样平和,不要像母亲一样大喊大叫。"向父亲认同的代价是,她和他一样避免发生冲突。她厌倦了逃避愤怒,心力交瘁。我们很同情她,为她难过,但是也想对她说:"现实一点,快快长大,自立自强。"讽刺的是,这也恰恰是坎迪斯最想对父亲说的话:"为我自立,为你自立。"

查克——具有强迫性的母亲，温和友好的父亲

痛苦中往往夹杂着幽默，查克的生活正说明了这一点。他蹒跚学步时，围着屋子转，身后留下一串玩具，看起来像个未来的足球运动员。我们再见到他时，他30岁了。他很容易冒充老套的、走下坡路的运动员——热心、结舌、矮胖。

让我们从头说起。查克是家里三个孩子的老大。在他6个月大时，父母离开纽约市搬到纽约州北部。他们在那儿和查克的爷爷奶奶一起开了一个工厂，生产高尔夫球座和调酒棒。查克长大后，母亲管账簿，父亲负责经营。他降生后，父亲咧嘴笑了几周。工厂离家只有几条街的距离，他经常回来照顾孩子们。父亲的随和温柔与母亲的紧张强迫形成鲜明的对比。查克的父母比其他多动孩子的父母更加不同。

这位母亲对孩子没有恶意，乐于向孩子表达爱意，把孩子的生活从喂养的具体时间、细节，到换尿布和玩具、家具的摆放等程序化。过度组织代替了自发性的情感。

查克很随和，微笑很迷人，玩的时候喜欢轻哼着。他1岁之前在吃饭问题上和母亲公开斗争。他会把食物一直含在嘴里，让母亲的时间表失效，还经常把吃的东西吐出来。他生气和烦恼时会呕吐，这个习惯持续了几年。母亲用斥责和大骂来回应，后来还打屁股。她没有人情味，除了不断的规劝查克，也不和他一起玩。她最喜欢的表达爱的方式，就是常说"我的小笨蛋"。

查克像父亲一样，很阳光随和。但是，在上小学之前，对抗母亲的紧张和斗争在几个方面影响着他。他说话不太会变化，轻微的口吃一直延续到成年，多动而且不能安静地坐下来。他总是强迫性地害怕手上有污垢，这种情况持续了几个月；如果手上有污垢，他的手就会僵住，一直数"1-2-3，1-2-3……"直到父母过来给他洗手。上学时，父亲评价儿子："社会交往和早熟这一半像我，另外一半比较羞涩，像他母亲。"小男孩的行为举止与众不同。一方面，他害怕污垢、手指画、公园荡秋千，害怕父母会死掉。但其他时间，他的行为要么友好兴奋，要么富有侵犯性。大部分情况下，他情绪迟钝（难过、顽固、笨拙、

被动），面部表情和声音缺少变化。身体不停地扭动，周期性地不停地单调地唠叨，这都显示，他正遭受巨大的紧张所带来的痛苦。有时，难的工作让他沮丧，他用头撞墙，向母亲抱怨；随后，又反驳说自己没有抱怨，吹牛自己多厉害。

查克在学校很喜欢学习，但是，自身古怪的行为阻碍了他。校方认识到他行为有问题，建议父母让查克接受治疗，但是父母不这么认为。母亲过分确定、过分警醒，查克明显陷入与她的敌对中。他既依赖又无力离开母亲的控制，在很大程度上使他在学校缺乏自控能力，无法调节情绪，课堂上无法集中注意力，对限制充满愤怒，还偶尔发火。在学校，他就像两个孩子——一个是像父亲一样友善和放松的孩子，另外一个是像母亲一样紧张的孩子。这两种模式造成的紧张经常笼罩着他，使他眼花缭乱。查克6岁时的心理测试显示，他是研究中心理失常最严重的孩子之一，尤其是他会过早担心身体是否完整和健全。比如，他告诉姐姐，每个人生下来都有阴茎。但是，母亲想要女孩的时候就会切掉它；他要一个女孩不要难过，再长大一点儿就会长出阴茎。查克的阉割焦虑如此严重，拒绝玩坏的玩具或折断的蜡笔。查克的父亲直觉敏锐，尽管母亲反对，仍然定期和儿子打冰球。母亲反对的理由，是怕他们会掉进冰窟窿里。父亲对抗着母亲对查克的牵绊（比如她还在给查克洗澡，上完厕所给他擦屁股）。

* * *

多年过去了，查克长成了一个高大的、普通的少年。毕业班会面时，他脖子上带着马尔他人的十字架和大个儿的和平标志。和儿时一样，他行为复杂、多变而矛盾——有时友好，甚至热情洋溢；有时防卫被动而且敌对。他能够全神贯注，喜欢把事情做好，说自己很好胜。但是，在心理测试中遇到难题时，他要么骂自己很笨，要么就说题目很烂。他告诉布洛迪博士，在高中参加了很多运动项目，还交了很多女朋友，成绩得B-就觉得很满意。他三年级时曾经一度"消沉"，对所有事情都丧失兴趣，唯一的朋友就是自行车。

母亲说不出在查克小时候母子一起做过的最高兴的事。现在，查克也不能想起童年任何清晰的或者特别好或坏的经历。"我把所有的事都忘了"，但是，他说父亲工作努力、很幽默，母亲是个"小女人，平静镇定，美丽而高高在上。

但是，灯泡坏了或者什么东西碎了的时候，需要每个人都马上行动起来"。说完这些，他的紧张感又重现，开始为下次的会谈紧张地踱来踱去。

布洛迪博士总结道："他是一个真诚的、善良的年轻人，急需通过否认和虚张声势以避免不舒服的感觉。他对自省没有任何兴趣，然而这对他有好处。他工作努力，对文化和智力方面的兴趣不大，强调他就是自己一个人，不需要任何人。他的焦躁不安显示，他想要逃离，一个人静静思考，甚至安静地和我待在一起，儿时他就已经认识我。他告诉我，自己的座右铭是：'永远不担心，行动迅速，相信自己，做好工作'。他想上大学以后学习机械专业，赚好多钱。我看出，他会是一个成功而不断进取的人，像他父亲一样和善，但是人际关系很肤浅。我担心，他体内蕴藏着巨大的恐怖的无意识幻想，一旦生活不如意，他就可能会崩溃、心悸或者侵犯别人。"

查克18岁时的心理测试显示了可怕的无意识幻想。测试者说："在罗夏墨迹测验的画面上，都是些残缺不全、死了的动物。当停止幻想时，他变得冷漠而退缩。他的过度挑剔，逐渐增强为偏执型的妄想，没有自我的明晰感。好的方面是，他投射的是自恋、浮夸和男子汉形象。坏的方面是，他状态恶化，进入到无助的依赖状态，对自己有这种感觉很愤怒，对自己责怪的有这种感觉的其他人愤怒。在人物形象描绘中，他显示出对性别角色无意识的不确定感。他很孤独，但是喜欢人群。对于满足自己的需要来说，他们非常重要。他很活跃，试图控制环境，防止自己感觉到不安和抑郁。

在后面的12年里，查克避免了布洛迪所担心的灾难。我们见到他时，他结婚了，在家乡做建筑工程的项目经理。他直率而热心，小心谨慎，会谈中显得不放松。他仍旧记不得母亲的严格要求和过度控制，说她充满爱心，坚定温和，富有同情心；但是，他记不起关于这方面的事。相反，他记得和父亲一起玩，打冰球受伤后，父亲悉心照顾他；没做完家务时，父亲严厉批评他；还记得有一次他落下了太多家庭作业，父亲不让他玩多人游戏。

那么，查克儿时表现出的紧张、多动和不知疲倦现在怎么样了呢？他30岁时，我们再次见到他。因为所有的项目研究者没有回放儿时的录像，我们当时并不知道他多动。然而，当我们问起他典型的心境时，他提到了这个问题："我不能坐太久。即使我是个孩子的时候，我也不能在一个地方坐太久。"随后，就像儿时一样，他的思维开始发散："我喜欢人群。我在乎他们，在乎很多东西。你知道，我像父母一样太容易被动接受。有时，我会真正开始鼓起勇气，享受乐趣。"

查克最大的遗憾就是大学辍学，但是建筑的工作很适合他，甚至对他来说具有治疗功能。"我喜欢四处走动，出来进去，管理人们。我的梦想是成为唐纳德·特朗普（美国著名地产大亨）。"然后，他认真地补充，如果我们想要在当地重建房子，我们可以打电话让他的公司参与投标，记得要提他名字。

他显得坚强而温柔。他爱自己的妻子，但是会贬低她，说她很弱智，每天都要和其母亲通话。他18岁时曾贬低自己的母亲，说她是"小女人"，这两种方式一模一样。他很骄傲，告诉妻子哪些东西能买哪些东西不能买，但是，他却说如果没有妻子打理家事为他做饭，他无法生活。他说自己不易激动，随后又说，如果供应商没有按时到达建筑地点时会暴怒。他讨厌父母督促他学习，但是又说，父母不管他时成绩会下滑，所以需要父母督促。现在，他每个月和父母一起吃一顿饭。

查克表现得自然健康、温和快乐，似乎很享受玩耍和工作。然而，同时他让我们觉得不舒服，似乎能量很快会下降，或者似乎他马上会退缩到自怜的防御中去。比如，当接到参与研究的通知时，他对会谈很热心，是第一个对邀请回复的被试。然而后来，他却变成最难约的被试，不断说工作很忙，得了感冒或者星期六需要休息。

鉴于母亲的没有人情味和具有强迫性，查克还算发展得不错。父亲文雅和善与助人对他造成了影响，有助于他人格发展平衡。查克多动看起来有几个根源：（1）在婴儿期缺乏与母亲间的互惠互动，否则基本的心理结构将更加稳定；（2）吸引母亲注意的需要，虽然他围着屋子转吸引的是负面的注意；（3）反抗母亲的过度控制；（4）作为轻度躁狂的防卫反应，对抗被动和受伤害的恐惧；（5）逃离内心难过或者缺乏自信的感觉。

查克一天天慢慢长大，认同了父母的支持和优良品质，这使他远离对他们的愤怒和背叛。在此期间，他压抑了很多任性和焦躁不安。然而，他总是感觉在与隐藏的抑郁斗争。他也有脆弱的男子气概，这在幻想中得到过度补偿，所以在现实中很难表现。即使这样，他也自尊心强，容易受伤。

查克最早的记忆是 5 岁时，非常心酸。"我正抓着扶手爬上二楼，去追飘远的气球。母亲看到我，过来抓住我，开始冲我大叫。不管怎么样，我拿到气球了。"查克对我们强调，他胜利了。同样的事件让父母印象深刻，他们告诉研究者，事情发生在查克 3 岁时，父母反应很强烈。母亲说，看到儿子抓着扶手时吓死了，抓住他开始打他，直到父亲听到哭声后过来制止她。

查克很多年不断梦到冰球赛，在梦中取胜。"斯坦利杯加时赛最后一分钟，比分僵持。我成功阻止了一个进攻，向对方球门滑去。我不停地滑，一个个把他们打倒在后，然后我奋力一击，球进网，这时时间到了。我们赢得了比赛，人群沸腾了；我出名了，我发财了。我给千万人带来欢乐，但是，我却筋疲力尽，没法享受这一刻。"

诊断和神经系统的关系

由于儿时内驱力的强度不同，6 个孩子的生活也非常不同。一些案例没有达到今天 ADHD 的标准。因此，儿童多动行为的路径多种多样，人生的历程也无法预测。在布洛迪研究的被试中，这 6 个孩子占了 8%，这个数字与 ADHD 的流行病学社区调查的爆发率一致（Amaya-Jackson, et al., 1992）。然而无论是这 6 个孩子，还是今天被诊断为 ADHD 的孩子，除了焦躁不安、无法集中注意力和敌对之外，他们没有别的均衡的、可能的心理发展路径。他们把心理的紧张、痛苦和冲突外化；但是，仅仅是行为并不能揭示其复杂、丰富的感情生活，因此，治疗需要其他更有效的入口。

目前，病理学的很多文献都揭示，多动的根源在于生物基础。然而，这 6

个孩子产前发育和婴儿期的用药都正常，前 6 个月并没有性情异常，婴儿的发展测试也正常。但是，他们家庭的动力和互动模式是异常的。这说明，多动源于情感而不是生理致病源。目前，把多动的情绪原因和器质性原因做区分的研究很不充分。无论是当代大规模的对 ADHD 的调查，还是小范围的、神经生理学的功能性研究，都没有对亲子互动进行考察（Amaya-Jackson，et al.，1992；Hinshaw，et al.，1997，2000）。此前，对于家庭动力和外化行为之间的关系，传统的神经病学的文献资源也很丰富（Malone，1963；Rexford，1963）。

对母婴互动和多动之间的关系的研究很少：明尼苏达儿童发展研究（Minnesota Child Development Study；Carlson，Jacobvitz，& Sroufe，1995）追踪了 191 个孩子，从他们出生开始，与布洛迪的研究最接近，考察了母婴互动、气质测量、早期发展和用药史。3 岁时，11% 的孩子出现了注意力分散；小学时，行为符合 ADHD 的标准。明尼苏达的结果和发生率与我们的一致：ADHD 孩子的母亲与其他母亲相比缺乏情感反应，更加指手画脚，在婴儿和学步时过度控制。没有其他手段可以预测 ADHD 的发生。在明尼苏达的研究样本中，低收入、高出生率的家庭比其他中产阶级的家庭压力更大，ADHD 的发生率相对要高一些。

我们在这里所报道的 6 个孩子，是我们在办公室所见到的孩子中最具有代表性的。我们提到的，过度运动、注意力涣散和冲动的近 10 个孩子中，只有一个是因为中枢神经系统（CNS）不平衡所致。当 CNS 的不平衡存在时，说明在孕期或婴儿期因生病或者生理损伤曾经用药，而生理发展异常往往忽视了 CNS 功能异常的神经病学信号，还有家庭互动方面的问题。此外，对某些孩子来说，生理损伤、家庭互动有问题、家庭环境中充满压力和威胁，这些因素共同作用，降低了多动行为发生的门槛。

特定的学习障碍（比如阅读障碍或者拼写障碍）也是中心神经系统混乱的信号。这些学习障碍在多动的孩子身上，比在正常孩子身上出现的几率要高。但是，大多数有学习障碍的孩子并不一定焦躁不安或者注意力涣散，除了学习困难带来的自信心问题，他们也没有情绪困扰。

本研究中的 6 个多动的孩子尽管大多数在学校的成绩不好，没有发挥智力水平所达到的限度，但是都没有特定的学习障碍问题。就教育而言，如果他们在短期内改变，应该是情绪而非神经系统的原因。不管怎么样，他们都上了大学。

行为过度的另外一个病理学原因就是基因，基因很可能在孩子是否外化或内化紧张和不安中起作用。看起来，基因连接了心理生理的反应。比如，一个孩子在成长过程中倾向于把刺激外化，而另外一个倾向于把对刺激的反应压抑并内化。相反，一个心理生理反应强烈的孩子可能过度抑制心理和荷尔蒙，矫枉过正，压抑情感的反应，从而变成内化的人。

小孩子是否谨慎、容易恐惧，基因的遗传有多大作用？一个小孩接近游泳池边的时候，感到恐惧，会本能地退回来。与此相反，孩子在认真考虑之前，也可能会跳进水里。而一个天生不容易害怕的孩子可以很快跳进水里——在恐惧"脚冷"和思考很多认知到的威胁之前，就克服了恐惧。这种心理过程代表了以暴制暴的防御机制。

此外，家庭所处的文化氛围发挥着重要的作用，教会父母强化孩子如何面对冲突。从较大范围来看，一些文化（亚文化）要求男孩受辱时要暴力还击，但是女孩最好不要还击或者要巧妙应对。

无论是神经化学、心理学还是社会科学，都无法给出儿童行为的所有解释。然而，基因学家金斯伯格（Ginsburg，1984）做了个经典实验，让我们看到了一点曙光。在这项研究中，一个同事找了一窝野生的、孤立种群的狗，一半给了金斯伯格，一半自己留下。留下的这一半安静不冲动，容易训练，容易接受新事物。而金斯伯格的那一半冲动、多动，不好训练。每个研究者都观察另外一半的小狗，进行行为观察。原来，那个同事给金斯伯格的那一半小狗，早在断奶前就和母狗分开。研究者们认为，这是两个狗群不同的关键因素。

为了验证，同事又找了第二窝，这次是在断奶以后给金斯伯格一半。两半小狗都注意力集中，行为良好，不冲动，这表明分离创伤是最关键的。然而，金斯伯格并未在此止步。他把注意力转回到第一窝多动的小狗身上，给他们服用多动孩子的处方药——作用于中枢神经系统的苯丙胺和哌甲酯（利他林）。

一些小狗安静下来，另外一些却没有。在训练学校时，对药物有反应的小狗学习和表现很好。但是停药以后，训练也失效了。研究者们进一步追踪，牺牲了金斯伯格的那半小狗，进行中枢神经系统的生物学实验。他们发现，尽管行为相同，但是对药物有反应的小狗，在中枢神经系统上出现了神经生物学的变异。实验说明，在断奶前与母亲分离，这一特定的环境刺激导致一群小狗都出现相同的多动行为、学习困难和冲动。但是，这群小狗并不完全相同，他们在面对药理学刺激和多变的神经生物学层面时，有不同的行为反应。

和这个动物研究类似的孪生研究（Petrill et.al.，1997）认为，某些心理和行为的特征是遗传得来的，但是还不确定基因遗传与其他一些因素，比如家庭互动、师生互动、同伴互动、社区文化影响和媒体传播之间如何保持平衡。布洛迪的研究没有发现，婴儿出生的前 6 周在生理或社会层面的反应模式将决定其 6 个月或 1 年的反应模式，这个结果与其他一些研究相关。他们也没有发现，婴儿早期的反应与幼年或学步期的关联（Carlson, Jacobvitz, & Sroufe, 1995；Sroufe, 1996）。

气质领域的研究（Thomas, Chess, & Birch, 1968）指出，从 1 岁末开始，易怒性、反应性、易抚慰性、谨慎性和好奇性等特征具有稳定性；然而，6 周大的婴儿已经是环境和天生混合的产物。此外，创伤会对发展造成破坏。金斯伯格的小狗实验强调了创伤和基因的作用。这一实验颠覆和更新了哈洛（Harlow，1961）的开拓性发现：过早与母亲分离的黑猩猩出现深度抑郁，成年后很难找到配偶和抚养后代。人类的创伤包括一系列危机事件，比如与父母分离、生病、受伤、性骚扰、体罚、自然灾害、意外、战争、忽视、情感虐待和儿童期多次搬家（失去了朋友的支持，一致性和可预见性）。

这些经历会增加孩子的恐惧、沮丧和愤怒，也将终生改变中央和外围神经系统的功能，持久让一个人体验到焦虑。创伤研究专家科尔克（van der Kolk，1996，2002）将其称之为"身体记忆"，用来说明那些心理生理异常的人们所遭受的极度不适：对于创伤回忆的极度自主的系统反应；修正过的神经激素的反应；永久性的神经解剖学的改变以及脑部特定区域的活化作用改变；以及应对压力的免疫学反应的改变。

我们的研究中没有双胞胎，但是有 7 个孩子有兄弟姐妹。法利是个外化多动的孩子，大他 1 岁的哥哥也参与了研究。哥哥承载了父亲更多的期望和失望，比法利挨打更多。但是，哥哥儿时却并没有变得多动，反而变得固执、安静，把抑郁内化了。成年后，哥哥过度热心，参与家庭的食品生意。但是，与法利不同——他没有焦虑发作，没有那么不成熟，一直以来都被动和抑郁，不像法利承担那么多家庭责任。

逆境教会人们如何看待世界，塑造他们适应生活的方式。大多数经历过创伤的孩子会把记忆封存，压抑恐惧，随后会感受到痛苦，就像在缓慢释放伴随终身的吃错的药，导致不同程度的身体症状，伴随焦虑压抑，自信减少，社交退缩。有些孩子采取了外化的路径，把恐惧和折磨摆在桌面上，或者让自己变得更有侵略性。当创伤出现时，余波就是伤害控制。他们通过控制内在的情绪和身体，避免伤害再次被唤起，或者试图控制环境以逃避未来可能发生的再次伤害。个体的发展进程是无数因素结合的过程，其中先天气质、父母心理类型、社会模式、兄弟姐妹及同伴和老师的影响、支持性和创伤性的经验都在路径选择中发挥作用。

父母与孩子之间的依附问题

在情绪问题外化的家庭中，有几个关键性的复发特征——家庭生活的质量和过程，这与第一章中那些孩子健康、童年平稳的家庭明显不同。

父母不能与孩子建立联结

6 个案例的核心发现是，在婴儿期父母不能与孩子建立联结，母婴依附存在问题。6 个母亲全部被婴儿时期初始访谈的研究者界定为低效能（B 组），5 个父亲也同样不受欢迎。母婴互动的问题在时间（每分每秒）和空间（总体）的互动中都存在。一旦父母不能与孩子建立充分的联结，他们就让孩子失去了最深层次的安全感和影响。这种联结的问题体现在案例中，就是小孩子的多动行为——望文生义，形象地说，即无所寄托的运转。通常来说，父母联结困难是由于父母无法理解孩子的心境、身体状态、冲动和期望。总体来说，这6对父母不能理解婴儿的行为，因而不能相应回应。整体来说，父母把孩子当成客体而不是主体；那也就是说，他们很少欣赏婴儿初期的情感、意图和能力。

1岁过后，所有的父母都以成人为中心期望他们的孩子（期望孩子能够早熟）。这常常是因为父母对孩子自身的成长缺乏信心。

父母不能与孩子玩耍

更进一步说，父母不能同婴儿一起玩耍，他们太习惯指手画脚、过度控制、过度抑制，根本不相信玩耍的价值，或者某些情况是因为太忙。父母与婴儿共同玩耍，是与孩子一同存在和一同思考的早期形式。没有共同玩耍，孩子就失去了和父母联结的机会；如果父母控制"玩耍"，就会把本来轻松的存在和思考方式改造成说教和呆板的体验。孩子就会变得多动，在思考、感受欢乐和行为等方面都没有办法整合。

父母情感的投射与否认

父母把自己的情绪和认知投射在孩子身上，常常妨碍父母准确地理解孩子。比如，愤怒的父母把愤怒投射在孩子身上，会认为孩子很恶毒或者是个"坏种"。过度控制的父母会认为孩子总是"操纵别人"。一些父母否认自己和孩子的情感。他们把自己严实地罩起来，躲避特定的感情，也不能看到孩子身上的情感。比如，否认个人哀伤和焦虑的父母不可能理解孩子分离或者丧失之后的难过；那些害怕被动的父母对于孩子的安静总是不满意。

父母自我认知和实际行为间的分离

在几个家庭中，父母对于行为的自我认知和实际行为间存在分裂；也就是说，父母想的和说的是一回事，然而实际上他们的表现却刚好相反。比如，达芙娜的母亲说女儿不吃东西，但是在录像中我们看到，母亲拒绝了女儿摇勺子要她来喂食的邀请；达芙娜的父亲说女儿已经6岁了，不能再打她了，但是几分钟后又说最近刚打过她。

父母的需要在前，孩子的需要在后

令人痛苦的是：父母的需要在前，孩子的需要在后。这往往是父母误解了孩子的需要，因为父母从成人角度出发看待孩子，或者父母需要摆脱过去的创伤。所以，母亲把焦躁不安的、刚刚学会走路的孩子赶下饭桌，因为孩子坐立不安让她想起了自己的童年和家庭，没有规矩，而且很混乱。

体罚

对这6个孩子而言，体罚很普遍。没有证据显示，打孩子对孩子的成长有利，但是随着时间推移，体罚能够让亲子之间发生自然的感情联结，能够防止彼此分离。然而，体罚的确能驯服几个孩子的冲动行为。这种驯服能制服外显的野性（就像野马脱缰时所做的）；但是随着时间推移，很难驾驭的部分会转移向内，导致孩子对疯狂的想法感到内疚、抑郁和自尊减退，内心很难整合，从小到大情绪都很不稳定。和孩子想要取悦父母一样，体罚也会束缚孩子，直到成年。

儿童依附的心理表现

30岁时，这6个儿童对父母表达依附的心理表现是什么样？为了回答这个问题，我们通常会用成人依附面谈来对他们进行测量。在从出生追踪到30岁的76个孩子里，66%被认为是安全型的（安全—放任/自律）。在6个外化压力、多动的孩子中，只有2个（33%）是安全型的，其他4个（67%）都在依附性上表现为不安全。就不安全的亚型来说，有3个是不安全—纠缠型，他们成人后仍然与父母纠缠；1个是不安全—回避型，那意味着他贬低任何依附的意义。

达芙娜是安全型，但她是勉强安全感的安全亚型，说明她随着时间推移学会在父母养育自己的快乐经验和问题之间取得了理想的平衡。

弗朗克明显是安全型，但是刚开始看来很复杂。经过深层次的考察，他很需要清空自己的感觉，需要保护父母，他很聪明地为自己虚构了一个合情合理的快乐童年和平静的现在。他极度压抑焦虑和愤怒，通过积极的、社会接受的反应来制造安全的假象，"误导"伯克利成人依附访谈（简称 AAI）的访谈人员。小时候他想做一个"好孩子"，但是代价就是疏远了亲密关系。

父母关心和投入

讽刺的是，多动孩子的最后一个特征是，他们所有都是父母关心和投入照顾的孩子。父母都从心底对孩子充满兴趣；竭尽全力付出；没有人抛弃孩子。如果有父母基本的关注和投入（有些情况下是一方的热忱补偿了另一方的冷漠），孩子不至于太糟糕。如果没有父母的投入和关注，孩子会发展成反应性依附失常（Reactive Attachment Disorders），其特征是：显著的发育迟滞、社会疏离，或者对人群感到矛盾、善恶不分，严重的还可能会出现精神错乱或者行为不良。在这 6 个孩子中，父母关系的问题大部分处于轻微或者临床正常的水平，未经训练的或者太关注表面的临床医生不会关注到他们。

表 2.2　外显多动儿童父母的特征

1	很难与婴儿建立联结
2	很难理解孩子的情绪、身体状态、冲动和期待
3	倾向于把孩子当物体而不是有着情绪、意图和能力的人
4	期望孩子早熟
5	对孩子的成长缺乏信心
6	和孩子共同玩耍有困难
7	倾向于把情感投射在孩子身上
8	倾向于否认自己的情绪
9	经常否认孩子的情绪
10	知行不能合一
11	经常把自己的需要放在孩子的需要前面
12	经常体罚孩子
13	关心和投入地照顾孩子
14	无法等待轮流
15	常中断或干扰其他人

症状的转化

孩子总是能适应哪怕是最极端恶劣的环境。就像安娜·弗洛伊德（Anna Freud, 1956）在20世纪中期所描述的那样，心理的成长是儿童的天性，即儿童会建立心理的结构化，它们是青春期到来前个体防御机制所需的全部技能。

通过经验的积累和先天的潜力，这些会自然发生。然而儿童的适应能力并不是无穷的，某些情况下，创伤或者慢性的不良环境会违背适应。症状会发展和持续，适应不良的反应将会固着。在6个多动的孩子中，这种情况发生在6岁左右。

总体来说，这6个孩子在出生的前6个月表现很正常，并没有坏脾气或者行为问题。但是6个月到1岁间，问题开始出现——面部表情呆板或难过，活动减少，易怒，身体紧张增加，很难平静。相反，达芙娜这个时候很多动，紧张的母亲不断挪动她、斥责她、冲她做鬼脸，以此向孩子施加影响。就这样，在孩子1岁左右，父母——明显过度控制，情感疏离，或者愤怒——与孩子的相处经历开始在孩子身上呈现影响。

2岁时，孩子体验到的通常是运动的控制感带来的快乐和新的征服感。在几个孩子身上，兴奋感演变成躁狂，成功地祛除了早期的抑郁。行为表达的多动减轻了他们成长的不快。活动增多免除了紧张，为他们提供了侵犯性的方向。紧张和愤怒（在几个孩子身上表现为父母反应缺席时的无指向性、焦躁不安）促使蹒跚学步的孩子行为多动、不正常，这在2岁时是很典型的表现。愤怒表现为孩子反抗父母的愿望，比其他正常的孩子更具破坏性。

孩子症状的转化过程通常发生在4~7岁之间。父母对待孩子的多动会表现为对孩子的控制变本加厉，比如打屁股、大叫，一个案例甚至到了袭击的程度。为了避免惩罚，孩子压抑了多动和破坏，对父母的联结让步。

弗洛伊德在《精神分析引论》（*New Introductory Lectures on Psychoanalysis*, 1933）中写道："孩子要学会如何控制本能，听从本能的、绝对的、没有限制的自由是不可能存在的……因此，教育的功能就是压抑、禁止和抑制……但是，通过分析我们懂得，对本能的压抑蕴含着神经症的危险。"

就像弗洛伊德所说的，6个孩子开始出现神经症——心理、行为和心身症状。比如，有些孩子裸露（卖弄）和夸张（吹牛）。这两种品质是侵犯认同（孩子对父母的控制和权威品质认同）与轻度躁狂的防御机制的结合。

防御机制的作用也界定了孩子延续到成人的人格特质。在《自我与防御机制》（*The Ego and the Mechanisms*，1946）中安娜·弗洛伊德写道，"顽固和刻板的态度，比如特定的微笑，轻蔑的、讽刺的、自大的行为等个人怪癖——都是过去强大防御的残留，虽然与最初的环境分离（本能和情感冲突），但是已经发展成永久性的人格特质。"

大多数孩子开始运用反向形成的机制——关心和照顾他人来对抗愤怒。这综合了对父母优良的关心品质的认同，同时防御了被父母称为坏孩子的负罪感。反向形成也发挥了对父母顺从甚至谄媚的功能。

强迫和强制的防御症状和人格模式在几个孩子身上都有出现。把玩具收集得整整齐齐、躲避污垢和计数仪式等，这些习惯证明了它们的存在。孩子用这些强迫行为控制内在的紧张和罪恶感，并且通过无意识的心理公式表达以下思想："我没有失去控制，因为我很有秩序……我想……我计数……我把东西排成排……我很干净。"

在孩子7岁时，随后在7~18岁之间，父母驯服大部分孩子（有时会使孩子过度顺从）。然而，随之而来孩子仍然有变化。驯服让孩子受束缚、被抑制，他们早期的生气和活力消失了。很多孩子通过秩序井然和被父母接受的方式驾驭了紧张，但是内心却因此而枯竭。对那些孩子来说，焦虑导致的多动和进攻性让位给了内在情感的耗竭，内心的死寂逐渐变为成年期的表面温和。

其他多动行为并没有转变成其他症状，也没有消失，而是扭曲或者伪装成其他形式。十几岁时，孩子的跑动减少；但是他们仍然焦躁不安，不能长久待在一个地方，烦躁，咬指甲，注意力涣散，喋喋不休，有时结巴，偶尔乱发脾气。

焦躁不安经常表现为活泼多变的面部表情（比如孩子扮小丑，以及成人的戏剧化表情）。有时，焦躁不安表现为抑制不住的、喋喋不休的谈论。

当父母和学校面对孩子时，需要压制他们不守规矩的行为、情绪反应和愤怒，这些症状有时会转化成焦虑。几个被试身上的焦虑还遭遇了二次转化，变为过分担心健康和心身症状。比如，大部分孩子会尿床，一些孩子在不安时会呕吐，一些孩子上学就会生病。有些孩子过分担心健康，会出现胃疼，弗朗克就经历了一次歇斯底里性的麻痹。30岁时，这6个孩子有三种症状：弗朗克、坎迪斯和查克是强迫性人格；法利受到惊恐发作的折磨；凯文心境恶劣（轻微抑郁）。达芙娜也有抑郁史，但是治愈了。最终，所有外化压力的孩子——依附当中存在问题的孩子——的共同的发展威胁都会在成年期带来低自尊、安全感缺乏和潜在的抑郁。

表2.3　7岁时儿童压力外显的信号和特征

1	行为多动
2	焦躁不安
3	任性
4	注意力涣散
5	紧张
6	焦虑
7	社交功能差
8	低自尊
9	难过
10	不成熟
11	尿床

表2.4　多动的、压力外化的儿童在成年后的精神病学诊断

1	强迫性的人格障碍
2	轻微抑郁（心境不良）
3	焦虑
4	惊恐发作
5	分裂性人格障碍
6	快感缺乏

第三章
童年痛苦的内化

只要把它当做故事的一部分，任何痛苦就都可以被承载。

——丹麦著名女作家伊萨克·迪内森

（Isak Dinesen，1885~1962）

把痛苦外化为行为的儿童，行为看起来很具有戏剧性。无独有偶，很多孩子把冲突、不快和紧张都内化，大体上指向内心和身体。在上一章里，那些孩子挑衅、热爱社交、多动、注意力涣散、话多或者经常受伤，而把痛苦内化的孩子不会这样。他们不会因为内心的问题和冲突，与老师、同伴和家长发生冲突。他们宁愿把冲突内化，指向自身，他们儿童期的大部分症状通常表现为抑郁、焦虑和恐惧。

儿童，尤其是更小的婴儿，会有一段时间很难用语言表达情感；青少年虽然会表达，但是为了表现得像大人一样，并不愿意向大人敞开心扉。我们研究项目的被试们成年后，通常都愿意、并且能够清楚地描述童年的那段经历。本项目研究了 76 个孩子（34 个女孩和 42 个男孩），其中 22 个（12 个男孩和 10 个女孩，占总数的 30%）具有把痛苦内化的基本特征。上一章提到，把情感外化的孩子则占 8%。本章中，我们会详细描述 3 个内化的孩子。以自我冲突、防卫机制和爱恨等情绪管理方式作为标准，他们的内化机制有所不同——表现出特定的症状，比如抑郁、特定的人格结构（如强迫性人格和病态自恋）。尽管 3 个孩子把痛苦内化，但还是经常挨打。他们的经历也反映了所有把痛苦内化的孩子的经历，展示了这些问题家庭的情况。

诺兰——自我贬低和"深深的孤独"

诺兰今年 30 岁，是一个严肃的年轻人。不需要我们帮助，他就能清晰地勾勒他的家庭情况。"我母亲把问题内化，所以我也这样。我父亲喜欢支配别人，神经紧张，胆大妄为，总是很挑剔。每周有那么几次，就像念经一样：'我的袜子呢，我的衬衫呢……。'小时候，我真的为此心烦意乱，但是我克制住了。后来长大了一些，我试着表达出来。我曾经告诉母亲：'做了什么，把它说出来。'要么我就转移注意力，彻底和他们拉开距离，忽视父亲的存在。我曾幻想过，我能改变局面，但是，很显然我没法改变。"谈到这儿的时候，他语调平缓，一动不动，心不在焉，凝视着天花板，看起来很虔诚。

　　诺兰沉默寡言，情感压抑。他说，妻子"几乎不知道我的感觉，因为，我总是零星地说一丁点儿。每天早上我醒来，似乎不知道要做或者想做什么，但是，我又必须做自己当天的规划。我安静地坐在床边，安排自己当天的日程。这种感觉，就像我必须为空虚的生活建造一个框架，否则它就会混乱不堪"。诺兰解释说，他害怕失败和无家可归——这是真实的存在焦虑——但实际上，他生活安定、任职谨慎，日子还过得去。诺兰害怕情感和肉体会放任自流，不合群是恐惧的一个特征（这些人的恐惧还包括进食、排便、呼吸、锻炼或者性欲）。另一方面，过度自控的人有时也会工作非常努力，就像诺兰进行体育锻炼一样，但是，自我释放对他们来说显得不那么自然，更像自觉或者被迫的行为。过度自控和被迫释放是内化冲突之人的标志。

　　现在让我们追溯到诺兰的婴儿期，看看他这种情感类型的源头，看看他认同母亲的设想是否准确。在他6周大时，研究者看到他精力充沛、生机勃勃。此时的测试显示，诺兰发展超前。他坚持地、有力地转向母亲，温存地看着她；他一般情况下都很活跃，并不紧张，动作协调，被抱时依偎着，显得很舒服。但是，诺兰的父亲看起来没有那么好——紧张、喜欢竞争和富有控制欲——不停地介入妻子和儿子生活的细节中。通常，父亲乐于与孩子玩耍、换尿布和帮忙喂食，我们会为此而高兴。然而，诺兰的父亲常常不能自制，不允许在自己和其他家庭成员之间存在任何身体和心理的界限。例如，就在诺兰刚刚出生后不久，需要和母亲进行情感交流的时候，他窝着诺兰的肚子，把他夹着抱了起来。

　　然而，父亲是一个好人，过度卷入不是因为他是虐待狂，而是因为他爱儿子、关注儿子，他有点焦虑，并且耐心和体贴磨炼得还不够。而且，诺兰的母亲和孩子的关系也有问题。在诺兰6周时，观察者写道："母亲看起来温和活泼、爱笑，然而有时会有点犯迷糊，特别是当孩子闹的时候，她好像不知道该做什么。我不确定，为什么有这种感觉。但是，直觉告诉我，有时候母亲嫌孩子烦。除了在抱孩子和换手时显得笨拙和生疏外，其他时间她和孩子共处时看起来都很自在。"

　　父母在研究人员面前大声地争吵，母亲最终向父亲妥协。30年后诺兰描述，他们总是很难缠。父亲总是陪着母亲来参加面谈，像个孩子似的用相机不停为他们拍照，这在参与研究的家庭中极不寻常。然而，他可并不是天真无知，他总是指责妻子，认为她粗心大意，对孩子不够细心。他相当蛮横，还开玩笑说："我不会让妻子碰相机，这可是我最值钱的东西。但是，我会让她抱孩子，那是我另外一样最宝贵的东西。"

6个月大时，诺兰充满活力，帅气敏捷，开始牙牙学语，回应他人。母亲轻声细语，和他嬉戏，然而显得有些勉强。她经常沉浸在自己的世界里，对孩子若即若离，漫不经心。观察者写道："父亲享受着孩子的陪伴，很少和母亲聊天。这位母亲的情感有两种表现方式。一方面，她温和慈爱、幽默宽容；另一方面，她晦暗被动、很不耐烦。"诺兰1岁大时，研究团队把这位母亲归为不太称职的一组，她共情不稳定，情感疏离，时常过度限制，情感压抑。而父亲就显得活泼很多，绝不会忽视儿子。但是，这种敏感让情况变得更糟糕，母亲手足无措，导致诺兰会经常紧张。

大概在诺兰1岁生日的时候，观察者写道：他显得更加温和而节制，忽视来访者的存在，旁若无人地摇晃着小床。这种习惯式的刻板行为说明，孩子周围的环境没有给予他足够的反馈，他需要自我刺激才能满足。反过来，这样重复的自我刺激也能让一个过度兴奋的孩子安静下来。奇怪的是，观察者不能把诺兰逗乐，这时父母两人都否认孩子很忧郁和退缩，反而说他在逗研究者玩。

诺兰2岁时，母亲又怀孕了，这是他们家第三个孩子。这使她更加远离诺兰，变得易怒，经常打骂孩子。这段糟糕的经历改变了孩子的人生方向，令他变得小心谨慎，或者说，至少他要面对自己或者其他人的侵犯性冲动。后来，母亲向观察者道歉，承认自己对诺兰不够耐心，并且难过地说，怀孕的时机不太好。

讽刺的是，诺兰失之东隅，收之桑榆。母亲怀孕，诺兰和他活跃的哥哥建立了同盟，他们心理上彼此纠缠，不亚于他和父母之间的纠缠。关于这点，我们会听到更多的描述。

小诺兰4岁时，亲子关系所造成的问题的症状进一步发展，此时已经根深蒂固。测试者写道："他现在是一个疏离拘谨的小男孩，经常沉浸在自己的世界中。他看起来情绪低落，渴求关爱。"他告诉测试者，他爱母亲，然后依偎着她，要她吻他。他有条不紊地和母亲合作，完成发展测试任务，这被他称为"我的作业"——这说明，诺兰的父亲急切和过早地要儿子适应学业的要求。然而，诺兰经常定格在某个物体上，看起来就像迷失在自我的世界里。我们看到，30岁的他在思考问题时，眼睛会向上看，一动不动，这个习惯此时就已经出现了。母亲说，他还是婴儿的时候就喜欢听吸尘器的噪音，从那个时候开始，他就喜欢注视发出噪音或者移动的东西。由此，诺兰早期的表现，包括疏离、刻板地自我刺激和痴迷于物体，非常令人担忧。这些是自闭症的特征。幸好他渴望与人交往，但有时这样做显得很古怪。例如，他喜欢帮助父母做饭；因为他害怕弄脏手，大便完会让母亲擦屁股；兄弟们打架，父母处罚他时，他会发脾气；早晨他喜欢爬进父母的被窝，为此父母很恼火。

父母认为，诺兰的依赖性太强，逐渐对他不耐烦。他们当众盛气凌人地和他说话、训斥他。他经常哼哼唧唧，父亲认为他是"整天黏着母亲的男孩"，于是，母亲希望他能够更加独立。4岁半时，父母不顾他的反对，把他们兄弟两个送去参加全天的夏令营。26年后，他对这段夏令营的经历仍然记忆深刻。他记得，他哭湿了衣服，惊恐过度，根本上不了校车。母亲把他推上车，关上门。随着校车的远去，母亲的脸庞逐渐消失。一整天他都害怕极了，害怕再也见不到父母，回不了家，直到晚上，校车把他拉回去，他惊奇地发现，自己又回家了。

尽管父母比较粗鲁，但是，他们道德和宗教的原则确实稳定而又清晰。另外，他们对待孩子和彼此又不够耐心，经常违背这些原则。诺兰5岁的时候，人格结构发展得不错。他胆小谨慎，理智并且习惯一成不变。这也是他成年后的样子——一个患有强迫症的、总是小心的、墨守成规的年轻人。他没有像父亲和兄弟们那样表现出激情、不安和愤怒；他宁愿把情感压抑到极致。

他和母亲很像，顺从而且冲动。母子两个喜欢采取的防卫机制是理智化、合理化和反应程式化。当他们表达强烈的感情或者采取激烈的行动时，根本没有办法去控制自己。其他的父子则是癔症类型——反应过度、任性、行动化，倾向于否认和压抑知觉。

　　讽刺的是，诺兰内向的适应类型（情绪反应不活跃）给他带来了学习上的优势。很多孩子的 IQ 测试分数在 5 岁达到最高值，7 岁时稳定下来。诺兰那时的 IQ 测试低于平均水平（分数是 85，几乎属于发展迟滞），在 18 岁时逐渐上升到很高的水平（115 分）。这大部分应该归功于学校提供的稳定刺激，冲淡了家里飘忽不定、过度或者过低的刺激带来的负面影响。在学校，他最大的困难是，与其他孩子交往时表现出消极、冷漠和惶恐。他远离其他孩子，偶尔向他们扔沙子以吸引注意。

　　诺兰看起来很茫然，惦记学校的坏玩具，体育锻炼时缺乏自信。学校的观察者写道："他是一个悲伤孤独、恍惚疏离的小男孩，需要被老师和同学们接纳，但是过于忧虑和笨拙，不能建立有效的联结。"一年级时，老师说："他是一个古怪的孩子，就像黏土一样，无论你怎么样，他都不会回应……是一个心不在焉的学生。"

　　诺兰渐渐学会了融入团体，过得很开心。尽管是慢性子，并且缺乏创造性和独立性，但他做事情有条不紊，能力也获得了肯定。老师欣赏他举止得体，有绅士风度，知识面广，对话时表达清晰。因为他喜欢井井有条，一些孩子开玩笑叫他"干净先生"。当其他人邀请他一起玩，他也会高兴地答应。二年级结束时，他逐渐克服了幼儿园时表现出的心境恶劣。但是，自我怀疑和忧虑症状一直都存在。做错了事以后，他习惯性地回答老师："我想，这是因为我不聪明。"

　　儿时的心理测试能够解释诺兰的内心世界。7 岁时在儿童统觉测验中，他讲了一个故事，描绘了狮子、老虎和一只装着幼崽的袋鼠母亲。讲故事和动物的运用，可以帮助孩子解除压抑和防御，从而直接表达想法和感情。诺兰的故事呈现了一幅残忍的画面，正是他和家庭的写照。在他的故事里，缺乏慈爱、安全感、喜悦和幸福，充满了沮丧。尽管母亲的形象混杂了教育和保护的功能，但是充满了剥削和惩罚的意味。除了不消极以外，诺兰对于父亲的印象是一样的。兄弟们的形象更中立，这与诺兰一贯压抑情感和表达的方式一致。

　　孩子是自己故事的主角，他感觉无用、孤单、愤怒自责、恐惧自大、孩子气。

把痛苦内化的孩子，不会向外界表达指责，说自己的不快和不幸，他不会认为是别人或者环境有问题，也不会像很多愤怒、反叛、焦虑和多动的孩子或者成人那样，像个风车一样转个不停。这是残酷的自我的真实写照，是他对于自我的投射。他把愤怒和不快都藏在心里，这样做的时候，自己不断妥协，他为自己这么尖刻感到内疚和无用。

* * *

诺兰18岁时的心理测试重现了他儿时的测试情况，与他5岁时的行为举止一致。他18岁时，研究人员写道："诺兰很难表现得自然，很难把自我的批判置于一边，他极度强迫。已知的世界让他感到恐惧，未知的世界更加充满威胁。他总是自我贬损，寻找相关性，这样做显示了意识（潜意识）的双性恋幻想。诺兰在相当大的程度上否认自己的愤怒，然而，愤怒仅仅是被压抑了，特别是在和母亲的关系上，加大了残忍和虐待狂的风险。他想找一个避免与人接触的、虚假的福地，然而，同时又渴望变得更有人情味，不那么追求完美，不那么精于谋划。根据诊断，他有极度的强迫症状，自我已经退行到口欲期和肛门期。"

诺兰18岁时告诉布洛迪博士，当父亲对他发火的时候，他不再害怕，可以大声说出来。而此前在父亲面前时，他感觉自己很弱小。"我父亲是个好人，非常负责任，是个性情中人，但是亢奋、紧张、专横，觉得自己无所不知，随时准备好批评你。至少我能和母亲沟通。她是一个好女人，很安静；但是父亲的批评束缚了我。"布洛迪博士推断，诺兰还没有意识到，他对母亲的认同是多么紧密；也没有意识到，他无论是对于母亲还是自己都感到愤怒，因为她消极，没有能力回应。母亲不能理解他、拯救他，他对此也感到愤怒。"他好像看起来很不自在，有自我表达的强烈愿望。悲伤和孤独好像愁云般笼罩着他。"

* * *

诺兰喜欢沉思，他有条不紊、谨小慎微、自我克制。他的学习很好，上了一所好大学。然而，他仍然觉得与人世隔绝。就在大学毕业后不久，他与女朋友分手，曾与之搏斗了很久的内心恶魔又征服了他。他颓废了几年，不约会，也不知道干些什么。他一边靠父母接济，一边工作或者学习，生活非常简朴。

他最大的满足就是学习木匠活。这段时期，他认为自己将永远孤独，一辈子失败。

他的哥哥最终挽救了他，就像他生命中的一缕阳光。也许在蹒跚学步的时候，哥哥就拯救了他，否则他很可能成为孤独症患者。26岁时，诺兰和兄嫂一家住在芝加哥，哥哥在那里做教堂牧师。他们把他介绍给一位女会众，两人后来结了婚。诺兰在教堂负责维修楼房和地板。尽管与活泼外向的哥哥性格不同，但是诺兰认为他们很亲密，因为他们需要彼此的支持去共同应对父母。

诺兰回忆了一个儿时的噩梦，梦到了哥哥。在梦里，老师让他做一道难题。他解不出来，老师就把他带到一个鬼屋，把他丢了进去。他害怕极了，这正是黑夜，外面黑黢黢的，他根本不知道自己在哪儿。突然，他发现自己站在自家的房前，就走了进去。屋里黑黑的，没有人。他想去哥哥的房间，但是从地下室传来了嘈杂声。一个不知道从哪儿发出来的声音说："别去那儿，危险！"但是，他慢慢朝那里走去，他拧开了门把手，然后慢慢地走下去，惊奇地发现下面灯火通明，很多朋友在那儿，看起来是个聚会。在那一刻，他彻底地放松下来，然后从梦中醒来。

这个小时候的噩梦，很可能做过很多次，在他心中固着了25年。它意义重大，因为它浓缩了诺兰一生中最重大的心理冲突。诺兰认为，梦中给他难题的老师，代表了盛气凌人的父亲、神秘莫测的母亲以及他觉得会失望的老师。我们也认为，这个形象代表了他内心严苛的老师，这就是他严于律己的意识（超我）。在梦中，诺兰考试失败，发现自己在鬼屋，很可能代表他自己烦恼的、备受折磨的和不安的自我。当然，房子也代表了他们全家。4岁半时，母亲送他去夏令营，他以为自己再也见不到父母，回不了家。在黑暗中，刚开始看不到自己的房子，这个场景很像是这段经历留下的后遗症。

在梦中，他想找哥哥寻求安慰，但最终抵制住了乱伦的诱惑，朝地下室走去，在那儿他听到了嘈杂声，尽管"有一个不知道从哪儿传来的声音，说那里很危险"。他被动、如灵魂出窍般的状态，使他不用为行为负责（我拧开了门把手），以此对抗上帝般的声音的指令。这个梦象征着原始焦虑和欲望的满足。他极度渴求光明和朋友，因为他们能帮助他少受家庭的影响，心理上得以分化。

这使他得以驱除噩梦的影响。研究项目的其他被试更积极地和家庭、学校斗争，诺兰与他们相反，只在自己内心上演这样的戏剧。

诺兰一家在心理上的纠葛程度引人注目。回想一下，就在母亲刚生下诺兰的那天，父亲把诺兰夹着抱起来的场景。就在最近，诺兰的哥哥急性阑尾炎发作，做了切除手术。诺兰也病得很重，医生们害怕了，不得不也给他做了外科探查术。那些天里，尽管害怕"阴间"，诺兰却更加安静，比过去更有成就感。他从没接受过心理治疗，继续迎着困难前行。他说："我想我太顽固了，不能接受治疗。"正是这种坚持给予他力量（就像在梦中，他拒绝走向哥哥的房间，却拧开了地下室的门），但这也正是他的祸患。

诺兰的冲突体现在与自己以及父母的关系上。然而，他从没有表现出来，或者为他们寻找替罪羊。他是一个负责任的儿子、丈夫、兄弟和工人，但在这样做的同时，他变得极度强迫，活力耗尽，饱受压抑之苦。早在儿时，他就感到，面对挫折时他是那么无助。那时父亲过度控制，而母亲又飘忽不定，偶尔关注，偶尔疏离。尽管父母具有很多优良品质，尽职尽责，但他们并不是个好榜样，从他们身上，诺兰没有学会如何释放愤怒。这与过去很多精神分裂症患者家庭中的"双盲"现象很类似（Bateson, Jackson, Haley, & Weakland, 1956; Laing, 1965）。

诺兰上小学的时候，抑郁像熔岩一样喷发，再次袭击了他。他在内心一直说着："我不够聪明……我不够好。"诺兰内心在斗争，这确实是把苦恼内化的方式。针对父母的愤怒被压抑，这彻底压倒了他，没办法有自尊。不然的话，一个好好的孩子怎么会这么愤怒。有时，他就像带着假面具，运动很机械化，情感麻木。在人生最艰难的时候，也就是在他25岁那年的一天，他坐在车里哭。他内心挣扎，停滞不前，感觉前路渺茫。

乌拉——自恋的孩子

与诺兰不同，乌拉坐在洛杉矶自己寓所的卧室里和我们聊天。屋子里很空旷，只有两张老板椅、一张咖啡桌和一部健身器，书和杂志堆在墙角。乌拉非常漂亮，穿着健身短裤和棉背心，身材纤细健美，梳着短短的黑色卷发。她举止热情开放，说话的声音平静而且令人愉悦。谈到很不寻常或者很震撼的事情时，她表现出快乐的样子，笑容很具有感染力。她谈论自己时轻快自在，但感觉像是在自我推销。

乌拉平静地解释，寓所这么空旷是因为她和丈夫刚刚分居。他们结婚三年后，发现彼此价值观不一致，所以婚姻破裂。丈夫希望她能更加安定，多赚点钱或者生个孩子。这听起来有些含糊，从她的描述中，我们无从得知他们如何相爱、价值观如何冲突以及关系如何变得疏远。乌拉对此很遗憾，但是看起来，她并非发自肺腑，未来在她看来很乐观。她说，找个男人约会并不难（确实也是这样），但她担心得艾滋病。她申请就读加州大学电影学院，希望充分展现其艺术和创造才能，将来在世界上占有一席之地。她申请了学校的贷款，两年多没有工作，但并不为此烦恼。她对生孩子也没想那么多，说当然要生孩子，但是会在学校毕业以后。

在采访中，我们发现乌拉是个迷人的女人，她坦白而且没有偏见，美丽而且乐观。她总是表达美好的感受，并且从采访者那里吸取美好的感受，惹人怜爱。但是，我们不得不停下来，因为回顾采访进程时，我们发现，乌拉非常自恋、不能自拔、大多时候都是只顾自己。这种自恋与诺兰的自我贬损和自省完全不同，但是，自恋也是痛苦内化的另外一种经典形式。通过保护自尊，增强身体的吸引力，由此来吸引他人的爱，这是自恋的路径。自恋是不可思议的防御机制，它制造了幸福的假象，表面上看是在创造和传播快乐，实际上掩盖了内心巨大的不幸。

乌拉为什么会是这样的表现呢？尽管后来在成长中有所补偿，但是她的生活并不快乐。她出生于一个婚姻不幸的家庭，搬了九次家。父亲是一个全国性食品公司的品牌经理，追逐名利，接受公司的任何任命。在此期间，乌拉的母亲大部分时间沉醉于其父的野心中，偶尔尖刻地报复他。乌拉7岁的时候，也就在他们最后一次搬家之后，父母离婚了。研究人员在与她父亲为数不多的几次接触后，发现他野心勃勃、积极进取、冷酷硬朗。他认为，父亲这个角色就意味着要提供很好的经济条件，所以他工作的时间远远多于陪伴家人的时间。他和女儿沟通很少，对她要求也很少。不过这至少表明，父亲在乌拉小时候很接纳她，而且从不批评她。

观察者看到，在乌拉6周大时，母亲喂奶时很生气。当她烦躁时，母亲用力拍她的背，这只能让她更难受。观察者写道："这位母亲看起来和孩子并不是很亲近，她故意让她们之间的距离很远，这点不同寻常。当母亲注意到孩子饿了，就把奶瓶放在热奶器里面。她坐下来自己喝咖啡，让孩子哭了差不多20分钟。最后，我发现瓶子里的牛奶已经煮沸了。如果我没记错的话，她可能一直坐在那儿半个多小时。"在乌拉出生这一年里，母亲机械地、古怪地尽着喂养责任，孩子很压抑。母婴之间没有情感的联结和沟通。母亲的共情和投入都非常有限。

当母亲谈到养育孩子时，说："当母亲不是很快乐。如果所有的孩子都能健康长大，多了不起啊！全家人一块儿逛街，大家都会很羡慕。"这位母亲形象迷人，穿着礼服来面谈，谈话轻松而休闲，身体经常很有意思地扭动。她举止轻率，注重外表，会谈时想要一件衣服来保护自己的礼服裙。她说："我知道我不应该穿成这样，但是，衣服是我的解药。"乌拉不安的时候，母亲经常就展现大大的、温暖的、极可爱的笑容。笑容的魅力无法抵挡，但是她的表现缺乏实质上的亲密，所以孩子只是暂时得到安抚。观察者写道："母亲的笑容和快乐只是意味着，孩子能在不安中舒服那么一下子，她并没有注意到孩子的需求。"

在这样的环境中，乌拉成长得不太顺利。在研究项目安排的早期探视中，她显得易怒而且紧张。最让人吃惊的是，她发展迟滞，12个月时的发育水平相当于9个月的孩子。她粗笨沉闷，目光呆滞无神，躲避人和其他刺激。看不到母亲的时候，她变得更加紧张。和诺兰一样，她经常一个人在小床里动来动去，显得很多动。由于出生第一年的压抑，并且发展迟滞，她试探性地用手触碰玩具，而不会急忙抓住它们。观察者写道："她看起来很需要陪伴。这个孩子好像一直以来都被痛苦和悲伤所束缚。她关注自己的身体，大声呻吟着，想要减轻痛苦，什么东西都拿过来放在嘴里，安慰自己。"令人惊奇的是，早在出生第一年，孩子就通过身体来强有力地表达自我，这预示着乌拉成年后，也将执著于运用身体来表达自我。

这样的情况一直延续到儿童期。3岁时，"乌拉看起来像个吓坏了的、丢了魂的孩子，急切地向母亲求助。看起来，她好像要紧紧保持住自己，免得变成碎片。"4岁时，"她很难与母亲分离。她缺乏对人的兴趣，只能从玩具那里得到安慰。"母亲说到她的结巴："如果我对她好的话，结巴就会轻些。"5岁时，乌拉的IQ测试结果仍然很糟糕，她明显需要帮助。尽管她的IQ分数是中等水平，测试者怀疑这个分数的有效性。6岁时，她是一个被动悲伤的孩子，反映了她的父母之间的紧张关系。

在幼儿园里，乌拉温和平静、有礼貌、不太显眼。在班上，她善于并乐于学习，但是，在游戏中她显得不太自信。她动作笨拙，远离其他孩子。她和贝蒂建立了令人不安的友谊。贝蒂是一个很有控制欲、善于操纵的孩子。她长头发，穿着牛仔裤，长相甜美，走路很像男孩子，乌拉觉得她很中性。观察者描述了两人的一个游戏片段：乌拉不知道该配一个天鹅绒的手包，还是戴一个消防员的帽子。"当贝蒂把手包抢走，乌拉没说什么。在整个过程中，她显得很矛盾。过家家时，她不演母亲。然而，当贝蒂把她当做一个怕老婆的丈夫来对待时，乌拉也表现得不像丈夫，也表现得不像孩子。"

* * *

随之而来的是父母离婚，乌拉逐渐转变，变成今天这个样子：外形富有吸引力，热诚开放，渴望成为电影明星。也许说她改头换面比转变更准确，因为它表明乌拉的外形发生了变化。但是，她的变化仅仅是表面的。可惜的是，研究录像没能记录她的转变过程，她最后一次面谈是在7岁时，到了18岁才重新回来。大多数项目的被试在7岁时的人格与成人后相差不大，乌拉却与此相反，她成年后的人格很少能看到她在7岁时的痕迹。她后来的社会交往、应对模式、防御机制、行为举止、技能和工作习惯几乎都没有先兆。很可能，乌拉7岁时的人格还没有定型，这反映出她整体发育缓慢，造成她出生第一年发展迟滞。

反过来说，这种不成熟和家庭混乱的生活关系密切。这段时间，她在家里经常成为被操纵的对象，或者被丢在一边。

乌拉的身体发育、自理能力、思考能力和知识积累也都不成熟，这与潜能有关，本身也是她自恋人格的先兆。发展缓慢让孩子总是要想赶上其他孩子。事实上，人格和社会发展的不成熟，总是存留在自我关注的人身上，一直到他们成年或者中年。比如，乌拉想去上电影学院，就是想证明自己能出名。渴望出名，通常是补偿的防御机制的一部分，因为名声能带来权力、关注、认同，能够大大弥补和增强自信和自尊。乌拉的人格发展缺乏实质的核心，她就像很多演员一样，活在虚假的角色和众人的奉承里。

此外，乌拉的家人认为，名声包括其他的附属品和身份等就意味着成功，每个人都应该学会去追逐。母亲说，她的父母努力奋斗，从东欧的一个乡村移民到纽约，社会地位有所提升而在邻里非常有面子。另外一个荣耀就是，乌拉母亲的姐姐是一位著名的戏剧制片人的秘书。乌拉的母亲对于自己的着装风格，一方面自我嘲讽，一方面又很盲目，"我穿得和其他女人不一样，因为我走在街上，我不能和他们一样平常。"

乌拉自恋的来源

乌拉最终会极度自恋有几个原因：（1）母女关系有问题，母亲疏于照顾、共情不够；（2）她自身发育迟滞；（3）和父亲的联系有限；（4）多次搬家导致人生遭受破坏，影响了与同辈的社会化，阻止她对人生产生一致感和前瞻性；（5）缺乏自信和自尊，这是家庭经历的结果；（7）对母亲魅力的认同。

虽然如此，乌拉7岁时的突然暴怒，显示了标志性的变化。这个绝望纤弱的孩子第一次表达了愤怒，偶尔不想上学。7岁时的发展测试中，她的行为举止混合了焦虑、冷漠、轻率、消极、狡猾和善于算计。她甚至还挑衅，宣称自己不喜欢做这些题。讽刺地是，她的IQ分数升到了116。测试者怀疑，这不是她能力的真实反映。布洛迪博士认为，她的攻击性向外转化而不再内化，她IQ测试分数的提高与此有关，是其痛苦内化向外化开始部分转变的先兆。

乌拉 7 岁时，母亲向研究者宣称："我把丈夫踢出家门了。"父亲离开以后，酗酒更加厉害，好几年吸大麻。乌拉成年后，记得在接下来的几年里去看父亲时，他经常喝醉酒，还打她耳光，有一次把她推下了楼梯。母亲也经常因为她的固执而打她屁股。"我母亲打屁股并不疼，"乌拉坚持说，"因为她用的衣架裹着一层天鹅绒。"在乌拉上高中时，父亲因为对家庭有所亏欠，觉得内疚想做些补偿，他邀请女儿和年轻的女朋友（也不过十几岁）一起喝酒吸大麻。乌拉成年后，还记得这些年来对父亲的矛盾情感。"他一直说'我为自己所做过的事情感到抱歉'，一边倒酒，一边说着真心话。直到今天，我都不相信他，但是我爱他。一个真正的父亲，对你发号施令，你却会跟他对抗。我的父亲让我抽烟喝酒，想要和我做朋友。这很吸引我。我想让他喜欢我。我想像他女朋友一样酷。他外形漂亮，我也想像他一样，但是同时，我知道他一团糟。"

尽管对父亲感觉复杂，乌拉有意无意地越来越像他。高中时，她和一群男女朋友肆意破坏废旧房子。30 岁时，她回想起打碎玻璃的声音说："这太刺激了，我就像雷神托尔或者神奇女侠，会打雷闪电。我这样做，一部分是为了让其他孩子对我印象深刻，向他们证明规矩是为奴隶们定的；一部分是为了证明，我就是个愤怒的小孩儿。"就这样，在整个青春期，乌拉把很多情绪都表达了出来。

但是，情感内化与生俱来，她关注身体，似乎雕琢外表能让她在情感上平衡些。矛盾的是，作为年轻人，她经常贬损周围的世界，比如大学宿舍、其他财产和男朋友来提高自己身体的影响力。"那些天里我就是这样；我从没想过，我的行为会影响到其他人……高中时，我想，我不能再忍受自己骨瘦如柴了。我要像父亲一样强壮，或者像他女朋友一样漂亮，所以我开始举重。母亲懂得穿衣之道，所以我开始关注她。大四时，我成为一名模特。受关注和赚钱的滋味很好，但是我很厌烦。大学里无非就是聚会、跳舞、泡吧、约会。我喜欢让男孩爱上我。我猜一些人会说我太自由，或者不太尊重我，但是对我来说，性更像是运动或者竞技。我不在乎跟我做爱的那个人是谁。而且，男人们很容易上钩，就像在桶里捕鱼一样容易。尽管走在路上有人过来搭讪勾搭的感觉不错，但是我想，我现在不会那样做了。"

乌拉还告诉我们，她从高中开始直到 25 岁，都吸过的毒品——安非他明、大麻、酒精、可卡因和很多迷幻剂（她发现很有趣的、能够让她飘飘欲仙的东西）。乌拉毫不夸张地、实事求是地、详细地讲述着，她的经历让人惊讶。30岁时，她的自我评论异乎寻常地与 18 岁时心理测试的报告一致。"她焦虑、自尊不足，导致她标新立异，似乎要向世界证明她和其他人不同。幻想获得权力已经侵占了她的头脑。她害怕自己的愤怒会释放，英勇地对抗依赖和抑郁的感觉，渴望亲密和信任。她极度自我关注，如果没有药物或者酒精滥用的话，她恐怕也会心境恶劣、自私自利、需要和感觉隔离。她表现出早熟和老练。但是骨子里，她坦率而诚实。"

乌拉 18 岁时，布洛迪博士写道："父母以不同的方式忽视她，她无法自拔。显而易见，她试图摆脱，试图弄懂自己该做些什么，但是，她不知道何时何地以及怎样去做。此外，她非常担心失去母亲，说在幼儿园的时候，经常抱着一个母亲给她的旧玩具。大学一年级时，她觉得回家很无趣，生活很无聊。对她来说，最大的乐趣就是跳舞和穿衣服。她最大的担心就是，别碰到像她一样的人。所以，她很小心，远离人群。同时她也很开心，因为她长得漂亮，但总是和母亲对抗，让母亲失望，这让她很烦恼。乌拉喜欢有听众，能公开谈论自己，但是她很纠结，这样表达时有压力，好像需要不假思索地说想到的任何事情。她想要多了解自己，然而，表达的压力迫使她远离任何情感。在生活中，她体验到的情感要么是愤怒，要么是不安。当会谈中感到难过时，她害羞地回避，一再保证自己能渡过难关。"

乌拉大一那年和 7 岁时相比，转变虽然显得生涩、不充分，但是已经相当明显。她尽力让自己外形漂亮，这能获得赞赏，也能自我欣赏。来自他人和自我的欣赏能够保证她被父母接纳，也能让她保护和关照自己。

* * *

乌拉 30 岁时，尽管她给自己编织了厚厚的保护壳，但是悲伤仍然伴随着她。她说："我有孩子的话，一定尽我所能给他们我全部的爱。因为生命如此短暂，随之匆匆结束。"就这样，儿时的痛苦和创伤让她看不到未来，让她不得不把握现在，否则就悔之晚矣。儿童后期所调动的能量一直伴随着她，让她感到悲伤、走投无路。现在乌拉说，尽管她喜欢喝酒，因为这样她会很开心，但是她坚决不吸毒品；她坚持认为，她有把控能力。她很清楚，自己渴望别人陪伴，但无论是男人还是女人，在她看来，他们的价值取决于他们带给她的感受，而不在于他们是拥有权利的独立个体。在这点上，乌拉显得不够成熟，明显是婴儿和儿童早期的痕迹一直保留到现在，成了她自我中心的组成部分。

作为成年人，乌拉不再像儿时那么孤独，比起18岁时，她变得更加坚定，孤独不再那么明显。各种经历让她的自我怀疑有所缓解。尽管认为人生无常，但仍然很乐观。她好不容易读完了大学。先是在聚会上误入歧途，随后因为严重损毁宿舍而被停学。她后来回到学校，大二时做全职模特，又离开了学校，因为这有钱赚，又可以旅游，还可与人约会。然而，她厌倦了被动地作为摄影师、服装设计师、发型师和化妆品的对象，不再做模特。后来，她尝试做电视网络的图书管理员，最近两年，她经营了一家健身俱乐部。在她的叙述中，她好像总是不得不应对那些不称职的人，他们不能认同她的能力和人品，这妨碍了她工作能力的发挥。这听起来就像是，乌拉把自己的问题投射到别人身上，或者把问题合理化，但有趣的是，在这条路上她没有走得太远，她突然意识到，自己应该为工作多负责任。为此，她期待能进入电影制造业，做一个导演、编剧或者制片人，这能够融合她的能力和野心。她有兴趣就能做得很好，无论有多大困难，都愿为此付出。

父母给她树立了一个人生榜样，无论对人还是工作都卷入不深。父亲不停地换工作，想要宣传早餐麦片的新牌子。他没有再婚，但是参加了嗜酒者互助会，不再饮酒。母亲从没有告诉乌拉，怎样和他人建立情感的联系，母女之间的沟通特征就是冲动和自私。过了这么多年，母亲意识到应该对女儿负责。现在她再婚了，经营一家服装店，继续给女儿提供经济资助，帮她付学费。

乌拉二十几岁的主旋律就是健身文化。她在全国女子健身比赛中获得名次（她承认服用了非法的类固醇药物），并且教授健美操。显然，外表是她满足的重要来源。她获得的满足也体现在性生活中，就在她运动量很大的那段日子里，她说经常感到性唤起。在性幻想中，美女和帅哥的形象一样，都能让她兴奋。她说，她从未真正想过要和女人做爱。她也补充说，与男人做爱很少让她真正满足，她经常没有性高潮。

为了理解乌拉的性生活，我们记起这个小女孩在 6 岁的时候，为戴消防员的帽子还是天鹅绒的手袋而纠结。乌拉作为女孩，在青春期渴望被父亲接纳，很可能她认为，如果自己是个男孩，父亲可能会更爱自己。事实上，30 岁时，她最快乐的记忆就是，小时候和父亲一起玩。相反，她对母亲的依恋关系（母亲用迷人的微笑来驱动）很有问题，为此她从未完成与母亲心理上的分离。她像幻想与男人性交一样渴望女人。丈夫肯定为她混乱的性别认同而苦恼。我们推断，乌拉在健身房锻炼之后的性兴奋以及她美丽女人的幻影，反映了她对自我的固化。

尽管存在问题和内心冲突，乌拉最近感到对自己很满意，因为她为将来在电影界的成功做好了情感和经济上的准备。她不再像以前一样为自己担心，同时，她也让我们和她自己放心。

蕊娜——"一种复杂的爱"

诺兰把挫折转化为对自我的贬低和压抑。乌拉把自己从瘦弱的、不惹人爱的孩子变成一个自己和别人都喜欢的漂亮女人。在这章，我们要关注的最后一个孩子是蕊娜，她发现了掌控儿时不快的第三条途径——把自己和痛苦隔离开来。

我们和蕊娜在她医疗中心的办公室见面。在那儿，她刚刚结束了神经病学的实习，现在在一个遗传研究中担任助理教授。她穿着白大褂，看起来很职业，给我们留下沉着的印象。她做事专注，想到快乐或者讽刺的事情会微笑，想到不好的事情会皱眉。她不时会有轻微点头抽搐的动作。她斟酌语词地说："我小时候，不知道人们彼此怎样发生联系。我坐在教室里或者操场上看着那些孩子，心飞远了，琢磨着他们为什么做这做那，那人怎么知道该说些什么呢？你怎么知道什么时候该笑、该叫、该打招呼呢?那种感觉就好像灵魂出窍一样。我记得很清楚,我在操场上跑步,但是真正的我并没有在跑步。那个真正的我,坐在看台上向下看,看我的身体围绕着一群踢球和跳房子的孩子在跑步。"

"我记得 20 岁时看过罗伯特·海因莱因(Robert Heinlein)的书《异乡异客》(*Stranger in a Strange Land*),联想到我自己,那就是我人生的写照。这种情况一直延续到我 25 岁左右,我终于感觉到,拥有了自己的身体,接纳了我自己,不用再考虑那么多,而仅仅享受交友的乐趣。"

随后,蕊娜把话题转向了父母。"小时候我害怕母亲。她很强势,我敬畏并且崇拜她,她什么事情都做得很完美,总是不断前进,获得成功。我感觉我们之间虽然彼此相爱,但是距离很远。我曾想做个完美的孩子,什么都很优秀。那些年里,我为此付出了很多努力。"

蕊娜谈到这里微笑着说:"五年级时,我退出了这个科学项目。它是那种你必须和同伴合作,但同伴未必会与你同步的群体合作项目。母亲变得很不安,好像我不会得 A 一样。她说服我撤出团队,实际上就是给我洗脑。但是,我真的很喜欢团队的同伴。你可以想象,他们也都很不开心。"

"就在那年的一个晚上,父母吃完晚饭,我走进厨房。我那时总是不开心,那天也是一样。我对母亲说:'我只是想有所期待。'然后她像是说。'你知道的,圣诞节我们要去拜访吉姆叔叔和内尔婶婶。'我接着说:'不,我不是这个意思!我想有所期待。'然后,她开始念计划的细节,我也和她一样坚持,'那不是我期待的东西。'我们就是这样,彼此缺乏理解。我记得,我很小的时候,她说我把屋子搞得这么乱,很讨厌。屋子里的每样东西都是她的,她把隔板上的东西全部拿走,让我重新一样一样有序地摆回去。我们都朝对方大叫。她叫得很吓人,我已经没力气了。然后没过多久,我们都坐在厨房里,每个人都得说'我爱你'。似乎这句话说明我们两个势均力敌。"

"我不想给你讲述这样一个场面,因为母亲也很有情趣。我 10 岁的时候,她让我坐公共汽车去她的学校,她是校长。我坐在她的办公室里,等着她下班,羡慕她那么能干、那么重要。然后,我们像一个团队一样,围着小镇跑步,真的很开心！"

蕊娜还告诉我们，父亲是一个建筑供应厂的经理。奶奶在父亲9岁时死于车祸，爷爷和父亲的继母让他坚强，把情绪尘封起来。蕊娜说，就在一年前，父亲考虑到退休和将来，接受了心理治疗，第一次开始哀悼母亲，并且说起童年的事情。她和父亲在一起的成长经历，与和母亲在一起的感受完全不同。"我一想到对父亲的印象，就是很难接近。我的意思是，我想让他多保护我，远离母亲，但是他没有。当周六早上母亲在办公室赶文件的时候，我和他一起开车出去，感觉很好、很放松。我们来到乡间，那里很美丽。当我们来到交叉路口时，他就问我，我们该朝哪边转。我说右转，他就右转；我说左转，他就左转。我们随我所欲地闲逛。

"其他时间我很沮丧。父亲的说话不多，不会自然地回应。虽然他情感丰富，但是不善表达；母亲善于表达，但总是很理性。一旦我和母亲吵架，父亲总是说'你母亲就是这样'或者'她工作太累了'或者'她真的很爱你'这样一些标准化的话语，但他并没有参与进来！尽管他用别的方式爱我们。我记得，父亲有一件从十几岁就珍藏的、非常漂亮的、丝质的保龄球夹克。他把它送给我，我很喜欢。我想知道父亲小时候什么样子，就问他。但是，他说不知道。所以我所知道的他的童年经历，仅限于这件夹克。

"我小时候，总是一个人，我不想上学。在初中时，有一次我不想上学，父亲就开始哭，因为他很难过，所以我也很难过。我的意思是，我为他而沮丧，因为他总是什么都不说，但我知道他关心我。我们家人彼此相爱，但这是非常复杂的爱。"蕊娜讲完自己的过去，开始静静地抽泣。

＊ ＊ ＊

那么，所谓复杂的爱到底是什么样子呢？这爱一点儿也不温柔。蕊娜的母亲就像繁忙快乐的玛丽·波平斯，掌控一切，却永远也赶不上她的节奏。母亲个子很高、线条生硬；她总是穿裤子，从来不化妆，不戴饰物。她总是幽默坦率、友善活泼、自信成熟、健谈而富有思想。然而，研究者们之前的记录显示，她对孩子说话很大声、态度生硬、容易激动、动作幅度很大。尽管对孩子充满兴趣，也很享受和孩子在一起的过程，她这样的方式还是破坏了她和蕊娜之间的关系。她经常不事先打招呼，就突然地、冷漠地离开蕊娜。这个习惯，很有问题。

当蕊娜还是个婴儿的时候，布洛迪博士说："她们的亲子关系非常复杂。母亲不喜欢他的进攻性，经常粗暴地干预孩子，这样做反而强化了孩子的进攻性，让孩子不断抗争。母亲看上去缺乏母性的柔和温暖，有些强势。她能和孩子共情，但是当孩子过度哭闹时，她显得很烦恼，也不想弄清楚孩子为什么哭闹。并且，孩子经常被母亲吓到。"

研究者们发现，尽管孩子感觉到了恐惧（蕊娜在回忆时的感觉），但是，她强壮而聪明，并没有感到无助。4岁前，她坚持不懈地反抗母亲。还是个婴儿时，她就和母亲争夺奶瓶、食物罐和厨具的控制权；幼儿期，她没完没了地发脾气，经常挨打。

就在4岁生日后不久，发生了重大的变化。蕊娜不再经常发脾气，总体上变得克制而顺从。这说明她开始适应，这是自我催眠的方式，把自己与感受隔离，也是一种应对方式，预测了她不想在共同的挫折中失去母亲。在这个过程中，蕊娜很多方面都镜映了父亲，他把情感完全隔绝，但是默默地溺爱着女儿。当他们占上风的时候，母亲会不耐烦，会收拾行李离家。这样迫使女儿屈服暴风雨式的威胁，通常一年两到三次。这是特别影响蕊娜的外力。30岁时，蕊娜说："家里的气氛就像鸡蛋壳一样脆弱紧张。我合计着，安静地坐着别碍事，就像在一个陌生的地方。我总是觉得，如果我越界就会被拒绝。"

在幼儿园，一个研究者写道："蕊娜像小狗一样跟在母亲后面，母亲在洗手间的时候，她安静地等在外面。"她看起来难过、压抑、回避，反应机械。似乎测试者只是提供了测试材料，然而，实际上测试更像是休息，因为她完全被测试吸引。社交方面，蕊娜看起来害怕，或是不情愿分享感受。

7岁前，蕊娜的人生最重大事件有：出生第1周，"活泼、反应敏捷、好奇、强壮、可爱和任性"。6个月大时，她变了一些，"严肃、行动缓慢，对事物的兴趣大过人"。母亲为她的便秘（有时是内化的紧张的身体表现形式，在大点的孩子身上是身体感觉的转化）而烦恼。1岁时，观察者写道："她是我见过的最积极的、独立的、自信的小女孩。"母亲说，她仍然便秘。3岁时，她在研究面谈中表现得断然而反抗。

4岁时，她的情况仍然在变化，"无精打采，安静地坐着，总是瞪着眼睛，脸就像石刻一样没有表情"。在幼儿园，她"温柔而坚定，能独立完成任务，但是在非结构性活动中不能坚持到底"。在操场上，"尽管她不主动进行交往，但她像水银一样随大流。她聪明，社交成熟，其他孩子都很尊敬她，接近她时都很开心，她会打招呼回应。当其他人在周围时，她容光焕发，满脸笑容，看起来能够感受到他人的情感，并且顾及他人的感受。她安静，把所有事情尽收眼底。"

6岁时，她"含蓄、紧张，行动拘谨，情绪单调，不和面谈者眼神接触，眼神迷惑，全神贯注地瞪着某处。她经常咬手指、拽衣服，还养成了耸肩、点头抽搐的习惯（30岁的时候仍然这样）"。在本项目的游戏室里，她尽管在测试中专注力不错，任务完成得很好，但是对周围不理会，机械地活动。母亲说，她不再便秘，但反抗转换了新的形式——她不愿去上学。

7岁时，她"悲伤、安静、笨拙，埋头苦读，强迫且不善表达。在堆积木时，小心地把角对齐。在测试里，坚持说几处明显错误的地方是对的"。她回避项目研究人员；相反，和母亲在一起的时候，她吸引母亲的注意，而母亲的回应则飘忽不定。

* * *

蕊娜沿着小学一年级时就已经很明显的轨迹成长。18岁时，她仍然压力很大，追求完美。高中时，她成绩不错，举止优雅。尽管自律造成的压力和紧张导致她有点头的习惯，但是，她热情快乐。她患有神经性头疼和失眠。当她说起自己的生活时，有乐观有悲伤。她的完美主义就像是回力标，让她欲罢不能，如果有一点儿不如意，就像失去了创造力一样，一天都毁了。她对此很失望。她意识到，自己与人群疏离，那是长久以来的孤独；她希望，自己将来情绪能更加自由而不受约束。

讽刺的是，鉴于本研究人员了解到的情况（也是蕊娜自己30岁后描述的情况），蕊娜在 18 岁时说，她从未感到自己受母亲控制，热切地希望自己能像母亲一样能干。布洛迪博士写道，蕊娜实际上在认同母亲的行政才能和父亲的安静谨慎，把巨大的攻击性专注于学习，避免在家庭外进行情感投入。

18 岁时的心理测试显示："这个女孩子患有抑郁症，伴有强迫性人格障碍。她运用的防御机制有合理化、否认、回避、限制、认同侵略性。母亲的强势令她难以忍受；父亲的形象激起她的病态恐惧，就像焦虑一样。于是，她体验到这个世界充满了威胁和压制。但是，她精力充沛、富有幽默感，恢复很快，发展均衡。她必须时常试着给世界增加点幻想——让世界满载象征和充满哲学意味，从而理解这个世界，以此来对抗威胁。"

* * *

蕊娜在二十几岁时，一直重复这样的模式，取得很多成绩，也付出很大代价，内心一直都充满压迫感和自控感。这与我们第一章中所描述的尼克和蒂娜的和谐成长明显不同。蕊娜埋头学习，在医学院成绩斐然，但是社交方面不令人满意。大一时，她开始和一个同学同居，而他没有蕊娜那么精力充沛，学习成绩也不好，辍学后做了图书馆技术员。蕊娜说："如果没有他的支持，我不可能读完医学院，他陪伴着我，给我做饭，给我抚慰。但是，毕业后我意识到，对我们的关系来说，仅仅抚慰是远远不够的，我们的生活将变得无趣。"

蕊娜没有意识到，和男朋友在一起无聊，与她对被动、不善言辞的父亲的矛盾情感有关；她也没有想到，她在把自身对情感的压抑投射到在她看来没有潜在价值的恋爱关系上（她封闭自己的情感，于是他们的关系变得空虚）。她也没有意识到，男朋友是怎样让她联想到了父亲。但她的确知道，在他们吵架之后，性生活就会有高潮。而在其他时候，性生活中她都觉得很疼。这两种情况下，性唤起都与心理因素和生理疼痛相关。每次争吵后发生亲密关系，在她看来很像是小时候家里吵完架后围坐在餐桌前和好，她想远离这种模式。蕊娜的性障碍（伴随点头的习惯和儿时胃疼）都说明，人们经常通过身体语言来表达内心的紧张。

和男朋友分手以后，蕊娜开始接受心理治疗，并因此受益。医学院毕业后，在实习和神经科工作的第一年中，蕊娜学会了独处和应对自我怀疑。喝酒也是她用来对付失眠和紧张的另外一种方式。以前曾有两次心理治疗帮助她渡过难关：一次是在四年级，最好的朋友搬家离开，她点头抽搐的习惯恶化了，父母为此很烦恼；另外一次是在初中时，她感觉被同学排斥，不想上学。

蕊娜 30 岁时说，这是自己人生最快乐的时光。她热爱教书，拥有几个能让自己感觉放松的好朋友，因此不再感到孤独。现在，她心理上的问题主要表现在：每天都要回家，再次检查是不是关了热水器，确认给猫喂过食；失眠；偶尔担心竞争对手会密谋，争夺实验空间和科研经费。

她暂时还没有开始约会，因为她想先进入老师的角色，计划在不久之后要开始约会。她从没有坠入爱河（因为她小心谨慎，考虑周全，这点很好理解），对此充满渴望。她对同性没有吸引力。很少有 30 岁的女性像她一样声称不想要孩子，尽管她并不因此而对孩子感到厌恶。她睿智地认为，自己不太想要孩子，因为母亲在和她沟通时缺乏女性色彩。"我玩洋娃娃的时候，她一点也不兴奋，而且还不让我玩芭比娃娃。所以，我干脆不玩了。她不像别的母亲一样，教我怎样化妆。说来也怪，就在昨天，母亲和我一起吃午饭，我们有生以来第一次一起去逛街买衣服。我还说服了她穿裙子。"

这让蕊娜想起了母亲常爱讲的"超酷小孩的故事"。在她上三年级时的一天，老师带全班同学去布鲁克林博物馆，他们迷路了，蕊娜告诉老师，该坐哪班地铁。"如果能再来一次，我会告诉她，就是去科尼岛方向的地铁。我总是这么严肃。"她想变得轻快一些，但没那么容易。她严肃、有活力、焦虑。18 岁时心理测验显示，她需要找到一个系统或者世界观，来理解这个充满威胁的世界，因此，选择现在这个职业是她全面的升华。西医，正是这样一种理性的世界观。有意思的是，她的研究方向是关于动物与性别角色的行为的基因符号。在很小的时候，她就开始探索有关性别的问题，自己心理上到底是男人还是女人。这点一直被压抑，目前这样的尝试非常有趣。

推论

尽管把痛苦内化的孩子平静地忍受苦痛，但是，他们痛苦的形式并不相同。诺兰和蕊娜能够意识到自己不开心。诺兰每天早上坐在床边，排演一天的行程，尤其需要通过这种仪式化的行为来排解和填补内心的空虚。蕊娜充分认识到，职业是对痛苦的升华，以此来保护自我。20几岁时，她觉得自己是个"陌生人"，但是，她并没有简单地远离人群，而是把身体和内心的感受分离。就像她所说的，她用了很多年才学会自我表达。不管怎么样，对她来说，适应问题仍然困难重重。她说："我变得悦纳自我。"从某种程度上说，她已经把这一切合理化，并且接受了自己和他人的疏离。这隐喻着30岁时，她会推迟约会，把精力投入到新工作中。

3人成年后，诺兰感受到了最多的内省压力；乌拉即使感受到痛苦，也只是一点点；蕊娜的程度居中。蕊娜选择的研究方向非常有趣，她试图通过研究DNA来了解人类存在和与性别相关的经验。一方面，这非常有意义，令人敬佩，富有社会价值；另一方面，她通过人工研究有生命的生物组织，来体验人生和快乐。

本研究中，太多的被试从小就被父母讨厌，长大后都出现了矛盾情感、空虚等问题，结果导致自恋。著名剧作家詹姆斯·马修·巴利（James Matthew Barrie，1860~1937年；曾经创造了彼得·潘这个最终胜利者的经典形象）就出身于这种令人心酸的环境。他有一次说，从母亲眼中看不到自己的映像。就在他出生那天，母亲甚至一直都在盯着刚买的新家具，而没有正眼看他。

乌拉刚刚与丈夫分开，她的工作也从来没有干得很久，这样的情况下她仍然感觉良好，要理解这点确实有难度。仅仅是感觉良好，对人生来说是否足够。也许要理解乌拉，就要知道她在心理上"为避免空虚而疲于奔命"。这两个词语非常重要，因为乌拉会给我们留下忙碌的印象（总是想要成为什么，但是没有办法停下来），但同时矛盾的是，她的内心世界非常空虚。为了补偿内心的空虚，她就在外形上做文章，重新从男人和女人那里获得欣赏。她讲自己在一周内不带避孕套和三个不同的男人做爱，但是她甚至都不知道他们姓什么，她把这当做恶作剧。这与内心的空虚感有关，需要通过性行为来填充自己。

复杂的家庭关系

如果说本章 3 个把痛苦内化的孩子有什么共同因素的话，那就是复杂的家庭关系，用蕊娜的话说就是——"复杂的爱"。与此相反，那些把痛苦外化的孩子的父母，问题更加具体和清晰，我们能够把他们细化为一系列的问题（见表 2.2）。他们可以被划分为：过度控制和控制不力两种，这两种之间又有交叉。孩子通过多动来反抗过度控制的父母的进攻，这和他们父母的行为很像。控制不力的孩子心理上很空虚，有无根感，属于不安全依附型，必须要寻找自己的方式，从而从同伴、老师和社会中找到行为的边界。

在 22 个内化的孩子中，7 个在成人后属于不安全依附型，1 个不能归类，其他 14 个（占 64%）属于安全依附型，这个比例要高于 6 个外化的孩子（占 33%）。在本章重点叙述的 3 个孩子中，诺兰属于不安全—拒绝型依附型，乌拉无法归类，蕊娜属于不安全——纠缠型依附型。从诊断上来看，诺兰和蕊娜曾有严重抑郁，属于强迫性人格，乌拉是自恋型人格，伴有酒精滥用。在 7 岁时已经显示痛苦内化特征和症状的 22 个孩子，在 30 岁时有 9 个（占 41%）符合精神疾病诊断。在成年以前，22 个孩子出现了痛苦内化的症状。表 3.2 列出了他们 7 岁时的特征。

表 3.1　内化孩子成年后的精神疾病诊断

1	抑郁
2	轻度抑郁（心境恶劣）
3	焦虑性障碍
4	躯体化
5	自恋型人格障碍
6	强迫性人格障碍

表 3.2　内化孩子 7 岁时的症状和特征

抑郁（悲伤）	脆弱
焦虑	非常被动
恐惧	过度理性
压抑	情感淡漠
情绪不成熟	无动于衷
讲话有压力	过分顺从
强迫	过分负责
完美主义	低自尊
紧张	运动性抽搐
社会隔绝	习惯性动作（比如左右摇晃）
退缩	心身问题（胃痛、尿床、睡眠困难）
嗜睡	

前三章讨论了诸多因素和影响整合下的三种不同的人生轨迹，有时是充满智慧和轻松宜人的，有时充满痛苦但总是很机智。第一章中，讨论的是相对功能良好的家庭，他们的孩子人格和谐、适应良好。第二章中的家庭环境产生了外化的孩子。这又可以分为两个亚型：一种是回应型性格；另外一种因为家庭回馈很少，所以称为阴郁型性格。霍罗威茨（Horowitz，1998）研究了创伤对于症状和人格形成的影响，把后一种称为亏空型性格。第三章讲的内化的孩子，大部分属于冲突型性格，或者称为焦虑型性格。在下面两章里，我们会谈到本项目研究的另外两种类型：一种是早年父母功能良好，但是其成年后出现了心理问题；另一种是早年的养育不太好，但是现在的心理发展却很不错。

第四章
无法实现的承诺

不知道问题的出现形式，它们如何出现？它们会多严重？生活维系着一种平衡，不知道将会是什么？

——马丁·欧·卡德海因，《前往光明城市之路》

（Mairtin O' Cadhain, *Road to Bright City*）

每个孩子的出生都是一个新的开始。每对父母都能通过自己的孩子来重新演绎自己的生活，获得自己在生活中的无法享有的机会。他们可以看着自己的孩子以一种令人兴奋的全新的方式成长，或者以一种令人安心的熟悉的方式成长。一切皆有可能！成为父母意味着对孩子幸福的极度关注。成为发展心理学的研究者，同样也意味着对孩子和他们发展的可能性着迷。基于孩子从母亲那里得到照顾的质量，布洛迪研究的原班人马测量了每个孩子能够得到的照顾保证。在他们的心中，母婴的关系是首要的。在第一年里，如果母亲以一种细心敏感并且有条理的方式，而不是过度控制的方式喂养孩子，研究者会预计这个孩子有很高的几率获得好的成长。

从很多方面来说，这些早期的研究者在他们关于儿童早期发展的假设上是正确的，对年满 30 岁的对象的研究结果也显示他们一些研究预测的正确性。此外，第一章的案例展现了父母的胜任能力，以及他们的快乐是如何有感染力，并带给孩子正面的影响。然而，研究小组的数据并不是完全支持研究者的最初假设，反而在有时证实了环境因素比起早期的母婴关系，对孩子日后的幸福有更大的影响力。简言之，好的早期照顾不能保证好的情绪和行为结果。在本章中，我们考察儿童发展是如何出现问题的，在儿童的心理发展过程中损伤是如何发生的，这些损伤是如何夺走了儿童的幸福和希望的。在 A 组中，26 个母亲在孩子出生后的第一年中非常好地哺育了她们的孩子，大部分父亲也都发挥了有效的作用。但是，在这组中有 8 个孩子（31%）没有得到很好的成长。作为成年人，他们在生活中的重要方面遇到了困难。这一组的 8 个孩子，也同第二章和第三章所讲的那些孩子很不一样：在前两章中讲到的孩子们的母亲（也包括父亲）在孩子出生后采取的照顾方式是很有问题的，这些孩子也在出生的最初几个月起就感觉非常不舒服。在 30 岁时，这个获得好的早期照顾的 8 人小组（5 男 3 女）在 GAF 分数上低于平均值（80 分以下）。他们的分数区间为 60~80 分（中等），意味着这些人有最低程度的精神障碍、一些日常生活功能上的困难，以及对生活的不满。本研究的 GAF 平均分为 81.2 分，这个分数意味着没有精神症状、压力较小、社会功能良好，以及对生活各方面满意。

本章重点关注这组 8 个孩子中的 2 个，我们会看到，他们得到的承诺被夺走了。我们尤其会考察外界创伤的强大影响如何阻碍了一个男孩的早期发展，以及一个女孩如何将复杂的家庭影响内化，这个内化表面上是良好的，实际上却对她的将来有很坏的影响。然后，我们会通过简要的报告，回顾整个小组带给我们的教训。

奥斯卡——当死亡是童年的一部分

奥斯卡是家里最小的孩子，前面有 4 个姐姐。他的母亲被研究者形容为："讨人喜欢的、甜美的、平静的、动作敏捷的，有一种简单质朴的温柔。"在早期研究访问时，当孩子焦躁不安时，这位母亲有一种很有效的亲子能力使她在面对挫折时，仍能维系对孩子的喜爱。她把奥斯卡抱到肩上，告诉他："你是很棒的，即使你老是哭。"关于母乳喂养，她是这么评论的："我从来没有意识到这样会让我们的关系有多亲近，但是我从来没有考虑过其他方法。"通过这样的思考，母亲讲出了婴儿生活中最重要的经验："让孩子感受到与父母的亲近，得到父母的关注，被父母拥抱，被父母解读。"像其他例子中的父母一样，奥斯卡的母亲感觉要等孩子长大一些才需要强调规则的重要性，那时孩子才能理解是因为他做出了危险行为才会被父母严厉地责备。因此，她从未冲到厕所去训练孩子。

也像那些异常有效率的母亲一样，奥斯卡的母亲也是会犯错的。在不太频繁的场合下，观察者注意到她会过于抑制情绪，表现得很含蓄。一位研究者写道："有时候，看起来她似乎失去了什么东西。她的感情实在是太安静了，缺乏亮点和暗处，也缺乏高潮和低潮。我不觉得她的矜持是一种害羞，看起来更像是缺乏一些个性的闪光。有时候她会太看重效率，比如奥斯卡的姐姐打扰到她的时候，母亲的同理心会减退，并且当孩子想要停下来玩一会的时候，她却会继续喂食。"尽管如此，奥斯卡还是逗人喜爱和受欢迎的。他有一种早熟的幽默感，与母亲和姐姐一起玩捉迷藏时表现出一种欢乐，他会遮住或露出他的脸。

在奥斯卡的母亲生孩子以及成为全职母亲前，曾是一个护士学校的老师。她的丈夫是一个神学研究生，全家人仅靠他的一点微薄的奖学金勉强维持生活，居住在一个勉强还算安全的街区。幸运的是，母亲的父母住在附近，会帮忙照看孩子。他们的支援对这家人尤为重要，主要是因为奥斯卡的父亲每天都在阅读，为他实习所在的教堂布道做准备。虽然他对照看孩子的帮助很有限，但这位父亲很喜欢和儿子一起玩，会为他阅读且晚上哄他入睡。当孩子睡着后，他再阅读自己的书。通过对这位父亲的访谈，研究者发现他是一个待人友好、深思熟虑、严肃认真的人，当他讲到自己儿子的故事时，他的讲述是详尽的，且处处洋溢喜爱之情。虽然他每天和儿子相处时间有限，研究者还是把他看做"最好的父亲之一"。

1岁大的奥斯卡是个瘦小的学步者。总体来说，他像父母一样有些压抑，当享受成功或拥抱时，会准备好露出微笑。在他这个年龄，他的身体和认知发展在某些方面是领先于他人的。然而，比起大多数别的孩子，奥斯卡更需要坐在母亲的膝盖上来处理那些会带来挫败感的测试玩具。当测试者把一个障碍物从他身边拿开，或者把一个球藏在屏幕后面时，他会被激怒。描述这对母子的关系时，观察者写道："母亲非常喜欢奥斯卡，并允许他有很多的主动性。她只会在孩子做一些危险的事情或者弄得一团糟的时候进行阻止。她会对孩子说很多话，当他开始焦躁不安时，她会很快地注意到，会经常主动和他进行身体接触。我惊讶于奥斯卡亲吻和拥抱母亲的实际次数，有时甚至会去咬母亲的脖子、肩膀和脸。这种时候，母亲会叫'喔'，但不会去阻止他，她说她不想阻止奥斯卡对喜爱的表达。"奥斯卡似乎有些黏人，享受被母亲抱着的感觉，会花更多的时间与母亲进行身体接触，也就是说，他拥抱母亲的时候比我们看到的大多数孩子都多。

在1岁的时候，奥斯卡表现出一些微妙的情绪和行为上的不平衡，比如他的攻击性情绪、黏人以及容易感受到挫折的倾向。这些问题预见了他在上学第一年时，进一步表现出的不平衡，在那个时候奥斯卡在社会判断上出现了问题，这个困难是他的学校观察者在幼儿园报告中捕捉到的。"奥斯卡孤零零地在教室里游荡，一个人目不转睛地看着班上的孩子们快乐地做游戏。他痛苦地等待机会去加入他们却又不知道该如何加入。他尝试引起别人的注意，大声喊道'我6岁了'。孩子们都无视他。一个偶尔会和奥斯卡一起玩的孩子对他说：'奥斯卡，安静点！'奥斯卡会喊回去：'你是个大笨蛋！'其他的小组成员都对他皱起了眉头，只有一个小女孩对他甜甜地笑着说：'你可以跟我玩。'奥斯卡最终坐下来，和其他孩子待在一起，但其实他从来都没有真正地进入到小组中。"虽然他的课业学习进行得很顺利，老师却注意到他与大人分离时会有问题，还害怕新的事物；他总是固执地坚持正确地完成事情，但同时也缺乏耐心，很难处理批评意见，即使这些意见可以帮他做得更好。老师也注意到，当奥斯卡想要去和其他孩子打交道时，会表现出攻击的倾向。

母亲对于幼儿园时期关于奥斯卡的意见，同观察者和老师有些不同，但也同样正确。她强调孩子有很好的幽默感、好奇心并且精力充沛。在提到奥斯卡在学校和其他孩子相处的问题时，母亲说这是因为他最好的朋友在前一年搬走了，这个朋友不在时他会不知所措。在这些不同的描述和强调的重点中，我们可以看到奥斯卡的问题。虽然父母在养育的问题上有很多理解和温柔的感情，但他们倾向于掩饰或否认孩子的问题。他们忽略了去设置界限，使奥斯卡从未正确地约束他的攻击性；他们也从未完全地把奥斯卡从家庭中推出去，为其儿童中期社会化的发展做准备。

生活的压力也对这个家庭造成了影响。4个大点的孩子耗光了母亲的能量，使她不太有空闲照顾奥斯卡。观察者对这个母亲的意见是"缺乏个性的闪光点"。父亲的神学院工作也榨干了他的精力，直到他最终毕业了，那时奥斯卡7岁。这位父亲的例子，可以看做一个同时承担研究生和父母角色而表现出困难的说明。

回顾奥斯卡的发展，他生命最初的7年预示了父亲毕业后23年间奥斯卡生活中发生的很多事情。虽然大部分事情都超出了观察者和多数美国家庭的想象。父亲从神学院毕业后，接受了一个传教士的任命去管理秘鲁首都利马边境的一个棚户区学校。对奥斯卡来说，这次搬家无疑对他的问题火上浇油。虽然在利马新家所面临的身体上的威胁并没有超过他们过去居住的街区，但是作为在秘鲁的外来人，奥斯卡和家人无法再享受作为社区原住民所有的那种亲切感、活力和传统归属。他的家庭在新环境中缺乏根基，也缺乏亲密的支持。考虑到贫困和缺乏经验的因素，这些问题在一定程度上加剧了。

在 30 岁时，奥斯卡在没有外来者身份的修饰下，描述了他在秘鲁经历的一系列冲击。这个瘦削的男人很严肃地讲述着，有时候讲得很有活力，有时候则露出嘲讽的笑容。他讲到，8 岁的时候，他和新朋友在街区边缘的垃圾废弃场里玩寻宝游戏，发现了一个年轻男性已经腐烂的尸体。几个月后，他看到了一位女性的奇怪行为：当一辆大卡车开来时，她撞了上去，卡车司机想停下却已经晚了，她就死在奥斯卡的面前。"是自杀吧。"当时的奥斯卡这么想。他的鼻腔里似乎还停留着卡车柴油残留的味道。初中的时候，一帮警察进入了他们的街区搜寻革命分子，街区的一些青年男孩一起向警察扔石头，他姐姐的男友被警察击毙。高中的时候，他失去了最好的朋友，那个朋友在年轻人的帮派斗殴中被人用刀刺死。

我们询问奥斯卡，这些死亡是如何对他产生影响的，是否到现在依然对他有影响。他说："因为我所生活的地方，死亡似乎总是我生活的一部分。但是，印象中我第一次去处理死亡问题，是在我最好的朋友死于斗殴之后。他和我在刚开始的时候互相厌恶对方，一开始总是发生争执和打斗，后来我们渐渐变得亲密起来。他被杀死的时候我并不在场，但当我听到这个消息的时候，我无法相信，就好像我完全不能去反应。我止不住地回想我们最后一次聊天的情景。我刚告诉他等我在这里的学业结束，我和家人会回到美国，因为我的父亲得到了另一项任命。我的朋友说他会攒钱去美国看我。我对他的死亡没有太多其他的记忆，除了父母在很久之后告诉我，当他们在晚上进入我的房间时，发现我在哭，看着一张他的班级照片。当姐姐的男友被杀后，我可以记得更多关于他的事，因为他喜欢玩音乐，我会这样想到他。我和姐姐有时候依然会听我们制作的他唱歌的磁带。

"我在朋友的葬礼上表现得很奇怪，那是一个宗教仪式。事实上，我称之为反宗教的仪式，因为我对宗教很失望。这对我来说很奇怪，因为我是在一个宗教背景的家庭中长大的。我不停地看着那口棺材，里面装着他的尸体。我相信如果我努力去看，我可以找到他身上的那些伤痕。这些事情对我成年后的性格有什么影响？我在儿童的时候经历了如此多的暴力事件，一定程度上它们使我对暴力和死亡都麻木了。它们让我觉得生活就是这样的，如果你关心某人，你最好多花点时间在他们身上，和他们一起待着。"

现在，奥斯卡在波士顿的一所贵格会学校教授高中的西班牙语和英语文学。他很享受和学生在一起，但是会和学校管理者在规则上发生冲突。作为一个偶像破坏者，奥斯卡说："我相信神的存在，但不相信《圣经》。我喜欢在乡村漫步，你不能只去看自然的美而不去注意到它的意义——我将'人'排除在这个描述之外，我也不相信某些更高级的力量创造出了这些。人是这个系统中扭曲的部分，他们把一切都搞砸了。"虽然带着这样一种犬儒主义的态度，奥斯卡依然继承了父母的理想，希望帮助他人通过精神和非物质的方式让生活变得充实，这些好的目标表明了他是一个有着深刻的性格和价值的人。他的愿望就是有朝一日可以和姐姐（失去男友的那个姐姐）一同建立一所属于自己的学校。

通过某些方式，奥斯卡确实实现了他童年早期的承诺，虽然他也同样遭受了极端的内心困扰。他经历过重度抑郁、自我怀疑和孤独的时期，他有严重的幽闭恐惧症，这使他常常花上半个小时来等待电梯和扶梯，直到人不太多时才敢搭乘。他遭受了可能是情绪低落造成的躯体化症状：失眠、长期消化不良和头痛。他明显不像他想象的那样已经对死亡和丧失失去敏感：他也曾经经历过一段时间严重的酒精滥用。毕业后女友很快离开了他，于是他用酒精来自我麻痹。尽管在回国后，他意识到当时是因为一种责任感而计划同女友结婚，他们在一起已经三年了，而不是因为他对她的感情有那么强烈。他从此之后就再也无法和另一个女性维持一段成功的关系。"我关系中的问题主要是，我在喜欢女人的时候，就会非常地依恋她们，会时时刻刻地想着她们。我不断地想要给她们打电话来确认我同她们的关系，而且我也很容易嫉妒。和那个已经同我分手的女友在一起的时候，我把我的整个生活都规划好了。但到现在，我还是从来不确定爱是什么，也从不确定可以指望什么。这使我在女性面前建了一堵墙。

我真希望我同女人在一起的时候能更少的分析思考，更多的自发自动。"

奥斯卡在自发性上的困难导致了他在性的问题上非常地压抑和冲突。在同那些与他互有好感的女性的友好关系中，他禁绝了身体上的亲密，因为他害怕自己会伤害到她们，他混淆了正常的性欲和攻击性；作为替代，他成为一个忏悔者。他感觉到自己无法相信一段关系可以持续下去，担心如果他同一位女性保持了身体上的亲密而关系又无法持续，则会带来太大的伤害，这样一段友好的关系也冷淡下来。

虽然奥斯卡认为，他对爱、性、确认和攻击性情感的困惑状况开始于他未婚妻的背叛。但是，我们应该考虑他生活状态谜团的一些其他重要来源。有可能奥斯卡无法相信关系可以持久的问题开始于他成长中无所不在的死亡。他早期遇到的多次丧失和死亡的暴力实质耗尽了他的信任能力，占满了他的情感生活，因此他的确定感，尤其是在性上的确定感被这些暴力的意象严重影响了。

我们对奥斯卡问题的回溯不应停留在死亡带来的创伤性经验上，还应追溯到最早期的儿童生活，也就是在他们家搬去秘鲁之前。作为一个孩子，奥斯卡在其他家庭成员在场时非常协调，非常地黏母亲。在发展测试中，如果他的玩具被拿走或消失了，他会非常愤怒地被挫败，而且需要坐在母亲的腿上才能行动健全。在上学的第一年，他和其他孩子的社交尝试显得很糟糕，他尝试的方法总是不确定的，他的碰撞和大喊大叫显得粗鲁。因此，对奥斯卡来说，有很长一段时期对丧失和分离很敏感，甚至对失去没有生命力的对象（如玩具）都很敏感。很有可能，他的每段丧失经历都被一种情绪状态所强化，这种情绪状态逐渐扭曲了他的心理发展。追溯奥斯卡的发展，他经历了婴儿期对母亲在场与不在场的准确、敏锐的感知，学前期和小学早期的情绪化和与同伴的疏离，以及贯穿于儿童后期和青少年期的与死亡和丧失相伴的体验。等他成年后，他发现关系都是令人痛苦地无法掌控与难以预计。

现在，奥斯卡似乎还在承受一种延长的哀悼反应，一种长期的创伤后应激障碍，这种反应伴随他成长中经历的许多冲击。这些创伤很容易对他造成损伤，导致他在很早的时期就表现出情绪的不稳定（在他们家搬去秘鲁之前）。奥斯卡依然很喜爱父母，并与他们保持联系。他们每周通一到两次电话，他每个月或每两个月去纽约看望父母。他的父亲在神学院执教，母亲在管理一家护士学校。他对童年时期的父母印象的描述是很友善的："他们是有爱心的、支持的、理解和亲近的。父亲像一块岩石，教导我如何成为一个好人。他们告诉我，你做的每件事情都会影响到别人，这是我生活到现在所依仗的处事原则。"他描述的言辞同研究者对其父母的实际印象是一致的。但是，相对于本研究中那些属于安全依附类型的成人，奥斯卡不能回忆起一些具体事件来支持他选来形容父母的这些词汇。事实上，他选择的那些事例最后的结局都是糟糕的或者模糊不清的。例如，13 岁的时候，父母慷慨地为他举办了一场大型生日宴会，但来的客人不小心打破了窗户；有一次，母亲对他失去了耐心，痛苦地用手指掐住奥斯卡的胳膊来限制他；还有一次，父亲对孩子们失去了耐心，打电话回美国想安排他们回美国的寄宿学校（很久之后奥斯卡才知道，这通电话是父亲假装打的）。他描述所用的好的形容词和不愉快的特殊事例之间的反差，使我们感觉他和父母之间的依恋类型是难以界定的类型。他所爱的客体和痛苦回忆之间的混合，也可能源于他生活中许多未处理的丧失。一直在进行中的哀悼扰乱了他，使他难以维持一种关于自己的稳定叙述。

他提供的回忆中反差可能最明显的一段，是当他尝试解释为什么他形容父亲为"亲密的"和"敏感的"。"父亲从来不打我，当我做错事的时候，他就会连续好几个小时地教训我，会让我坐在一张椅子上讨论我做错的细节，会引用《圣经》中的段落来表达他的观点，之后会询问我是否理解他的论点。在我表示理解和接受之前，他是不会停止的。在那些日子里，我们经常长谈，现在我们更多讨论我们所担心的东西。我让他戒烟，他也会给我很多启发式的信息帮助我理解我生活中的困难。"

在奥斯卡的记忆中，我们看到了一对体面的父母尽他们所能，辛勤地工作并养育 5 个子女。我们看到，父亲对奥斯卡的责罚（可能是恐惧无法在危险中保护自己的孩子）更多使用的是语言上的，而没有进行体罚。用临床工作者的方式倾听，我们也会好奇是否父亲在奥斯卡成长过程中的布道减缓了奥斯卡从心理上与家庭分离的过程。父亲的严厉态度有可能导致奥斯卡采取一种愤怒的方式对待他的同龄人，这影响了他对男性身份的感受，一定程度上导致了他在对待异性关系上的无力。我们也会考虑到这样的可能性，父亲的智性和情感的抽离——他对于神学和使命的投入——影响到奥斯卡的母亲同孩子之间的关系，也许这就是早期观察者所注意到的母亲所"缺失的东西"。这些父亲和母亲的困难，造成了奥斯卡在成长阶段对分离很敏感，并且总是挣扎于孤独感。

奥斯卡18岁时的心理测试结果支持了这些假设。测试结果显示，奥斯卡：（1）对情感有很强的防御；（2）中度情感表达障碍；（3）受到一个死于刀伤年轻人的意象的严重影响；（4）中度抑郁；（5）注意力集中上有困难。这些结果与受到死亡事件影响的创伤后综合障碍患者的情况一致。他的测试结果也反映了，他比同龄的青少年遭受了更多在性行为上的冲突，对于其性别角色认同上也有更多的不确定。奥斯卡的消极也许是他在童年期遭遇的暴力和死亡的一种反应。他对性的冲突与父亲迫使他听从布道戒律导致的消极是一致的，可能父子之间这种长期的互动会使他们之间的关系性欲化，阻碍了奥斯卡对女性的性唤起。此外，也有可能奥斯卡感觉受到4个年长的、有时态度专横的姐姐的威胁，结果他面对女性的反应变得更加复杂，虽然奥斯卡的心理测试结果和他的记忆都没有明确地指向这个方向。

布洛迪博士在奥斯卡刚刚高中毕业后对他进行了访谈，她当时并不知道奥斯卡的心理测试结果，也不清楚奥斯卡在秘鲁的遭遇。奥斯卡在那个生活阶段中从意识层面压抑了那个时期的遭遇，因此在他与布洛迪博士的访谈时也没有透露。即使如此，布洛迪在报告总结中还是有洞察力地指出了一些符合他心理报告的东西：他看起来很疲惫和挫败，好像经历了很多东西；另一方面，他很温柔，完全地友好和配合。但他看起来有些隔绝，好像失去了内省能力，或防御很强。他身上有一种紧张感，使他很难保持自由或者轻松。心理治疗可能会给这个男孩有效的帮助，使他将来获得成长和发展。

遗憾的是，到奥斯卡30岁时，依然没有获得很好的发展，如果他能得到一段有益的关系，他的潜能有可能开花结果。他当前的个性图谱隐含了很强的阉割焦虑和面对女性的虚弱感。这些年来，他都抗拒心理治疗，因为他广泛地阅读了心理学，并想象自己同一名治疗师在竞争。在此，作为临床工作者，我们可以听到这种父子关系的回响，了解到这样的关系是如何使奥斯卡过于脆弱而难以面对一个治疗师。现在，奥斯卡报告说，通常他情绪是"平静的"。我们问他到目前为止体验到的最大的喜悦是什么，他简洁地回答说："我还没有体验到。"他强调，他将来生活中最大的喜悦是组建一个家庭，培育快乐的孩子。他们不会让孩子感觉到孤单，他这么说，是因为孤单是他最大的担忧和负担。

一想到独处，奥斯卡就会回忆起自己儿时经常出现的一个噩梦。在这个梦中，他抱着一块巨大的岩石和一把大锤。这两个东西的重量给他的身体带来极大的疼痛感，但他无法放下任何一样。只有从梦中惊醒才能结束那种疼痛和绝望感。奥斯卡最后一次做这个梦是在他快要 12 岁时，那次梦结束的方式和平时不同。他梦到自己带着那块石头走到浴室，在浴室中他的姐姐（就是那个失去男友，以及准备与他一起建立一所学校的姐姐）正在洗澡。他把半块石头扔进了脏衣服篓，另半块石头交给了姐姐，并告诉她，他再也抱不动这块石头了。

听到这个梦时，我们可以感受到奥斯卡创伤记忆的分量、他的家庭为穷人效力的道德责任感，以及他的孤独。我们也记得，他形容父亲像一块"岩石"，在他对父亲的描述中"岩石"代表正面的意义。但是，我们现在可以从这个梦中了解到，他无意识中感觉到父亲带给他的负担，就像梦中的那块大岩石带给他的。现在，奥斯卡有一个新的不断重复的梦：他救了一个差点被车撞死的男人，就像他小时候目击的那个被大卡车撞死的女人，他不断地让那个走在街上的男人保持警惕和注意力。他救的这个男人恰好很有钱，为了报答奥斯卡，给了他一大笔钱。奥斯卡用这笔钱帮助父母和姐姐生活得更好一些。奥斯卡是一个非常慷慨和无私的人，这是他成长的证明。但是这样一种成长，建立在他面对死亡的遭遇、母亲的软弱和父亲带给他的压力的基础上，一定程度上限制了他的情感自由。

奥利弗——另一个姐妹

有时候，改变孩子生活轨迹的不是创伤或者逆境，而是偶然事件。偶然事件是一种"无辜"而又很重要的存在，比如妹妹的诞生。这是奥利弗的命运。在她5个月大时，父母孕育了另一个孩子；在她14个月大时，她的妹妹——罗斯诞生了。这个新到来的小生命使奥利弗的成长过程变得极为复杂，从一种幸福无忧的婴儿状态到一种完全无法预测的生活方式，这种变化与奥利弗和父亲随后形成的联结有关。同时，伴随奥利弗的早熟，她失去了和母亲的亲密关系。

奥利弗的父母都是斯堪的纳维亚的移民，从高中起就结婚了。她的父亲是一个鱼贩子，母亲在工厂流水线上工作。他们的前两个孩子在结婚早期就出生了，然后过了10年（这超出了他们的预计），当母亲34岁时怀上了奥利弗，又过了14个月，罗斯出生了。当奥利弗出生时，母亲停止工作，父亲开始做两份工作，后来又增加到三份工作。罗斯的出生使这个家庭完整了，也使他们狭小的下东区的家被塞满了。他们一家人住在一所公寓中，厕所在楼梯间里共用，浴缸在厨房里。

奥利弗的母亲是一个活泼、穿着简单的女性，她性格随和自然，就像她在第一次访谈中说得那样："不论发生了什么，我都能应付。"她的微笑是甜美和开放的，她的声音很流畅，她说话的时候常用手的动作来强调含义。她性格较为实际，很轻松地接受了项目提供的咖啡和甜甜圈（但是拒绝了地铁的费用），又自己加了奶油和糖。她在大家庭中长大，也养大了两个适应良好的孩子，她是自信的，也是孩子的好观察者。她能够欣赏孩子们的不同之处，也了解他们的长处和短处。

奥利弗的父亲虽然和孩子相处的时间不多，却非常了解孩子生活的细节。他很英俊，能够胜任两种体力工作。尽管如此，他对孩子们的欣赏比较被动，总是把对他提出的关于孩子的问题转给妻子："问她，她是老大。"相应地，奥斯卡的母亲一贯对孩子们的成长感到满意。当有问题出现时，她更多地把问题当做挑战来对待，很少因为这些问题而惊慌或焦虑。

她讲到的育儿原理有：（1）用说的方式来强调规则，注意说话的声调，不要让孩子感觉自己有特权；（2）打屁股是最后的手段；（3）在1岁半左右母乳断奶，在3岁左右奶瓶断奶；（4）3岁后再训练上厕所；（5）从不让婴儿单独待着，除非有人在隔壁；（6）从不让孩子单独过夜，除非有其他家庭成员陪伴。虽然坚持这些原则，奥利弗的父母对孩子们还是很宽容的，给孩子们足够的自由来发展他们各自的生活步调和偏好，也让他们可以去探索他们住的街区和朋友们的家。这对父母的大部分规则，都是为了维护孩子们之间的和平。

这是观察者在第一年对奥利弗和她母亲的描述："奥利弗的笑容马上就融化了我的心……她是有活力和强健的，很专注，也有一种内在的平静……她的发展是有些超前的……似乎母亲做的一切事情都不太费力，孩子看起来非常满足也得到了很好的照顾。母亲是坚定的，有效率的，动作简洁，并且为孩子感到自豪。她有一种非常好的能力来预测奥利弗的需要，有时也会延迟对奥利弗需要的满足（如果她不得不这么做，或者是奥利弗要求的太多）。这位母亲同孩子一起时很快乐，经常同孩子一起玩。奥利弗是我所见过的最乐于回应的孩子。"

在奥利弗6个月大时，母亲告诉布洛迪博士，她又怀孕了。她不太好意思地说："另一个孩子来得太快了，不是么？"还没有等到布洛迪博士做出回应，她又积极地讲道："我们一直都在推迟搬家。现在我们确实需要搬家了。"父亲又增加了一份工作，周六在一间汽车配件商店上班。这个家庭在皇后区买了间有三个卧室的房子。另外，母亲把这个即将出生的孩子也加入到研究计划中（见罗斯，第一章，成功的故事）。主动让另一个孩子参与研究计划，看起来像是一种示好的表示，也许是为了补偿当奥利弗还在母乳喂养时就怀孕而产生的内疚感。事实上，这个母亲也表示她很乐于去拜访曼哈顿上东区的研究办公室，同医生们聊聊天，看看路边那些明亮的、时尚的橱窗。

当奥利弗和罗斯都参与研究时，我们可以很近地比较这两个孩子的成长，并了解这位母亲对于这么快就怀上下一个孩子的担忧是否正确。同奥利弗一样，罗斯接受了标准的母亲照顾，也同样健康成长。但罗斯的诞生意味着奥利弗在第 14 个月就断奶了，比母亲预设的阶段要早 4 个月，她被挤到了母亲的围裙边，而罗斯替代了她的位置接受母乳喂养。此外，连续两次怀孕导致母亲出现了严重的甲减（甲状腺机能减退症），在其后的两年她的活力严重降低，直到她的甲减问题被检查出来并得到治疗。这些情况对奥利弗的影响在短期内并没有显现出来，但是变化慢慢地渗透进她的性格之中，直到多年后才显现出来。同时，一个家庭中所有成员都承认的转变发生了——奥利弗成了父亲最爱的孩子。母亲讲道："我丈夫回到家时非常容易发火，但他很乐于用他的方式同奥利弗相处，也许因为她是他的心头肉吧！"父亲有时讲到罗斯时，会有些漠不关心："这孩子有点吓着我了。奥利弗跟我相处得就很好。"长大后，罗斯报告道："父亲会更多地关注奥利弗。"就连奥利弗自己在 30 岁时也认为："父亲似乎对我比对其他兄弟姐妹好些。也许是因为我们的头发都是黑的。在拉普兰人从木棚回到原先国家的故事里，其他人的头发都是金色的。"从一个发展心理学研究者的角度来思考，我们可以考虑到，也许父亲发现罗斯出生以后，奥利弗需要他的关注。无论如何，这些年来父女之间的关系一直都保持得很简单和友好。

这项研究一前一后地跟随着奥利弗和罗斯的成长。研究者可以一起对她们开展研究，为其中一个孩子拍摄同母亲玩耍的录像时，另一个孩子就在接受测试。在大量的研究和测试中，这对姐妹发展平行，都有很好的预期。事实上，奥利弗并没有像一个过早从母亲那里断奶或者像两姐妹中较为年长的孩子那样，表现出明显的发展问题，比如与母亲的分离焦虑。罗斯（而不是奥利弗）在好几年中都需要母亲陪伴才能入睡。母亲回应道："奥利弗只有在不舒服的时候才来找我，也许其他时候她对我厌倦了。她会从父亲、哥哥或妹妹那里获得更多的娱乐。"

直到奥利弗 6 岁时，她的发展报告才开始同罗斯分开，"她们不再是同样的孩子了"，观察者这么说。在某天拜访她们时，奥利弗的测试者写道："她是很有竞争力的，很享受独自一人，从获胜中能得到很大的乐趣。她曾经忍受了一整天都不得不等待罗斯进入状态。但奇怪的是，小 1 岁的罗斯似乎在情感上发展得更成熟。奥利弗看起来不太有安全感，除非她掌控了形势。虽然她声称她的娃娃是她最喜欢的物品，她却表现得很羡慕罗斯的娃娃。还有，奥利弗有时候看起来会用谈话来掌控形势，且时不时地会强迫性地引入不相干的话题。"

在此，我们才第一次得到线索，奥利弗并不像妹妹那样有安全感，也缺乏坚实的自信。为了补偿她的不安全感，她尝试去控制对话的方向，虽然她的控制尝试还不太规律，也有点强迫。这些不良的迹象很微妙，幼儿园观察者对她的描述是适应良好的："她很有活力，有竞争力，得到很好的指引。"奥利弗受到普遍的喜爱，那些已到校的同学们会跑到巴士上说希望她也在。她是个乐于助人、招人喜欢的孩子，但有一点值得注意：她有时表现得好像更多是为了获得老师的关注而不是为了她自己。

在 7 岁的时候，奥利弗继续表现得很好。她的机灵和 IQ 分数同妹妹相当。她的顽强表现、专注力，以及对成功的欲望给测试者留下了很深的印象。奥利弗依然努力给别人留下良好的印象，并希望获得老师的注意。对提问做口头回答时，她抑制自己，只对问题给出简短的回答，并且在解释上有些困难，好像害怕会说错一样。比如，当问"在学校最喜欢的是什么"，她回答得很简洁："你学到更多东西。"当问"最不喜欢的呢"，她回答："没有。"她迫切地要讲一些有趣的事情，但是与学校无关，比如在操场和朋友一起玩、和母亲在一起。

当访问结束时，她回到母亲那里，依偎在母亲身边，"似乎所有紧张的情绪都释放出来了"。研究者总结道："奥利弗是个内向、害羞的孩子，她有真正的能力表达和分享情感和知识。但是，她的情感交流更多是通过一种非语言的方式。她对陌生人和新环境有种非现实的害怕和担忧。她依赖于从母亲那儿获得安全感和幸福感。尽管如此，她平静和亲切的性格使很多人喜爱，并乐于与她相处。虽然面对任务时她很紧张，但她对任务的坚持是值得敬佩的。她还没有意识到自己的优点和吸引力。她自我表达的信心也许会随着她意识到自己的好品质而增强。"

比较 7 岁时的奥利弗和罗斯在儿童统觉测试中讲的有关动物的故事是很有趣的。两姐妹在同样的家庭环境中长大，她们讲述故事的主题是很相似的。只是奥利弗的故事更多地强调母兽提供的保护、食物和养育，还比罗斯的故事包含更多的反抗和嘲笑的场景。罗斯的故事中有更多的愤怒指向父兽，对同胞手足有更多的喜爱和对抗。测试的结果显示，7 岁的奥利弗更关注母亲的养育，比罗斯有更多内在的愤怒（通过反抗和嘲笑间接表现出来）。罗斯可以直接地表达出指向家庭成员的更广泛的情绪，包括正向和负向的。

对母亲来说，两个孩子在 7 岁时都很快乐，表现得也很好。她感觉奥利弗比妹妹表现得更安静，也更情绪化。她也觉得奥利弗不像妹妹那样能够接受嘲笑或羞耻感。她举了一个例子，那是一个很热的周日下午，一家人和来访的亲戚们一起在后院里。奥利弗穿的泳衣上衣不停地往下掉，最后父亲突然把它给扯掉了。母亲回忆起奥利弗的反应，她哭着大喊"野蛮的凶手"，好像她遭到了袭击一样。这样伤心的表现对奥利弗来说是不寻常的，通常她因为输了比赛或者被嘲笑而情绪不好时，她的反应只限于不愉快或易激惹。母亲也补充说："因为罗斯占用了我太多的注意力，奥利弗感觉被忽视了。我丈夫喜欢在周末早上去滑冰，我们决定让奥利弗和他一起去，然后剩下的人在家里睡觉。奥利弗很喜欢这样，这让她感觉到自己有了对她来说是特别的东西。"

十多年后，奥利弗作为一个高中生回到了研究计划。这些年里，这个家庭还是不错的。奥利弗的生活中也没有什么外部创伤事件，她的家庭也比最初时的状态改善了很多。父亲把原来的三份工作减少到两份，他们新家的贷款也差不多还完了，母亲也在家庭之外找到了一份不错的工作（在一所学校做文员），孩子们也几乎都长大了。在稳定的家庭中成长，有关心孩子的父母，奥利弗的表现肯定了观察者在她 7 岁时的预测：当她意识到自身的优点后，她的信心和表达能力会提升。布洛迪写道："她是一个漂亮、开放、自信和健谈的少女，她的样子看起来有点像一般印象中的吉普赛人——黑皮肤、用丝巾盘起来的卷发。比起她儿童期的沉默，现在她是友好外向的。她有很多朋友，也在学校合唱团里交了一个男朋友。

但是，她也有一些让人注意的地方："到目前为止，她都没有方向，也没有发展出什么兴趣。她的学业志向就是去一所社区学校，这是低于她的潜力的。也许这种观点是我的偏见，因为她实际上说过，她不想只在单一的领域中求学或工作。虽然她对这些想法很开放，我的感觉是有什么东西阻碍了她坚持某项活动，或者致力于某项事业，尽管她自己也说她不排除在将来会去做这些。虽然她是有活力的，也有很好的感受力和人际关系，我还是感觉到她身上有种不安的力量想去体验太多不同的东西。这可能是因为她还年轻，但是我认为不仅如此。这似乎有种夸大的性质，也许源于她对自己和父亲的关系中优越位置的无意识内疚。总体来说，奥利弗做得很好但是还没有完全发展出她的潜力。确实，她良好的精神状态也反映了她从母亲那里获得的关爱，但是她还需要更多的积极性，能从'对我将来的想象'中获得乐趣。将来如果她对自己感到失望，我不会对此表示惊讶。"

这是我们第一次听到一种清晰的对奥利弗的担忧，似乎有什么不太对劲（太多的焦躁不安、太少的志向），这种担忧同她与父亲的关系有关。这个少女自己告诉布洛迪博士："我可以放弃我从父亲那里得到的任何东西，但是罗斯会对这些东西大喊大叫。"父亲对她的偏爱，似乎没有保证她对父亲的喜爱。18岁的她抱怨父亲总是很容易发火（当他在两份工作结束后回家或者在周五晚上和朋友一起喝了太多啤酒的时候），她也有些难过地讲："他和我不太交流。他也不太知道我在做什么，我们之间没什么可谈的。如果我和罗斯在一起吵架或者把音乐放得太大声，他只会朝我大喊。我会无视他，罗斯就会向他喊回去。"

奥利弗的报告传递了难以预计的非线性发展，以及家庭关系中的多维度。虽然她"无视"了父亲的大喊大叫，却注意到他容易发火、喝酒和缺乏交流之心；而罗斯则为他的这些问题开脱，因为他工作很辛苦，回家后很疲惫，是个乐于奉献的男人。事实上，罗斯向父亲喊回去说明了她实际上在情感上更自由，而不是陷在她和父亲的关系之中。从表面上看起来，这两个女孩是相似的，都是快乐、友好、体面的学生，也都没什么学业上的野心。但是两姐妹当时的心理测试显示，她们内部情感的发展朝向了不同的方向。

罗斯的测试结果描述：她是"一个有着正确自我意象的年轻女性，对于自己是什么样的人，想要成为什么样的人，很有决心。她对于她的周围很敏感，而且有意识。"这些都属于正常的青少年发展。

奥利弗的测试结果则不一样："她的紧张和内部冲突看起来同她想要独立的愿望有关，但是这个愿望与她想要得到照顾和想要依赖是相违背的。"从某种程度来说，奥利弗在生活中努力地从不太成功的尝试走向了独立，尤其是从母亲那里独立。她完成的投射故事表明，她在现实生活的竞争环境中会有怯懦、不正确和难以自我确认的感受。她有一种魔幻的观点，认为她的想法可以改变现实，她也会因为这种思维模式而体验到焦虑；她还有一种夸大的感受。这种魔幻的思考和夸大的想法源于低自信和低自尊。除了对母亲角色支持的需求之外，她也有一种对母亲角色的矛盾态度（如拒绝）。奥利弗的回应中还体现了一种冷酷和疏离。她对父亲也有一种未处理的感受，她形容父亲是友善的、有同情心的和不太有用的。她的性别身份认同也显得不太可靠，表现出一种被动的、有些夸张的女性自我表现方式。她的优点在于她有动力和能力来接受挑战，但那得是她想要接受的挑战。

这似乎不是一个心理健康的 18 岁女孩的图景，心理学家给她的诊断是不成熟的人格。似乎奥利弗过早失去了母亲的全心照顾，这导致她有一种对母亲的依赖、独立和拒绝的无意识的情感困扰。她对母亲照顾的丧失有多种原因，包括罗斯的出生以及母亲出现的甲减症状。对于她这个年龄的孩子来说，母亲在她潜意识中的出现过于强大。此外，有可能奥利弗对母亲的情感疏离早于 14 个月，也就是从母亲准备生产的过程中可能就出现了。在对奥利弗的测试中，父亲的形象更为正面；但是，过早同父亲建立的过度亲密关系妨害了奥利弗的发展，使她表现出被动的、过于强调女性特质的行为方式。

高中之后，奥利弗没有决定是否离开家。她去了一所社区学校上学，并在宿舍住了一段时间。在离开学校工作后又搬回家住了几年，之后又搬出来重新上学。30 岁后，也是在更换了各种工作后，她即将完成物理治疗师的训练课程，现在，正热衷于受伤儿童复健的实习工作。她继续发展她对人和社会的观察者角色，逐渐成为一个自我肯定、思路清晰的健谈者。

和她的事业相比，奥利弗和男性的关系则处在混乱之中。她告诉我们，在19 岁时她发现金钱的诱惑比完成学业的愿望更强。就像家中的每个人一样，她是个很棒的溜冰者,这是一种斯堪的纳维亚传统,也是她和父亲一同滑冰的结果。对她这样的年轻女性来说,挣钱并不困难,通过教小孩子花样滑冰或者参加冰上表演就可以有不错的收入。她曾经做过一款滑冰裙的产品代表。就像她的父亲和兄弟姐妹一样,她会毫不犹豫地同时接受几份工作,并热衷于所有的活动。对她来说,她的问题在于她的冲突倾向,她卷入了同老板的情感关系中。她发现自己对所在企业的成功有过度的责任感,这样一种责任是超过了她的角色和职能的。她会因为滑冰学校、演出或者服装制造厂做的不如她预想得好而感到愤怒、难过和义愤填膺。作为临床工作者,我们发现了心理学家在她 18 岁时就注意到的反应(如夸大、魔幻思考)。

奥利弗谈到,她在三年前忽然意识到自己需要一份"真正的"工作。她考虑物理治疗的工作,因为她在滑冰的工作中多次受伤,扭伤过踝关节。她打好几份工来支持她上学的费用。通过这种方式,她掩饰了布洛迪博士所担心的对承诺的害怕。她将自己对物理治疗师事业的坚持(她的儿童期观察者发现的一种特征)归功于一位她欣赏的女性教授,这位女教授后来成为她的朋友和导师。作为研究者,我们注意到奥利弗发现女性可以满足她的依赖和照顾需求,同时还能够帮助她走向独立。值得注意的是,奥利弗的报告中也发现了她有时会对身体和情感上强健的女性有性幻想。但是,她在现实生活中从未和女性发生性关系,虽然她有这样的意向。

当奥利弗从高中毕业后,布洛迪博士好奇她是否会在高等教育上进行个人投入。在这个女孩身上,她表达了自己对奥利弗缺乏学业兴趣和集中点的意见。作为后续的观察者,我们可以说奥利弗的情况确实如此。事实上,她跟从了这个家庭的发展方向:年长的兄弟们都是滑冰者,而努力工作似乎已经成为这个家庭价值中的一部分,似乎在这个家庭并没有追求知识的传统。

尽管她的职业生活是忙碌的、满意的,但在 30 岁时,奥利弗并不快乐,她渴求一段稳定的与男性的交往关系,并想拥有孩子。但她依然热衷于折腾自己,选择不合适的男性交往,或者破坏掉一段潜在的好关系。这就是她麻烦而又痛苦的个人生活,对于一个年轻女性来说,这标志着她早年获得良好照顾的承诺的保证已经消失了。她有过很多不持续的、短暂的心理治疗，但从去年起，她开始接受一位女性心理学家的治疗，这一次她觉得她可以去学习如何停止这种重复的破坏性的关系模式。奥利弗讲述了她选择或者允许自己和那些男人外出约会不合适的理由——他们已经结婚或者对发展一段认真的关系没有兴趣。她解释说，她对男人的糟糕选择是与她对父亲的愤怒相联系的，父亲极少跟她分享想法，或者极少在家。奥利弗所不知道的是，她对父亲的缺席有一种潜意识的愤怒，因为父母相互喜爱对方，这种情感与她对要和妹妹一起分享母亲而产生的敌对性愤怒相似。除了同不合适的男人交往外，奥利弗还坦承自己也选择过那些后来表现得很卑劣的、酗酒嗑药的男人，她自己也曾酗酒嗑药过。她也与那些在种族或信仰上不被她保守的父亲认同的对象交往过，她的行为引起了家庭中的争吵，导致她最终不得不与这些男人分手。她感觉到，她对于发展稳定关系的无能为力，是同她和父亲的纠缠有关，但她依然去寻求这些不可实现的关系，她现在的男友明显也属于过去那些糟糕的类型之一。

当我们要求奥利弗给出一些对父亲的形容词，她答道："他总是不在家，有些冷漠……当他想要喝酒或者喝了太多的时候很糟糕。一个聪明的、嘲笑他人的人，不友好。虽然我知道这是有点矛盾的，因为比起其他人，他给了我更多的注意。"

妹妹罗斯在形容父亲时说："他有爱心、讨人喜爱，工作努力。"也许罗斯对父亲亲近的需要并不像姐姐那么强，结果罗斯对父亲有更多的容忍。而奥利弗感到失望，她对父亲的爱是没有回报的。奥利弗对父亲的情感如此之强，明显地在无意识中将自己对父亲的幻想性欲化了。也许父亲对她也有情欲化的情感。奥利弗小时候，在她家后院的聚会中，当父亲把她不断往下掉的泳衣上衣扯下来的时候，她爆发出来的愤怒和无法抑制的崩溃暗示了她对当时经验的性欲化。在大部分家庭中，如果父母对7岁的孩子做这样的事情，这种行为极少带来情感反应，或者就被遗忘了（7岁通常还处于不懂事的年纪）。奥利弗在30岁时，自发地回忆起这段经验，来解释父亲的麻木无情。她说："他把我的上衣扯下来了，这让我感觉受到了羞辱。"这段经验在她的记忆中盘旋了23年，并且是作为性侵犯留下来的。

她成年后同男人的关系通常都很短暂，让她感觉到被利用和自我义愤。她总是强迫性地重新回想起她对自己与父亲关系解释的不同方面，她能够理解这种机制，但是无法控制（对此她也无法思考）。

我们比较奥利弗同罗斯在 30 岁时的成年依附访谈，结果与她们在童年期不同的情感经验一致。罗斯是安全依附类型，反映了她成长中同父母的联结是友善和稳定的。相反，奥利弗的结果显示她的依附类型是不安全的，以及情感上迷恋的亚型。奥利弗的不安全—迷恋型得分与她边缘人格障碍的临床诊断一致。这个诊断基于她不稳定的情绪、不稳定的人际关系、在关系开始时对对方强烈的理想化和之后对其的贬低、情感冲动，以及物质滥用的历史。

奥斯卡和奥利弗的经历表现了两种不同的发展路径，从好的开始到不理想的成年早期。在这两个案例中，对父亲的矛盾情感经验都扮演了很重要的角色，他们的母亲也都经历了精力耗竭的虚弱期。在这两个案例中，他们成年后有效工作的能力都不够，虽然奥斯卡害怕去读研究生课程，这对他领域的发展来说本是顺理成章的。他们的性关系都是不愉快和不成功的。奥斯卡的生活直观地呈现了外部的创伤（反复经历的死亡、暴力，以及失去朋友）是如何耗尽了希望和信任。奥利弗的结果则告诉我们，孩子如何用一种复杂的方式来内化平常的家庭生活经验。我们可能忽视或者合理化奥利弗和奥斯卡遭遇的一些逆境中的共同点：成为大家族中年幼的孩子，疲惫和过度工作的父母，同父亲的关系受到情欲化的控制，在情感上是失望的。但是，这种合理化和过度简化降低了深度，将这些经验对发展过程的影响是如何阻碍或消除早期承诺的实现的过程程式化了。

发展不如预期的 8 人组

让我们来看看这组中的其他 4 位男性和 2 位女性成员，他们都有好的母亲照顾但成年后结果却不理想。他们的整体功能评定低于整个项目的平均值，这反映了他们一定程度的精神症状。这些成员中，有 4 人的父亲是属于最好的那类父亲。

艾迪

艾迪是西雅图一家小型广告公司的创意总监，他的生活故事与童年期早期特殊创伤导致的长期后果相关（Massie & Szajnberg，1997）。虽然外表宜人且婚姻幸福，他告诉我们，事实上他是个非常情绪化的人，有时感觉非常受挫，而有时又情绪高涨。他的情绪变化与他的工作表现和公司不确定的将来有关。为了应对他的情绪变化，以及在每天长时间工作后放松一下，他几乎每天晚上都吸大麻。为了解释艾迪的情绪起伏和大麻使用，我们会考虑他的情绪反应是来自在创意行业工作的人所面对的非同寻常的压力，他们的生存依赖于其他人如何对他们的艺术想法作回应。但是，我们了解到，对此还可能有更为深层的解释——在艾迪儿童早期的心理结构中。他的父亲也是一个创意工作者，是一所杂志社的艺术总监。当儿子还小的时候，这位父亲告诉一位项目访谈者，他怀疑自己的存在性，甚至他的男性特征。当时，他所在的那家杂志经营得很顺利，出版商也很满意，他感觉自己似乎在世界巅峰。

孩子会学习父母的情感习惯并学得很像，即使父母尝试去伪装这些习惯。如果孩子喜爱父母，他们会学习适应父母；即使他们不喜欢父母，尝试从身体和情感上与父母保持距离（反向认同），他们在那些发展阶段中，仍然无法避免认同他们所看到的和体验到的。艾迪对父亲非常向往，在父亲的膝盖上学会了很多父亲的自我怀疑和创新性。

此外，艾迪的父亲是参与项目的父亲中，极少数的分担了几乎同母亲一样的早期儿童照顾工作的父亲。父母双方都对儿子的照顾很投入，并充满活力地与之互动。他们的投入如此之多，以至于他们投入的总量对艾迪来说是有些刺激过度了。在婴儿期拍摄的录像中，母亲与艾迪在一起时充满了爱抚和母子双方的兴奋。看起来，艾迪似乎是被"宠爱过了头"，并被过度兴奋刺激。如果是这样的话，我们可以从其他关于过度刺激的儿童研究（Roiphe & Galenson，

1981）那里了解到，持续的高涨情绪可能会导致艾迪有一种不稳定的、对身体的心理意象，以及一种不固定的自我边界感。

在职业工作中，艾迪向我们描述了他如何"为一位观众表演"，他需要从在媒体上看到他的作品和签订新的合同两方面都获得兴奋，将其视为对其自我定义的反馈。他对性的迷恋的表现是，会对那些一只眼睛瞎的或者带上单眼罩的女性产生性唤起。这是艾迪不稳定的身体意象和面对焦虑的软弱的外部显示。他第一次意识到自己对单眼女性的性唤起是在他 6 岁的时候。之前的两三年，某次父母在外度假，将他留给一个恰好带着单眼罩的女人来照顾。在照顾的过程中，艾迪听到她的丈夫问她"它什么时候可以取下来"，指的是她眼中的碎片什么时候可以掉下来，这样她就可以把眼罩摘下来了。艾迪现在可以理解这句话，但他当时还只是个儿童，误解了这句话是指眼珠什么时候可以自己掉出来。

艾迪很明显地转移了他对母亲的喜爱情感，以及对要与母亲或照顾者分开的焦虑。在这种高涨的情绪状态中又加入了令人恐惧的意象，照顾者的眼珠要掉下来。这样一个意象会在一个男孩的心中激起对身体损伤的焦虑和阉割焦虑，尤其是对于自己身体意象还不稳定的儿童。艾迪自身意象的不稳定，可能是来自他与父母一起时感受到的不同寻常的身体和情感刺激。整个体验以某种形式印刻在他的心灵，带来了恐惧，并充斥着性的紧张感。现在，艾迪感觉他的这种性迷恋是无害的心理异常。他有时也会要求妻子在性关系中带上一个眼罩。这样提高了他的兴奋，也使他对和妻子的性行为更为满意。

卢克

卢克的背景同艾迪类似，他的父母也非常地喜爱他。但是相比艾迪的父母，他的父母对他儿童期的投入更多是头脑上而不是身体上的，他们过度刺激了他的智力。从很小的时候起，父母就积极让卢克参与对社会问题的讨论，如性和生产。在他 4 岁的时候，妹妹出生了，他被带到了产房。父母都是音乐老师，他们在卢克学习阅读的时候，就开始让卢克学习小提琴。

卢克成了一个音乐天才，这在中学时的表演艺术课程上让他与同龄人区分开。作为一个青少年，他从未学过从同龄人那里体验情绪上的给予和获得。成年后，他成为芝加哥地区一个弦乐团的成员，每年都有一半的时间在巡演。当没有巡演时，他独自一人住在一间随便装修的临时住所中。高中时，卢克的心理测试结果显示，他的男性认同是不稳定的，让人联想艾迪在 18 岁时的心理测试结果。现在，卢克依然害羞和感到孤单。他是禁欲的、聪慧和强迫的，这是他过度肥胖以及智性发展和音乐技巧早熟的结果。

卢克曾与女性有过关系，但他说自己永远不知道如何与她们互动。他用一种保护的和轻度高高在上的态度，作为对内部紧张的防御。也许这种特质也来自他与父母的过度亲密，因为他们培育了他的早熟。因此到了现在，作为父母早期过度刺激的反应，卢克和人都保持一个手臂以上的距离。访谈者也困扰于卢克的缺乏欢愉，并尝试为卢克打气，让他从长远来看，暗示他在将来会找到一个女友，但卢克对此没有反应。在记录中，访谈者最后的评论是："我离开时感觉很不舒服，外面开始下雨。"

埃弗雷特

埃弗雷特遭遇的是父亲的不忠。父亲有外遇并最终离开了家，当时他只有 9 岁。父子之后继续见面，但是父亲酗酒，还放弃了药剂师的工作，过上一种极为贫困的生活。这种生活对于埃弗雷特来说，是很难去向往的。18 岁的时候，他告诉布洛迪，当父亲喝酒时和训练他要过一种不一样的生活时，他很害怕父亲的脾气。"我从未失去我的脾气……我想要那种不会做超过界限事情的朋友。"他说。在对埃弗雷特的总结中，布洛迪博士强调了他对情感的恐惧，以及压抑的对父亲的愤怒。"我没有看到任何感情的迹象，他是个内向的青年，他不确定自己是否是世界上较为幸运的人。他告诉我，母亲已经努力做到最好了，但他放学后回到家中，在母亲回来之前都感觉很孤单。他需要一个朋友，但却没有。他也说，母亲在与父亲分手后同男人的关系没有成功，她已经失去了自己小的时候认识她时所有的乐观和愉快。母亲给了埃弗雷特很多，但现实环境使她要求埃弗雷特有更多的自我控制。此外，埃弗雷特现在的消极看起来更像是对父亲形象力量不确定的认同。"

　　成年后，埃弗雷特依然保持了对母亲的忠诚。他加入了母亲的会计公司，母亲在那里是一个高级合伙人。他现在已经结婚，开始思考建立家庭，但依然自我怀疑，并感觉自己的将来已经封闭了。因为他太早把自己推进了职场，而他还不确定自己是否喜欢这个职业。辞职，是他渴望的，也是畏惧的，他给人一种永远都疲惫的印象，疲惫于毕生的辛苦工作，也疲惫于失去了热情和愤怒。他沉浸在工作中，和妻子、母亲一起过着与世隔绝的生活。只有在和妻子的关系中，他才获得了一种作为人的更全面的自己，虽然他也说到，和她在一起时也会感觉紧张。规律的网球运动和满意的性生活，是他最主要的和最好的情绪出口。

尼塔

　　研究的原班人马把尼塔的母亲分到了好的照顾者那一组，因为她是温暖、有同情心、有控制技巧的，并且能组织好与女儿的关系。但是，这位母亲有时也会不明确和分心，她有时会把对尼塔的照顾交给大女儿。她的责任感是与丈夫联系在一起的。尼塔的父亲是一个严厉而又强制的男人，对孩子的要求非常多，也很吝啬。尼塔1岁的时候，母亲告诉研究者，她知道她的婚姻是不合适的。她接受过家庭咨询，但是无法完全修正丈夫的行为。现在，尼塔已经成年，是一个过于消瘦和压抑的女性。她说，记得很早以前父亲责备她，向她大喊，扔东西，踢她，愤怒发作时揪住她的头发。他这样的暴行通常一周一次，如果出现两次则可能会让她进医院。这种程度的虐待只有法利那位有虐待倾向的父亲和坎迪斯冷漠拒绝的母亲（见第二章）可与之相媲美。

　　尼塔内化了自己的痛苦，在5岁时她抑郁且厌食。20岁时，她尝试过一次自杀，几乎要了她的命。她的住院起到了一定程度的改变作用，她和父母（依然在一起）在多年后重新开始了家庭治疗。在治疗的早期，父亲对自己的所作所为做了一番真诚的道歉，在那之后他约束了自己的暴行和责备。值得注意的是，尼塔原谅了父亲的虐待，他们建立了一种恢复性的成长关系。

但是，尼塔的心理伤害已经太过严重，以至于她无法清楚地了解男人。在那之后不久，她爱上了一个有魅力的行为不良的男人。"我毕生都在尝试让父亲爱我，遇到这个男人时，他看起来同那个在我成长时利用一切机会打击我的父亲完全不一样，每当我开始建立了一点信心，父亲就会打击我。我觉得母亲是保护我的，但是没有真的保护到我。"25岁时，她已经是3个孩子的母亲，她的丈夫已经消失了。她住在纽约的一所高楼中，在一家店里做图书管理员，非常勤奋。父母经常帮助她照顾孩子。

尼塔容易抑郁，偏头痛，工作压力大时容易惊恐、焦虑。很明显，孩子就是她的幸福，当谈到他们时，她是温暖和敏感的。她是一位直率的女性，有着太多潜在的伤心，尽管她经常会笑，却笑得很紧张，是那种既松弛又尝试在极端情感上盖住盖子的笑法。她告诉我们，她无法想象或渴望得到什么不一样的东西，如丈夫、教育或者工作晋升，但她希望孩子能有比她更好的生活。

艾丽丝

艾丽丝让我们想到了奥利弗，她们都有兄弟姐妹参与这个项目（艾丽丝有一个小她2岁的弟弟）。弟弟妹妹发展良好，而奥利弗和艾丽丝则处在挣扎中。艾丽丝的父亲是名医生，母亲是名护士，研究者形容这对父母是项目中最有效率的。她的弟弟现在是一个非常成功的大型医药器材厂的材料采购管理者。他生活中有很多兴趣爱好，喜爱女性的陪伴，毫无疑问在将来会安定下来。像弟弟和父母一样，艾丽丝是积极的，说话明确，并且富有幽默感和吸引力。但与弟弟不同的是，她在学校和工作中有一个错误的开始。虽然她现在似乎适应了在法学院第一年的生活，但是她从未有一段和男性的愉快关系，这给她带来很多的沮丧感。

为什么这对姐弟在发展上有这样的差别呢？答案似乎是在艾丽丝同父亲的强烈情感纠缠上。根据艾丽丝和弟弟的描述，父亲是一个关爱的但脾气有些喜怒无常的人。两个孩子都有在成长中喜爱父母的记忆，但是他们的好记忆被父母间频繁爆发的争吵冲淡了。因为这些争吵，艾丽丝从12岁起就开始觉得父亲比起母亲更喜欢自己，这个想法到现在依然持续着。艾丽丝也感觉到父母的争吵导致了她频繁地使用大麻来使自己镇定，他们会定期批评她的品德并搜查她的房间。

艾丽丝 18 岁时，她的心理测试者报告如下："她有些轻度抑郁，用被动攻击性或盲目乐观去否认、掩饰负面情绪（尤其是愤怒）。母亲的意象是有些控制性和男性化的意象，虽然更为友善，但有种威胁或贬低的特质。她讲了一个关于一个 14 岁小女孩的故事，这个女孩得到了一个娃娃，也有人给她讲故事，但事实上她只是做着同男孩约会的白日梦。故事中的这个女孩感觉其他人都不是认真地对待她，对待她的方式就好像她还没有长大一样。这明显是一种投射，或者将自我批评外化到成年形象上，因为故事中的孩子就是一个假装比自己实际年龄小的女孩。"

12 年后，30 岁的艾丽丝的投射绘画包含了明显的焦虑和抑郁迹象，就像她感觉到自己的世界是压抑的、剥夺的和无法完全信任的。与之对应的，弟弟的绘画显示了聪明、创造力和对人际关系的中度焦虑，伴随一些展示癖的倾向，以及过分关注自己的男性气质。

现在，艾丽丝说她感觉自己是缺乏吸引力的，在大部分时候只是徒然地焦虑着，也有很多时候很沮丧。她不再吸大麻，因为大麻已经不能帮助她镇定，反而会加重她的抑郁。她描述了她如何同那些单身的、受过良好教育的、友善的但大她很多的男性约会，有时那位男性的年纪都大得足够成为她的父亲。同他们约会一段时间后，她又会从这样的友谊中撤回。与同龄男性在一起时，她感觉焦虑和不安全。如果她能够理解自己受到老男人吸引的俄狄浦斯实质，或者能够理解可能是她同弟弟的竞争与对弟弟的欣赏导致了她与同龄男性相处的不自在。她告诉我们，她希望这次研究访谈能成为一个契机，使她思考自身并获得相关信息来找一位心理治疗师。艾丽丝明显还承担了父母争吵以及对自己的期待多于弟弟的压力。她并不喜欢自己的心灵（内在）和皮肤（外在）。她的临床诊断是心境恶劣障碍，这个词来自希腊和拉丁词根，表示精神或心灵遇到了阻碍，偏离了正轨。她的恶劣心境问题也是一种抑郁和焦虑的神经症，因为它的病理源于人际关系和心理冲突。

西恩

西恩很小的时候就患上了风湿性关节炎，这导致了不断出现的危机和严重的关节疼痛。青少年中期时，他的免疫系统成熟了，新的药物也出现了，他的情况才得到了改善。但在情况改善之前，他每年几次要拄着拐杖或坐着轮椅上学。在西恩的儿童期，关爱他且很有能力的父母、项目研究者、儿科医生和老师们都称赞他的适应能力：他是个好学生，不屈不挠且有社会化能力。但是，西恩隐藏了他的愤怒和羞耻的情感，他只在遇到布洛迪博士时才袒露这样的情感，那时他是高中生，已经接受了新药的治疗，情况得到了改善。

西恩告诉布洛迪博士，在小学和初中时，他需要拄着拐杖或坐在轮椅上，有时当他无法加入那些在操场上运动的男孩子时，他通常都会遭到嘲笑，被推到后面或者被称为"怪人"。最糟糕的欺凌发生在校车上，那里没有监管的大人。他总是孤单的，只有一个亲近的朋友，他曾经非常强烈地希望能够融入到其他孩子之中，但他从未将这些嘲笑告诉父母。他们的缺乏耐心也许使西恩更加无法将受到嘲笑的事情告诉他们；父母报告说，他们会用打屁股的方式来约束4个孩子，这或许也使西恩更加难以对父母开口。由于缺乏保护，西恩对自身情况的自我意识以及他所忍受的屈辱，深刻地融入了他的性格中。

在18岁时，西恩向布洛迪博士解释，他是多么想找到一种事业能够使他表现突出，为社会做贡献。他感觉到，被他人所知晓能够让自己感觉更为人们所接受。他对自身的疾病没有太大的感觉，最近症状也相对减轻了。他讲到，自己是孩子的时候感觉是没有价值和不正确的。父母的支持给了他抗争的勇气，但奇怪的是却没有给他勇气来承认软弱和情感上的痛苦，他对于生活有这样的信条："缺乏精神力量的身体是没用的……我的残疾只是身体的……唯一的恐惧就是对不成功的恐惧。"他也补充说："父母非常好。他们关心我的身体问题。除了在一些明显的地方，他们没有尝试为我做很多，这很好，因为这使我变得更坚强。"

布洛迪对于青年西恩是这么描述的："他通过忍受痛苦和折磨来使自己坚强。这似乎来自一种强烈的需求，要去否认这些疼痛和残疾带给他极大的不愉快和永远无法实现的愿望。他宣扬这些东西，并将自己的经历神圣化，似乎这样做能够立刻使他变得不寻常。我猜想这个男孩更倾向于认同心灵的黑暗面。对他来说，这明显比自怨自艾或者服从于消极要好。他在整体上可以说是一个很好的人，有很文明的生活态度，很强的愿望与人为善，希望能够贡献一些东西来取悦他人或得到赞赏与爱。他很幸运有一对成功的父母可以效仿，他们很好地鼓励了他。西恩发展得很好。"

一些年后，我们见到了成年的西恩，他很高，健壮而英俊，完全看不出残疾的迹象。如果没有他早年的身体残疾作为提示，我们根本不会想到这个问题，他情感上的痛苦不再是原始和明显的了。早期的残疾被他的性格所吸纳，并适应了他的生活。事实上，过去的挣扎在西恩身上已经不明显或者不再存在，因为通过对抗恐惧和自我补偿的方式，他很大程度上完成了对现实环境导致的不愉快的防御过程。比如对危险运动的兴趣，滑翔运动给了他一种能够像鸟一样飞翔的错觉。对此，他的解释是："我过去的身体状况使我很难去做这些。"显然，他没有在精神状况和滑翔运动带来的自由感之间做出联系。他更多谈到的是滑翔设计，比赛，风的强度、方向，以及高度的重要性。

西恩的工作是电视天气播报员，这份工作将他与风联系在一起：当他在滑翔时，风把他托了起来，风和雨就是他报告的主体。他并非天生的科学工作者，西恩讲到，去找这份工作时他只有初中学过的气象学和传播学知识，以及很强的"在空中"的愿望，他喜爱在电视屏幕上被人看到或听到。虽然很少微笑，但是他语言灵活、英俊、不知疲倦。在访谈快结束时，他的眼中似乎有种悲伤，也许这是在电视屏幕上看不到的。

目前为止，他说他仅仅"打开了狭小的东部市场"（如罗切斯特、纽约和麻省），他解释说他的工作领域竞争非常激烈。为了提高收视率，也为了"脚踏实地地思考，并和观众之间建立联系"，他尝试将天气预报、接听观众来电，以及对社区事件的评论三者结合起来。不幸的是，他告诉我们也许这种尝试有些得不偿失,有些观众对这种不相干的节目融合的风格感到愤怒。因为判断失误,他两次都没有得到合同续约,但他在尝试从错误中学习。

他同女性的社会交往同样也未能实现。从他的描述来看,女性拒绝他是因为他缺乏一种同情心和社会判断。他必须避免更进一步的亲密来避免对情感伤害的恐惧,就像他在小时候经常遭受的那样。他最可靠的社交快乐来自每个月会有几次与同事一起在工作后大喝一场。30岁时,他的心理测试结果给出了更进一步的洞见。心理学家写道:"他依赖强迫性的防御来管理焦虑和冲突。他很关注表现得符合社会接受的模式,这明显掩盖了他潜在的对环境的偏执和失望。他进一步通过在行动和幻想中寻求满足来自我管理。很可能,他异常敏感,在自己感觉不舒服的时候,倾向于将他人看做有敌意。他表现出精神分裂样和自恋的特质。总体来说,他的情感发展和同他人的人际关系都是不成熟的。"

从西恩的生活中,我们可以学到的是,嘲笑对于残疾儿童的发展具有破坏性的影响。那些因为身体的缺陷而显得与众不同的孩子通常会让同龄儿童感觉不舒服,这些有缺陷的孩子会受到周围健全的孩子的猛烈攻击,因为他们让这些健全的孩子感觉到软弱。只有当学校的管理者、老师和父母付诸行动才可能减少这样的阴影;父母也需要对孩子强烈的被接受的需求保持警惕,以对抗其他人对孩子的排斥和孩子因为自身的残疾而产生的自我厌恶。

小结

从这组8个成员身上,我们可以学到更多。他们有一个好的开始,但是后来的发展却不像研究者预计的那么好。他们被照顾的承诺保证被两个重要的现象剥夺了:4人(创伤/逆境小组)在遭遇到创伤和不利生活环境的影响下,其潜能无法充分实现;另外的4人(家庭影响小组)经历了对复杂的家庭过程的内化,导致了心理障碍。表4.1、4.2和4.3总结了对这组的研究发现。

表 4.1　有好的母亲照顾但因为创伤／逆境，结果却不理想的儿童

案例	儿童期		成年期			
	父母照顾的质量	创伤／逆境	问题GAF	长处	成年依附	防御的成熟性
奥斯卡	好的母亲和父亲	见证死亡，失去朋友，父母的疲惫	孤单，焦虑，创伤后应激障碍GAF 评分 60	关心，强有力的价值观，努力工作	不安全	心理抑制，否认（层次6，4）
埃弗雷特	好的母亲，糟糕的父亲	父母离异，父亲的缺席和消失	自我怀疑，情感抑制GAF 评分 80	有竞争力，可靠，婚姻满意	不安全（回避型）	否认，轻度意向扭曲（层次4，5）
尼塔	好的母亲，虐待的父亲	父亲的身体虐待	抑郁，焦虑，头痛GAF 评分 61	奉献的父母，努力工作，原谅，幽默	安全型	轻度意向扭曲（层次5）
西恩	好的母亲和父亲	疾病损害，遭到严重的嘲笑	孤独，分裂样和自恋特质，工作困难GAF 评分 60	保持尝试，合作性，愉快	不安全（回避型）	否认，轻度意向扭曲（层次4，5）

所有项目被试的平均整体功能评定（GAF）＝ 81.2（无或者轻度的症状，好的社会功能，满意）。
所有被试的平均防御水平 ＝ 高适应性／精神阻碍（水平 7.6）。

表 4.2　有好的母亲照顾但因为对复杂家庭影响的内化，结果却不理想的儿童

案例	儿童期		成年			
	父母照顾的质量	创伤／逆境	问题GAF	长处	成年依附	防御的成熟性
奥利弗	好的母亲照顾，足够的父亲照顾	14 个月大时妹妹出生，父亲总在工作	和男性关系困难，情绪起伏，边缘GAF 评分 54	活泼，擅长表达，努力工作，有雄心	不安全（纠缠型）	心理抑制，行动化（层次6，2）

	儿童期		成年			
艾迪	好的母亲和父亲照顾	父母过度刺激	情绪起伏，服用大量大麻 GAF 评分 80	有创造力，有雄心，婚姻愉快	安全	心理抑制，（层次6）
卢克	好的母亲和父亲照顾	父母过度刺激，与同龄人疏离	孤独，强迫，缺乏信任 GAF 评分 80	成功的音乐家	不安全（回避型）	心理抑制，（层次6）
艾丽丝	好的母亲和父亲照顾	父母争吵	孤独，自我意象贫乏，抑郁 GAF 评分 75	幽默，投入，享受工作	安全	心理抑制，（层次6）

所有项目被试的平均整体功能评定（GAF）= 81.2（无或者轻度的症状，好的社会功能，满意）。
所有被试的平均防御水平 = 高适应性 / 精神阻碍（水平 7.6）。

**表 4.3　有好的母亲照顾的儿童其生活中的破坏性影响：
那些没有实现早期承诺的儿童**

复杂家庭事件的内化	创伤
太早出现的弟妹	父母离异
疲惫的父母	父亲的虐待
缺席或缺乏支持性的父亲	见证暴力
父母争吵	朋友的死亡
被照顾得"过好"的孩子（过度宠爱 / 过度投入的父母）	和同伴的疏离
	身体障碍 / 被嘲笑

　　用简单概括化的方式来处理这些直接的原因和结果，对这些生命来说是不公平的。在此，我们做一个简短的忏悔，出于对这些复杂的内部情感过程的简略处理。事实上，虽然早期承诺未能实现，但他们在性格的各方面都有所长。这些长处是同他们对父母好品质的认同，以及父母双方或一方对他们好的养育方式相联系的。因此，他们 8 人都愿意且能够从事有报酬的工作，其中 6 人不仅从工作中得到工资，也得到了相应的乐趣和个人意义。他们中的 3 人有爱的

能力（2个是对其伴侣，1个是对其孩子）。本组中结婚和成为父母的比例与整个计划中所有成员的比例相似。6人能够从工作之外找到时间休息和娱乐，这也是生活中重要的一部分。

我们也预计创伤和家庭内混乱的心理卷入都会威胁到儿童与父母建立的长期安全依恋，这样的预期也被证实了。在家庭影响的小组中，4人中的2人是安全依附型，而在创伤小组中4人中只有1人是安全依附型（补偿性安全型）。这组的8人中只有3人（38.5%）是安全依附型，整个项目所有被试在依附方面安全型的比例为64.5%。8人中，同父母依附关系不安全的心理表现反映了一种不安的关系和一般生活中的情感工作模型，与他们表现出更多的精神症状有关（比较整个项目被试的平均水平），也与他们表现出更低的整体功能评定水平有关。此外，相比本研究的大部分被试，创伤／逆境小组会使用更不成熟的心理防御机制来管理内部的冲突和外部的压力（轻度意向扭曲——贬低、理想化、无所不能和拒绝——否认、投射和合理化）。而家庭影响小组则和大部分整个项目被试在不成熟的防御模式水平上相当（精神压抑——置换、解离、知识化、对情感的孤立、反应程式化、潜抑和取向），详见附录。

有可能的情况是，创伤／逆境小组不如家庭影响小组发展得好是因为，这些遭遇了创伤／逆境的儿童通常也内化了复杂家庭事件的影响。比如，奥斯卡抑郁中的一部分不仅源于他遭遇过的死亡，也来自母亲的缺乏活力（一种压力的迹象），还来自父亲的教条约束，这些均使奥斯卡变得消极。此外，如果奥斯卡的父母了解他的敏感特质，他们可能会选择放弃他们的使命而选择居住在更安全的街区。类似地，西恩的父母也可能在一定程度回应他在遭到嘲笑和自我诋毁时的缓冲安慰需求。另外，创伤／逆境小组所面对的这种困难的和威胁的环境也会影响到他们的父母，并且在一定程度上削弱了父母的功能。这些家庭遭遇的破坏性事件有时是在孩子刚刚离开婴儿期，有时是在儿童期的晚期。因此，孩子通常既要应对这些特殊的创伤和挑战，也要应对父母失望感的不断增加，以及父母回应的减少与表达情感能力的下降。有些逆境导致了复杂的家庭关系。比如，如果奥利弗的母亲没有因为甲减的症状而变得虚弱，奥利弗也许就能够逃过她和父亲之间的神经质关系。

将注意力从孩子内部的心理发展问题转向外部，这些有着不同发展历史的孩子都有一些值得注意的共同点，他们都有受到不体贴和暴力对待的经历。我们会先想到奥斯卡，还有尼塔和她虐待倾向的父亲，西恩在学校受到的嘲笑，以及埃弗雷特的父亲离开家并酗酒度日。奥斯卡的生活在很多方面类似于这个世界上数不清的儿童的遭遇，孩子的成长伴随着他们的情感对未来封闭，因为父母要很努力地工作，太疲惫以致无法给予孩子足够的时间来支持他们早期的承诺保证。此外，奥斯卡在童年期和青少年期发现尸体，见证死亡，以及有朋友因暴力事件死亡的经历，对于中上层美国家庭来说不常见，但是对于世界上很多遭受战火袭击地区的儿童来说则更为常见。暴力和丧失对于美国一些边缘社区来说并不少见，那里很多家庭生活在贫困线水平或低于贫困线水平；那里的年轻人少有希望找到工作及改变他们的居住环境；那里的人们对他们生活中的财富和机会的分配劣于其他地区而感到愤怒。

我们也同样会想到世界上其他国家和地区，有太多孩子因为那些有枪和炮弹的人的行为而成了难民，并为失去家人和朋友而哀悼。在战争结束后，我们很容易就给这些儿童幸存者贴上标签，并想象他们准备好能够建立或重建他们的生活，他们中确实有一些可以去完成这个过程。但是像奥斯卡这样的孩子，他们快乐和乐观的能力就永远失去了，心身症状和焦虑则经常损害他们的身体健康。他们将来的友谊和亲密关系只会被他们内化的攻击性所绷紧或扭曲。

如果奥斯卡在他经历死亡和丧失之后接受大强度的心理治疗（通过治疗能够确认他对母亲的全然依赖，对父母因为他们自己的需求而无法保护他的愤怒，对无法取悦父亲的内疚），他的生活也许会变得好些。从世界整体的情况来看，受到创伤的儿童的数量太大以致无法为他们提供恢复性的心理治疗。因此我们的目标应该是对创伤的预防，以保证这些孩子获得的承诺得以实现。从这种目的来看，父母需要获得足够的支持来缓解工作的压力，并提供适当的儿童照顾；儿童也需要得到保护，要让人们不再用武器和战争来推进他们的目的。

回到这8个潜力无法充分实现的孩子的研究中，尽管他们作为成年人也有相应的优点和成就，遗憾的是，有些人无法看到或相信他们身上的优点。他们抑制了自己的情绪，限制了自己的活动和人际关系，这使他们要么孤身一人，要么怀疑他们将来的工作和改变的能力。相应地，我们在下一章会看到这个项目中的另外 9 位女性和 2 位男性，他们能够幸运地获得比研究者在他们生活早期所预计的更好的发展。

第五章
超出预期

你可以和我一起玩，你可以牵着我的手；

我们可以一起跳到街边去找卖卷饼的人；

你可以穿我母亲的鞋子，戴我父亲的帽子；

你甚至还可以取笑我，但是请你别放弃我

……

——伍迪·戈斯里《请你别放弃我》

（Woody Guthrie，*Don't You Push Me Down*）

些孩子是如何能够支撑自己来对抗逆境，并对被放弃的命运说"不"的？在我们的研究中，有9个男人和女人有这种能力。从研究者的角度看来，在他们生命开始阶段，父母对他们的照顾算不上好，因此对他们未来发展的预期并不乐观。但是，当他们年满30岁成为成人时，他们的生活进行得很顺利。这些转变是如何发生的，是我们本章要探讨的主题。

我们重点研究这个小组中的2个被试，并简要地考察其他7个被试。这个小组包括7位女性和2位男性，他们取得的成果好于预期，这些B组孩子的父母的照顾是被研究者认为不理想的，他们代表了50个有这样父母的孩子中的18%。成年后，他们的整体功能评定分数是最高水平的一组（91分或更高），表示他们"没有症状，有更好的社会功能……他们生活中的问题似乎没有超出控制。"他们成功的本质揭示了健康的情感生活在一定程度上是种万能药。

其他研究也寻找过这样一种生命的动力：通过考察这些孩子如何应对各种在他们同龄人中最为困难的逆境，也通过描述那些帮助孩子在非创伤和普通环境中表现超过同龄人的技巧。这样的一些研究有威纳和史密斯（Werner & Smith，1992）对夏威夷岛乡村地区家境困难的儿童从出生到成年的调查；安东尼和科勒（Anthony & Cohler，1987）对母亲是精神分裂症或重度抑郁的孩子的发展的长程调查；墨菲和莫里阿提（Murphy & Moriarty，1976）对美国中西部城区相对普通环境的儿童的成长考察。

在威纳和安东尼的研究中，大概有15%的孩子能够在逆境中表现良好，这个比例与本研究的18%类似。威纳用"顺应的"来形容那些能够打破贫困循环的儿童，他发现他们生活中存在两条共同的主线：虽然医疗条件有限，他们都有很好的身体；他们身上有一种活力和开放精神，使他们对家庭以外的人有一种吸引力（比如他们的老师），因此这种非家庭的关系使他们的生活变得更丰富。安东尼和科勒使用"脆弱却又不屈的"来描述那些母亲是精神分裂症却表现良好的儿童。一个重要的线索就是，他们有能力感受在什么时候母亲正在经历一段精神症状的发作，并在那个时期同母亲保持距离。当母亲变好的时候，这些孩子会重新同母亲建立联系。这样一群孩子，类似于那些来自贫困家庭的"顺应的"孩子，也同样会寻求他人的支持和指导，这些人包括父亲、邻居、老师和朋友。

安东尼和科勒也发现，事实上，那些母亲是精神分裂症的高成就儿童并不是不脆弱，他们为自己的努力付出了代价。成年后，他们通常倾向于"专注于事情"，而对情感和人际交流感到不太舒服。他们的自发性很有限，更倾向于从事科学或技术类的职业，而不是卷入人际交流。这些高成就者通常也受到"幸存者内疚"的困扰，因为比父母或兄弟姐妹做得更好。这样的内疚感使他们感到一种长期的、焦虑的对家庭的责任感。安东尼和科勒发现，那些经历了母亲严重且长期抑郁发作的孩子往往非常悲观，他们的结果大都不太理想。

墨菲和莫里阿提在研究中发现，对于中西部普通家庭的儿童来说，既不是顺应，也不是不屈，而是一种"应对方法"或者"技巧"使他们做得很好。当应对内部冲突时，防御是最首要的心理机制。墨菲和莫里阿提强调的应对方法，是建立在内部心理之上的管理外部冲突和问题的外部行为。这种应对机制使一些孩子能够比其他孩子更好地迎接外部挑战。那些应对最好的孩子通常都有以下一些特质：（1）正面的友伴关系；（2）幽默感；（3）身体强健；（4）思考反应（对应冲动）；（5）目标导向；（6）对情感的良好控制；（7）自我安慰的能力；（8）创新性。

这些主要关于顺应、应对的研究，能够帮助社会科学研究者掌握那些在逆境中表现好的孩子在成长中的许多影响因素，理解儿童的成长中的心理创伤。但是，这些研究结论中也显示了一种循环机制。也就是，一个与同龄儿童有良好关系的儿童会感觉被接受、被支持与被肯定，同样也能够交到更多的朋友，会更进一步提升其信心或自尊。可以说，这些特质对他们来说可以相互促进。

但是，这些研究还没有显示这样的循环是如何开始的。为什么一个特殊儿童可以向他人寻求帮助、对他人有吸引力、有目标和创新能力？"为什么"的谜团源于大部分研究的局限性，即研究者使用的测量工具获得的测量结果的生活适应性，这些结果都是现象性的。这些研究只是扫描了个体存在的表面状态，如行为、表达的情感和感受的症状。整体功能评定量表也有同样的局限性，它只是简单的测查调整适应的工具。

带着这样的一些思考，同前面章节一样，我们对这 9 个被试的讨论也指向了更深层的问题：一些人"为什么"可以克服逆境和"怎么样"克服逆境。我们会研究他们的内部生活、他们对父母的意识和无意识认同、他们的防御风格，以及内部的情感妥协（大都隐藏在测量和日常生活以外），通过这些妥协，他们在面对非常困难的家庭经验时，获得了成功。

丹尼——"我非常顺应"

当我们打电话给丹尼确定访谈日程时，他坚持在他新开的餐馆同我们见面。他的新餐馆叫"丹尼洛"，在旧金山北部的一个酒村。他的声音中既有兴奋也有骄傲，很明显，他想要向我们展示他所做的事情。当我们到达时，他把我们带到一个由石头建筑改建的 40 座餐厅。他指向框在墙上的餐馆评论，并向我们介绍他的妻子——一位优雅和矜持的女性。他解释："她负责餐厅，我负责事务。"他的妻子向我们道歉并回到工作中，丹尼把我们带到了花园，在花园前方有一条缠绕着葡萄藤的整洁小路通往远方的山丘。他像指挥一样，带领我们观看种植整齐的花园，并向我们解释他为明天构思的一道菜。

我们开始访谈，很快就了解到他的母亲在他 20 岁时就去世了，几乎可以确定是自杀。他谈到母亲的死亡时有一种令人惊异的平静，像一个完美的职业受访者，看着我们的眼睛，保持呈现，并没有背离情绪（那些他没有刻意去掩饰的情绪）。事实上，他告诉我们他有时会出现在电视的美食节目上。他的情绪表达是愉快的、有力的和经过思考的，他谈到母亲的时候没有流泪。

访谈者问他如何度过了失去母亲的时光，他答道："我非常顺应。"他的语言未加解释，我们好奇他会如何解释他的顺应。丹尼继续说："我是个很乐观的人，这是母亲喜欢我的地方。她死了后，我也不想让她失望。这样的品质来自我的父亲。"

他描述父母时，使用了一种强烈甚至有些夸张的形容词和流畅的手势。有时他会在投入的时候向前倾，有时他会躺回椅子上，手臂摊开放在扶手上，顺从地等待下一个问题；他总是做好准备对自己的经验发笑，虽然带着些讽刺的味道。他最开始关注的是他的母亲，"母亲是一个有爱、惹人喜欢、温暖、照顾人、抚慰、很愉快、非常真诚的人。我与她一起时总感觉很安全，就好像她是最完美的，我和弟弟就是她的中心。这就是为什么，我是一个如此有安全感的人。"

"在母亲的办公室里放着给我和弟弟的玩具，每次我们去找她，她都会给我们玩具。她是个医生，是个慷慨的人，总是准备好去帮助别人，愿意花时间从事给穷人看病的门诊工作。她身上没什么可指责的，她可以跟我直话直说。记得我13岁的时候，女友和我分手，我很难受。她让我坐下，跟我说：'你是个很棒的人，你将来会让很多女孩喜欢上你。有一天你甚至会奇怪自己当时怎么会喜欢上这样一个女孩。'"

这时，丹尼的采访者感觉，自己听到了这位看起来成功且安全的男性对自己情感安全根源的描述，这段描述是生动的、打磨（斟酌）过的，但有些东西听起来不太真实。不管怎么说，他之前提到母亲很可能是自杀，一个人不会好端端就自杀的。

丹尼的话题又转向了父亲："我们总是很亲密。在情感和身体上我就像他的一个复制品，我们的个子都很大，虽然他有像熊一样浓密的胡子。我们之间的关系总是很好。但我们实在是太像了，我们之间的关系会不太稳定，因为相互会从对方身上看到让自己不愉快的东西。我们现在是真正的朋友，达成了一个月见两次面的协议，他从学校开车出来（他在学校教戏剧课）或者我开车到城里去。我感觉到对父母双方都不可思议地亲近。"

"弟弟卡罗比我小3岁，他更像母亲——优雅、安静。我和父亲像同一个人，我们说话的方式很像，喜欢的东西也很相近。我小的时候很喜欢和他在一起，因为我认为他是最帅气的老爸，也是我见过的最聪明的人。他告诉我，不需要通过某种特别的方式来得到别人的认真对待。"

从这点来看，相比对母亲的描述，丹尼简述同父亲的关系听起来更真实一些。

他同父亲之间生动的喜爱与冲突更好理解，而他对母亲的描述听起来则有些矛盾，一个"温暖"的人却最终用自杀的方式抛弃了家人。似乎就像丹尼所说的那样，他从对父亲的认同那里学到了顺应。

我们问他有关母亲死亡的情况。他说："我认为，母亲是一直等到她认为我和弟弟不再需要她了。那是我大学二年级刚结束的时候，而卡罗刚结束高一的学习。我们到家时，她看起来同平常一样，工作非常努力。她在上一周跟我们说了些不同寻常的话。她说，如果她发生了什么事的话，我和弟弟不用担心读书的钱。我当时没有多想。父亲之后告诉我，母亲当时承受了很大的压力，因为一个大型的研究项目被取消了，这意味着她不得不解雇那些她需要的且也依赖于这个工作的实验室助理。这件事发生已有一段时间，医院的那些事情似乎都分崩离析了。"

"母亲死后，父亲告诉我，当我还在高中的时候，因为她的自杀倾向，有几周时间她在住院，但他们没有把这些告诉我们。我猜我只是接受了这样一个故事，她待在医院里是因为她想休息。我了解母亲，她过于有责任心，也许这点害死了她。父亲说母亲告诉过他，她头脑中有些化学反应不平衡，但她不能忍受让我们知道她早上起不了床。"丹尼讲这些的时候，用一种过于理智的腔调，他只在很短的时间里逆着他的情感，短暂地扭曲面孔之后，做出了一个痛苦的表情，好像是在呈现母亲的痛苦。丹尼的缺乏愤怒和哀伤让我们好奇，他是否有些冷漠或分离？虽然他有很强的享受生活乐趣的能力。

丹尼继续他的故事。"这事发生在塔霍河，父母在周五晚上去了河边的一所小木屋，等父亲醒来时，母亲就不见了。警方发现我们的独木船漂在湖上，之后找到了母亲的尸体。她身上没穿救生衣，这点不像她——她在船上总会穿着救生衣，看起来似乎她选择了跳进水里。"

我们问丹尼，如何看待母亲的死亡。"我受到了很大的打击。葬礼之后，我回到车上，沿着海岸线一路向北开到加拿大。我无法处理这些。我觉得，如果我留下来，我会失去我的灵魂。这趟开车的旅程持续了三个星期，不过对此我什么都记不起了，只记得我每天都想着母亲。我无法相信我再也见不到她了。

弟弟也无法面对这件事，他下半年紧张得崩溃了。他现在也好了，在读生物学的研究生课程，但是他比我更敏感。"

母亲的死亡如何在之后长时间内影响到丹尼？他解释道："我很聪明、有资源，并且健康。我从未觉得无法支持自己。"虽然丹尼向我们一再自我确定，母亲的死没有损害他的应对机能，但是他回避了对痛苦、愤怒或焦虑的任何情绪表现。他只是无法在他人面前，也许也无法独自一人来处理对母亲的丧失，就像他在葬礼结束后就逃到了旧金山。

为了澄清他的家庭经验，丹尼说："父母有25年的美妙婚姻，我记得，我的童年就像梦幻一般。虽然妻子和我6年前就有一段美好的关系，但我当时并不确定是否想要结婚，因为我不确定她是否对我适合。父母看起来是多么适合的一对。父母当年疯狂地相爱，但是他们的个性都太强，他们能够在一起生活一定也很不容易。他们分开过两次，一次是在我读4年级时，一次是在我读8年级时，每次分开都持续了几个月，那对我也是很大的打击。但还好，我们依然有父母，只是他们不在一起。也许他们分开的那段时间，母亲有抑郁或躁狂，或其他问题。她会继续工作，不停地想出比任何人可以预想的都要多的研究点子来争取经费。我想有时候她会突然觉得要崩溃了，但她从未停止履行她的家庭责任。"

此时，我们考虑到丹尼必须通过否认冲突感受和哀伤来进行应对。如果这是真的，他是否也否认了父母行为的现实真相呢？他"梦幻般的童年"是否也是想象呢？不论如何，他的防御对他来说是有用的，他的婚姻和餐馆不是海市蜃楼。只要否认能够帮助他以一种有创造力和满意的方式适应生活，那这种否认就不是病理性的。我们很急切地想探索丹尼早期的研究记录和录像，来比较他成年后对家庭的描述和项目记录。如果丹尼的现实感是错误的，压力或脱轨的野心也许会将他击垮，就像大风中的纸房子一般会给他带来症状，就像他的母亲遭遇的那样。

访谈者继续询问丹尼，父母为什么会那么做？他被迫回答道："我并不认为化学反应不平衡就是母亲问题的原因，虽然，如果她坚持得更久一点的话，也许她会在新的抗抑郁药的帮助下活得更长。但是，我听父亲讲，母亲提到过她的父母都异常冷漠，她是他们唯一的孩子，但他们从未告诉过她，他们爱她，只是不断地推她去实现目标。当她通过自己的努力实现目标后，父母才说他们爱她。结果她总想得到别人的爱。跟我们一起时，母亲用与她父母完全不同的方式对待我们，她非常地支持我们，把我们当做成人来对待，当然她也是。"

"父亲的生活是全然不同的，他成长于一个大家庭，就在这片山谷中。他告诉我，当他还小的时候，人们总是彼此撞来撞去，你必须大叫才会得到注意。他说，这是他选择戏剧的原因。他曾经告诉我，他的母亲是个很难亲近的人，几乎没得到过什么教育，也几乎不了解他的想法。因此，他情愿失去自己的右手来换取一个像我母亲这样的母亲 10 分钟。"

在访谈丹尼几个月后，我们查看了他的记录并观看了他和母亲的录像，以此来了解他的回忆是基于事实还是幻想。答案是介于两者之间。他给我们的故事大部分都是真实的，但是也有很多细节和次要情节，不论是他还是其他任何孩子，都无法知道得很完整。结果是，他的故事一定程度上是一部不知情的小说。

影片展现给我们的是，故事开始，母亲用一种合理有效的方式对待丹尼，很温和。她有同情心，赋予结构，保持注意，但是她的情感语调总是冷静的。她很少笑，做游戏或者在第一年的哺乳期里很少从与丹尼的身体接触中得到快乐。虽然不是明显的抑郁，给予营养的方式也是正确的，但母子之间的关系从不是愉快的。母亲的长处就在于她的冷静、确定和专注，这使得孩子很平静。研究者使用了这样一些形容词来描述她："有些分离……一定程度上是冷酷的……一种贵族式的冷漠。"

丹尼 3 个月时，跟踪的描述显示："通常这个孩子的喂奶过程是慢的且测量显示是良好的，因为这位母亲有距离感。她没有鼓励互动的行为；在整个喂食过程中几乎没有情绪的波动起伏。虽然她在结束时把孩子抱向自己，但抱孩子的方式很平板且抑制。"6 个月时，一个访谈者写道："这位母亲的性格中包含着积极和不确定——她对于自己可以照顾好孩子的愿望是有信心的，但是不确定她的最好是否足够好。成功联系并获得认同，对她来说很重要。"丹尼

3 岁时，访谈者写道："这位母亲说，她和丈夫告诉孩子，他可以真实地表达问题和显示愤怒。对这位母亲来说，当她还是孩子的时候，这些是不被允许的。她说她的情感停留在她的内部，并造成了损伤。她的原话是：'虽然我没有像我应该的那样经常陪在丹尼身边，但是丹尼知道我的感受。我曾经没有这样一个母亲可以去依靠或者去反抗，她总是不在我身边或者对我没有兴趣。当我谴责自己作为母亲的时候，我谈的其实是我自己的母亲，还有她没完没了的对身体的抱怨、溃疡、心脏问题，这些都让我感到内疚。'"

这个母亲报告了她在接受心理治疗，因为她的父母实在是一对糟糕的范本，让她觉得照顾一个孩子对她来说太困难了，她在对丹尼的承诺和对工作的承诺之间产生了裂痕。她知道她的父母对她的拒绝行为是她问题的根源，并因为她的孩子比她想象的要好相处而充满了感激。如果没有丈夫的好脾气，还有她同丹尼在一起时的欢乐，她都不知道自己该怎么去做。当读到母亲的冲突时，我们因为后续研究的优势了解到，她分离的冷漠类似于隐藏着的强烈自我审查，这使她不停地比较她的母亲表现和职业合格性，阻碍了她自发地享受与儿子的相处。

关于丹尼的父亲，早期项目的报告同样很矛盾。他在访谈中或者在家的时候，研究者看到，无论对儿子还是对计划，他都是热心的、温暖的、热情的，对自己家庭生活的描述充满了细节。在其他一些时候，他的热情似乎更多是被动的，他的合作也很有限。除了对孩子的热情，这位父亲同母亲一样，也加入到很多社会和学术活动中。在研究者看来，有时候这对父母参与这项研究的唯一原因是，这能增加到他们的履历中。出于对自身还有对孩子的野心，他们甚至说服布洛迪博士写信帮助丹尼进入一所文法学校。

两个小插曲说明了丹尼与父亲关系中的变数。当丹尼 2 岁的时候，访谈者写道："当我拜访这个家庭的时候，这位父亲就像有表现癖一般地同母亲竞争以获得我的注意力。但是，当他同孩子玩耍时，他是有爱和温柔的。有时他会对丹尼过度反应，通过各种乱来的游戏让丹尼过度兴奋，但是他情感中的真诚是实在的，他似乎对来自孩子的哪怕最细微的交流也会非常敏感。丹尼自己对父亲也很有回应，非常享受同他在一起。"

对父亲的另一面的解读发生在丹尼3岁时，"他对丹尼的态度表现得很正面但很肤浅，当孩子提出要求时，他甚至是冷漠、疏离、厌烦和愤怒的。他有太多内在的不稳定性，要想了解这位父亲某一天表现得怎样（是愉悦的，还是说教的）相当困难。他与人相处时不是一个安静的人，他的情绪化太过度了，以至于需要在当时回应他很多。这位父亲的回应有时表现得有点难过，当转向我或者丹尼的时候，有时他过于全神贯注。"

考虑到这位父亲变色龙般的性格，丹尼提道："我的父母都是戴着面具的人，所有事情被当成秘密或者隐藏起来。无论何时问为什么这么做，他们不会对任何事情给一个直接的答案。我的父亲是一个很有攻击性的人，却带上了一个柔和的面具，我的母亲害怕对任何事情表态，这个家庭是一片混乱。作为自我防御，从我有记忆起，我就成了一个任性的人。"

尽管丹尼在30岁时对童年的回忆是梦幻般的，事实上，在情绪起伏波动的父母身边成长，令他确实经历了困难。研究记录跟随了那些好的和坏的时期。比如丹尼1岁时，他的测试者写道："他是个聪明、腼腆、欢乐活泼的孩子。在外放和退回之间，他保持着一种平衡，更多的是外放的一面，没有消极的一面。总体来说，他是个好相处的孩子。"他也有与母亲的矜持相似的安静的一面，可以比大部分孩子独处更久而不是到处哭闹。有时父母会发现他会对自己哼哼——这个习惯也许是从保姆那里学来的，她喜欢在照顾丹尼的时候哼着歌。每当他看到父母时，他就会从他的幻想中出来，等着被抱起来，并开始嬉戏。

丹尼把他的能量放在社交上，他的身体发展有些滞后。在1岁时，他的测试结果显示，他的身体活动有点被抑制，他的测试表现不太好，对身体舒服的要求过多。虽然有这些困难，母亲的访谈者报告说："很容易就能发现，父母觉得丹尼很好相处且令人愉快。他不同寻常的社会回应让母亲安慰，让父亲兴奋。我想象丹尼的成长过程是非常外向、兴奋，总是停不住。考虑到母亲对于在工作时要离开孩子的焦虑，这位母亲做得非常好，用她所有的力量来让儿子开心，可能也通过发现丹尼认同了父亲的社会活力和母亲的能力而感到安心。"这个报告预见了丹尼成年后的友善和能量，但遗憾的是，对母亲估计错误。她明显从未在自己身上找到过平静，除了在死亡中。

在16个月的时候，丹尼才学会走路。研究者估计，这是因为母亲把他抱在怀里太久了，作为对母亲的情感分离、父亲的过度兴奋和保姆随时准备抱起他，并为他做好一切的补偿。

当丹尼3岁在照顾中心时，他的情绪是担忧、防备和有些不开心。观察者发现，丹尼并不喜欢和其他孩子接触："他似乎受到了打击，无法让别人知道他的愿望。有时他很困扰，同时也渴望和依赖于大人的关注。"4岁时，他的应对风格开始形成，他找到了摆脱时不时受打击的办法。那年去参与计划时，他是放松和愉快的。在面对三个演习的测试时，他工作得非常努力，并控制了他的焦虑，不停地说话。使用否认（当没法弄清楚的时候，他说自己已经成功了）和攻击性，他把那些冒犯了他的玩具都扫开。测试者总结道："他不再是去年那个受到母亲中立表现影响的、被动或拒斥的孩子了。他身上出现了更多活力、不安、傻乎乎的控制行为。他表现得很享受这个测试，但是我没有在这个孩子身上感觉到温暖或亲密，他看起来总是紧张、过度控制和有些强迫性。"

5岁在学校时，丹尼的性格很讨人喜欢，他喜欢使用技巧和能力来组织他的能量，并能够独自工作。他的问题来自他对同龄孩子的喜怒无常。有时他很友好、乐于助人，但有时又会变得粗鲁和有优越感。他会抓着从家里带来的玩具向老师哭喊，那种方式似乎暗示着他在家里经常无法被听到以及想要被听到的不安全感。他在学校安排的活动中会尽力做得最好。老师说："他可以是最有能力的外交家，也可以是最粗鲁的陪伴者。他有一切成为好男孩的能力，只是他内在的不舒服妨碍了他这些能力的实现。"研究观察者表示同意："有些还未解决的东西在他对其他人的态度中。他看起来一直在使用骄傲自大作为防御，来应对未满足的爱的需求。他表现得像个喜怒无常、自恋的孩子，虽然他不愿去承认，其实他是很依赖的。他那种复杂和自我关注的感觉看起来很不真实、不稳定，掩盖了一种内部的不确定性。"

伴随丹尼童年的成长，报告延续了之前的矛盾，非常不同于其他被试的家庭中所呈现的稳定结构模式以及孩子的一致行为。一些采访者觉得，丹尼的母亲是好的，有心理洞察力，对家庭尽职，深思熟虑，在情感上是可以联结的。另外的一些研究者则认为，母亲无法享受同孩子一起，沉默寡言，说话时郁郁寡欢。有些研究者觉得，父亲是有活力、注重细节的，同丹尼在一起时很愉快，也对丹尼很支持。其他的研究者则觉得，他有种自恋、无节制的自我陶醉和施以恩惠的待人方式。

丹尼5岁时，父母遇到布洛迪博士，讲到他们愉快的家庭假期，他们对丹尼成长状况的满意，并觉得丹尼的幽默很好地补偿了他们的固执己见。他们会因为一些事情而发生口角，父亲觉得是母亲的松弛原则，母亲觉得是父亲的缺乏耐心。有趣的是，这对父母引起了学校老师对丹尼的担忧，因为丹尼有时表现得比其他孩子更不成熟。但是，父母却断言问题在于学校老师的不成熟和严格。布洛迪博士温和地尝试反对丹尼的父母将丹尼的困难向外延伸到学校的冲动，她对他们说到，项目的研究者观察到一些与学校老师发现的类似的东西，这是值得思考的，也有可能是父母注意的盲点。布洛迪博士写道："我的尝试没有引起回应。这对父母不想去听任何有批评性质的意见，并很快结束了这次对话。"

一年之后，6岁的丹尼获得了显著的进步，"在计划中，他表现出耀眼的热情、活力和警觉，并且表现得有礼貌和有合作性。"他的情绪令人惊异地同父亲的兴奋保持了一致，母亲则还是平常的那个样子，是有条理和情感表达有限的。在学校，丹尼很有能力也经常满足，但他也还是一个"冲突中的孩子，倾向于去命令和控制其他孩子，并很难服从团体"。研究项目组在丹尼进入青春期前最后一次见到他，是在他7岁的时候，这一次家人也没有很配合，父母似乎都很回避，无法和他们约定时间来访谈。丹尼似乎也了解了父母的态度，在访谈中表现得很抗拒，没有建立友好合作的关系，测试的表现也很不好。"我们依然考虑到他的抗拒，他的面部表情没有表达出哀伤或愤怒。他有时会微笑，想要保持一种必需的井然有序的外表，在其他时候则是冷漠的。他在整个测试过程中都保持隔离状态，我们很难有机会瞥见他的内心世界。"

从经营餐馆的丹尼回溯到儿童期的丹尼，我们慢慢回放他过去的生活，观看他的发展。母亲的隔离和压抑的痛苦，父亲的古怪友情，对他来说理解父母表现上的差异是困难的。但在 7 岁的时候，丹尼认同了母亲的自我戒律，他在学校的学业表现很出色；也认同了父亲的积极，他在学校进行了有活力的社会参与。尽管如此，丹尼还是深陷其中，内部的焦虑表现了他的不安。他过度依赖否认的家庭防御，这种防御对父亲很有效，对母亲则没那么有效。在关系中，他似乎缺乏温暖，他身上体现的更多的是母亲的冷漠和父亲的夸张友好。

8 岁时，丹尼的母亲结束了在纽约的医学训练，父母都在旧金山找到工作，回到了自己扎根的地方。十多年后，丹尼离开家上大学不久，他回到纽约来参与他 18 岁时的跟踪调查。那时，他个子很高、身体结实、声音低沉，穿着破烂的牛仔裤、登山鞋和希腊式长 T 恤。他的外表加上他欢快的、漫无边际的讲话方式，让布洛迪博士想到了他父亲。丹尼告诉她，他上了一所封闭式学校，赞扬了他的老师，谴责了那些让他觉得愚蠢的仪式。他讲到了很多朋友，也谈到他在高中最后两年的处境很困难，因为他的大部分朋友都离开中学去上大学了，还包括一个希望成为医生的女友。在他的青年时代，他获得的最大快乐是暑假在叔父的葡萄园工作。当布洛迪博士问有什么让他不开心，他立即回答是他初中的时候，母亲因为抑郁而住院，还有一次是母亲早些时期的危机导致父母双方分开了几个月。他补充说："我家庭中的每个人都是自我中心、敏感、有野心、聪明、意志坚定的，不管这些是好的方面还是不好的方面。我像父亲，喜欢快乐。弟弟则和母亲很像，矜持、敏感。虽然我们之间有很多差异，但是我们也互相喜爱，因为我们在某些地方是一样。"

在布洛迪博士的记录中，她这样评价这个家庭："我得说这个家庭可能是在负面方向上较为一致，他们身上似乎有一种很深的依恋。"布洛迪博士询问丹尼，是否在他或其他人身上有什么东西，他想要去改变。他回答，他希望自己可以更有耐心一些，母亲可以更开心一些，但是他不知道怎么让母亲更开心；他也希望世界上可以有更少的贫困和卑劣；在将来，他希望能在生活中做一些事情让人们更开心，但他还没有想好该做什么。

布洛迪最后的意见是悲观的："由于我对他的浓厚兴趣，在他离开后我思考他所说的所有的话。在我将访谈做出逐字稿后，我才意识到，他有多么的不安。我开始怀疑，他身上已经有他母亲的躁郁症的种子。他全心全意地投入到访谈中，讨论自己及其家庭，他的报告中充满了否认和困惑的陈述。他做出了很多全有或全无的陈述，如'所有人都让我高兴'、'没有东西惹我生气……我不后悔我做过的事'。他的叙述中有多次确实的证据指向思维障碍，这些证据足够多，以至于让我相信他有边缘人格障碍。他尝试用笑来摆脱事情的努力是显而易见的，同时也说到他喜欢挑战，但避免自己面对学术上的挑战。他有一种错误的过度自信，在很多时候都很明显。他想要去抹黑他人和情景的需求非常让人担忧，这留给我一个印象，他深刻地恐惧对其家人和密友以外的人投入信任。这个家庭里的每个人，虽然都被提到有各种各样的问题，但是在他陈述中也都被蔷薇色的光环包围着。这个男孩的智商是好的，但是看起来他身上有太多情感和认知的困惑，我感觉他的将来可能不会太好。总的来说，我可以形容他是个戏剧性和自恋的人，总在努力压制焦虑，实际上却以某种方式逃避现实。"布洛迪博士的担心是很有警示意义的，我们已经从她对大部分其他病人的准确评价上了解到，她是个有着准确洞察力的临床工作者。

但是，在本研究中丹尼的案例同其他被试还是很不一样。多年来，不同访谈者、测试者和观察者的报告差异很大。事实上，在丹尼18岁时给他做测试的心理学家，给了比布洛迪博士要积极一些的报告，但在很多地方没有大的差异。相比很多同龄人，他有一种不修饰的成熟外表。在与他生动的甚至有些散漫的对话中，丹尼讲到他生活中的很多兴趣。他的能力是出众的，能够让他去思考自己并做得很好。但谈及这一点时，他会用一种讽刺的、自我观察式的幽默。一定程度的情绪不稳也是丹尼的特色，他的联想虽然不是古怪的，听起来却很随意和散漫。有时候，这听起来很有格调，似乎他在用这种文艺风格来带给自己乐趣。他的表演有很大的差异，有时候是系统的和组织良好的，有时候则是具活力和回应性的，还有时是创造性的。但是，有时候他也似乎无法抵御自己的冲动和情感。他可以很好地使用他的智性防御来保持一种面对情感的必要距离。他勾画出的世界中，他与他人的关系混合着多种因素：有适宜的、温柔关切的，也有很多平淡的体验，还有哀伤。

"但是，他想象的生活中也有更为黑暗、复杂和控制得不好的部分，这样的生活意味着有威胁和暴力存在，有时伴随施虐的冲动，他会与他的弟弟、同龄人和父母竞争。特别是在他对父亲的认同冲突中，既有对父亲亲近的渴望，也有理想化的父子关系。女性对他来说是恐怖和可怕的，他会时而理想化她们，时而贬低她们。总体来说，丹尼正在应对一系列的青春期混乱、性与认同的问题；面对这些问题时，他使用了一系列的防御方式，以及表演性的人格组织，表现出兴奋、过度反应、寻求注意和自我戏剧化。但是，也有可能这些活动给他带来了真实的创造性潜力。在这个问题上，很难区分艺术化的青少年身上的敏感和创造性，他努力挣扎，尝试摆脱一种更为边缘人格组织的解体。他关于性和其他身份认同过程中的冲突，以及大量的愤怒，是他在面对特殊年龄段问题的表现，这些都包含在他充满生气、敏感但又坚强的性格背景中。我认为，如果他的能力、兴趣和情绪能够整合到一起，他就能成为有力量之源（power house）的人。"

在那次访谈的 12 年后，我们看到经营餐馆的丹尼真正地成为了一个有力量之源的人。也许布洛迪博士对 18 岁丹尼的评价忽视了他本质上对父亲的认同，虽然父亲是非常戏剧性的，同样也是一个有想象力、职业成功和勤奋的工作者，并且致力于照顾孩子。同样有可能的是，母亲在他大学二年级的死亡，把丹尼从不开心的母亲和家庭冲突的影响下解脱出来，使他能够致力于跟随父亲的道路。再往前看看丹尼成功的源泉，我们发现，丹尼婴儿期和儿童早期时的保姆（那个经常唱歌并被丹尼模仿的女性），也可能补偿了丹尼母亲的单调情感。这位保姆一直在他们家工作，至今还受雇于丹尼的父亲。

在母亲死后，丹尼没有回到学校完成学业，而是去了一家以新颖性著称的餐馆当学徒。其实这份工作是丹尼偷偷梦想了很久的，但他觉得去从事这份工作会让母亲不开心。这份工作满足了他对同志情谊、戏剧、关注和创造性的需求。在那之后，丹尼去了美国厨师学校，并且遇到了未来的妻子（那时她还只是个学生）。丹尼说："她给我的生活带来了秩序。"也许她也有种过于要求完美的倾向，她经常一个人承担餐厅的布置，因此丹尼就会尝试帮助她放松，并缓解她的情绪，就像父亲在母亲身边做的那样。

当他将这栋房子改建成餐厅来享受美酒佳肴时，伯父成了他的导师。丹尼觉得他现在最大的问题是缺乏耐心，这与他18岁时看到自己的问题一样。因为缺乏耐心，他很难吸引投资者投入更多项目所需的资金。"那段时间是我唯一怀疑自己价值的时候，我不知道自己能否筹集到资金。烹调是有趣的，而且很简单。我从来不遵循陈规，我认为我能够比我所了解的做更多，也许这也是一种长处。这也是为什么我能做出这些有趣的菜。我会很好地和在这里工作的每个人相处，只要他们认同我是老板而不会同我竞争。我可以让妻子成为例外，她是餐厅的老大，即使这样有时对我来说也有困难。"

丹尼说，他最希望的是母亲依然在世并能看到他的成功，但他也感觉自己能有现在这样的人生很幸运，是母亲告诉他很多如何做人的道理。当问他生活中最高兴的部分，他回答："我不知道，我有很多高兴的地方。"这个回应可以追溯到他很早的一个记忆，在他2岁或3岁的时候，父母带给他一个生日蛋糕。"开餐馆就像每天都在开生日派对。"

访谈的结尾，丹尼提出想在他的餐馆里主持一个邀请布洛迪博士研究计划所有被试的大型派对，这个安排就像"这是你生活发展的故事"结束了的电视录像。访谈者告诉他，这个安排很困难，因为研究项目保证了被试的保密性，包括他们的身份。听到这个解释后，丹尼陷入了沉默，情感上也退缩了，就好像他被不公平地对待了。30岁时的这个反应，让人联想到他的父母面对布洛迪博士尝试讨论7岁的丹尼在学校的问题时，是如何冷漠地拒绝的。我们会回想到，她对此的注解："他们不想多听一个字。"因此，即使现在丹尼表现出成年人的满足、成功和顺应，也有可能他性格中的"黑暗面"会在以后出现，就像布洛迪博士所恐惧的那样，如果这个餐馆经营不顺利，如果他的妻子后来太像他的母亲，或者如果将来他的不安分、创造力、展现癖和野心都耗竭了的话。

建构丹尼的心理档案的最后任务，就是回顾他的成年依附类型。他是非常明显的安全型，在儿童期同父母的依附关系也表现为安全型，虽然父母在与他的关系中也有他们自己的问题和过失。甚至作为一个孩子，他看起来也能平静地接受他们可以给予和无法给予的。相比他们带给他的问题，丹尼对父母带给他的那些好的感觉更为看重。

瑞巴——"恨，让你受伤更多"

瑞巴的故事要比丹尼的故事稍微平凡一些。她没有经历失去父母一方的背景，也没有对父母不断变化态度的困扰以及戏剧化家庭生活的背景，更没有解读"记忆到底是真实的，还是防御性虚构的"困难。我们看到的是，她从孩提时代就进行了漫长、持续的努力，建立起一种功能健全和快乐的性格结构，来抵御她幼年受到的父母的不良影响。事实上，瑞巴吸收支持性影响以及分隔或忽视负面影响的能力，在这个超越逆境的9人小组中非常典型，而像丹尼那样混乱和极端的成长经验则较为少有。

当瑞巴6周大的时候，研究者形容母亲喂养她的情形："这个孩子被抱着的时候远离母亲的身体，她张开手指好像想要去触碰什么。母亲虽然可能意识到孩子的不舒服，却没有提供温暖或安抚，而是保持沉默和距离。她会坚持抱着孩子，并且审视孩子，但明显没有发现孩子在听到她的声音时不太舒服。孩子开始打嗝，她也没有注意到。把孩子抱在肩上时，她没有对孩子微笑或者表达任何情感。只在孩子用非常明显的哭声来表达需求时，她才会回应。"

在瑞巴1岁末时，布洛迪博士总结说："这位母亲无法提供正确的刺激。她同情的能力是有限的，控制是不安全的，效率是不均衡的。当孩子需求很明显的时候，她也可能不去回应。她爱孩子，只是对孩子保持距离，且对与孩子的关系不感兴趣。瑞巴的母亲有些退缩，她用一种同孩子常规相处的方式来保护自己，很少自发地同孩子玩，和孩子的关系很贫乏。"

我们再来看看瑞巴的父亲，访谈者发现他很严肃且缺乏活力。他是诚恳的，但并不温暖或友好。讲到瑞巴时，他的描述很平铺直叙，给人一种距离和冷漠感，就好像他在谈论一个人类种族的成员而非他的宝贝孩子。事实上，考虑到这对父母繁忙的生活，以及在瑞巴之前已经有了一个哥哥和姐姐，研究者考虑过瑞巴的出生是否是父母所期待的。这对父母参与这一研究计划，看起来是作为他们系统、严肃生活方式的一部分，外加希望获得瑞巴成长的一些数据，以便帮助他们完成照顾。

除了对儿童成长的知识有兴趣外，瑞巴的母亲在参与计划时也有一些自己的育儿理念：（1）除了刚出生的那段时期，婴儿是可以单独待着的；（2）在6个月的时候，婴儿都是"控制狂"，因此不要对他们太过注意；（3）早期就对婴儿开始训练，从她哭泣时就不把她抱起来开始；（4）"打孩子的时候就要打疼"。当回忆自己的母亲时，这位母亲称她是一个非常严格的人，经常打她的屁股。但当瑞巴超出她的底线时，她也毫不犹豫地打瑞巴的屁股。研究人员发现，瑞巴的母亲是非常自以为是和过度控制的人。在第一年末，布洛迪博士试图帮助他们更多地思考什么样的做法会导致孩子某种行为后果，以及较少地考虑好与坏的两分教条，但她的努力没有成功。

父母的严格规则导致了瑞巴的一系列问题。在婴儿时期，她就开始便秘。母亲不顾儿科医生的反对，每天两次对瑞巴使用肛门栓剂，让其规律地排便。母亲因为不能像自己想的那样尽可能多地待在法律事务所而感到失望。在母亲眼里看来，孩子会带来"权力的愉悦"（power happy），她把自己需要掌控的意愿投射在孩子身上。此外，就像丹尼一样，瑞巴走路很晚，研究者好奇是否她从父母那里获得了足够的快乐刺激。

当瑞巴快1岁时，她的上呼吸道感染发展成了哮喘，后来成了一种慢性疾病。在随后的发展中，过敏源和寒冷都会刺激瑞巴的哮喘发作，还经常很严重，导致她服用多种药物，每年都会进急症室好几次，她不得不回避宠物和很多事物。直到成长为青少年后，她的情况才开始好转。等到她离开家进入大学，她的哮喘发作已经变得不那么严重，频率也减少为一年两三次。儿童哮喘带来很多值得关注的重要问题，如心理压力和身体症状的交互关系，长期以来这都是精神分析取向研究者的兴趣。弗兰茨·亚历山大（1968）是躯体化症状研究的先驱，他假设当身体和心灵开始在儿童早期发生联系而出现哮喘、皮肤和胃肠道问题时，通常由三种条件导致：（1）特殊基因导致的器官问题（如支气管系统）；（2）生活压力增大导致症状的出现；（3）持续性的情绪冲突，比如有被抱持的需要但无法体验，可能导致湿疹；有想哭泣的愿望但需要抑制哭泣，可能导致哮喘。

一些研究（Nathan Szajnberg & coworkers，1993；Krall & Szajnberg，1995；Szajnberg & Waters，2011）进一步解释了亚历山大的工作，他们针对青少年组的研究发现，那些患有肠道障碍的青少年，通常在起病前的一年内出现过严重的生活压力。在青春期，这些症状出现的危险性是很高的，并且这些症状有一种家庭的或者基因的模式。此外，伯格也发现，母亲自身对其父母的依附类型与她的孩子的状态相关：90% 肠道障碍患者的母亲，在成年依附访谈的结果显示与父母的依附关系是不安全型。穆拉齐及其同事（1991，1999）对患有哮喘并希望成为母亲的女性进行成年依附访谈发现，那些具有不安全依附类型的母亲的孩子比安全依附类型的母亲的孩子更容易患上哮喘。这些对疾病的研究，揭示了基因倾向和母亲照顾的互动对心身疾病状况的影响。

长期哮喘、身体虚弱、发育不完全、走路很晚，瑞巴从婴儿期、幼儿期慢慢进入了儿童期。在这些方面，她的情况开始有所好转。她总是在视觉上很敏锐，非常愿意回应社会互动。随着她慢慢长大，哥哥姐姐让她很感兴趣。此外，也像丹尼一样，在 4 岁的时候，她开始自己哼歌，这种歌唱是一种自我抚慰的催眠曲。通过这种方式，孩子能够自我抱持。换种角度来看，一些年幼的孩子用他们的哼哼来当做安全的毯子或者宠物玩具。温尼科特把这些称为"过渡性客体"或者"过渡性现象"。在这个过渡时期中，这些客体可以帮助安抚儿童的心理分化，以及与母亲的分离。

当瑞巴自己哼歌时，几乎都是开心和满足的。瑞巴喜欢与父亲在一起。3岁时，她成为一个能够走路、跑步的小女孩，她和父亲相互之间都充满了活力。在瑞巴 30 岁时，她讲到自己在孩提时期是如何崇拜父亲的，他是大家庭中最招人喜爱的叔叔。周末时，他会带着瑞巴、瑞巴的哥哥姐姐和表亲们一起坐上他的大货车。他们会在夏天一起去海边、在冬天一起去看电影，父亲慷慨地支付所有人的费用。早期的研究者们没有机会看到瑞巴父亲的这一面，他也提到，他的儿童时期是在快乐和溺爱中成长的，不像瑞巴的母亲。他希望自己的孩子在成长的过程中也是快乐的，不想在养育的过程中打他们的屁股。

另外一件非常重要的事情发生在瑞巴刚上小学时。她回忆这件事的时候已经成年了，她感觉她在那个时候"终于明白了"。那是一个秋天，瑞巴到了可以和哥哥姐姐一起走路上学的年纪，那些时光对她来说是宝贵的。她记得有一天，哥哥姐姐告诉她"我们爱母亲，但她不是最好的母亲，她很自私"。从那之后，瑞巴就把这条信息作为她情绪的平衡点。听到这个关于母亲的描述并感觉自己得到了哥哥姐姐的支持，她确认了母亲的自私。瑞巴感觉，那些年她的困惑、愤怒和内疚得到了解释，她终于能够把自己从自我谴责中解脱出来，认识到自己不是家庭中不快乐的原因，这也是很多其他孩子自我谴责的原因。虽然，瑞巴的哥哥姐姐解放了瑞巴，但是他们每个人要努力用自己的方式去理解母亲。现在，作为成年人的哥哥姐姐做得并不像瑞巴那么好。哥哥有物质滥用的问题，且婚姻失败；姐姐则有很长的治疗抑郁的历史。

随着时光的流逝，研究者们对这个家庭的印象模糊了。这个家是用一种商业模式的方式经营的，有着规律的时间表。比如，当瑞巴6岁时，观察者描述了一个游戏环节："母亲毫无幽默感地说教，却起到了相反的作用，她缺乏温暖和自发性。她对瑞巴说了很多，但她没有微笑且很严厉。母女之间的目光交流很少，身体接触几乎没有。母亲对孩子的意见总是很直接，她告诉瑞巴要把玩具放到哪里，瑞巴就会按她说的把玩具放到玩偶的房间中。母亲说：'我们能把玩具娃娃放到板凳上吗？'瑞巴马上就会照做。虽然母亲总是很快就给出指令，但是她对孩子好奇心的满足却很慢。当瑞巴问母亲其中一个娃娃该叫什么名字时，母亲说：'你觉得她该叫什么？'这就像老师在布置任务并且要掌控这种互动似的。这位母亲有些高高在上，只有一次给予了瑞巴表扬。那是瑞巴问母亲自己布置教室的怎么样，来希望获得母亲的表扬。母亲答道'很好'，又马上在她的表扬上加上指导，'别忘了把娃娃也放到教室里'。这个反馈反映了她缺乏放弃教导而去游戏的能力。"

瑞巴的父亲在研究者那里依然保持着冷漠的印象，因为随着他金融策划师的职业越来越成功，他那种夸张的粗俗也越发明显。但是，也有一些好的迹象被瑞巴发现，像父亲的温柔和热心，瑞巴那种虚弱的外表似乎能激起父亲的保护欲。研究者也发现，这位父亲的表现欲和老板派头也表现在他带着孩子出去玩给他们买东西上，这些活动与瑞巴成年后对父亲的欢乐回忆是一致的。

也许，最为重要的是，父母双方都以他们的方式喜爱并接纳了瑞巴。另外，他们也互相爱着对方。当父母分别对瑞巴进行描述时，他们使用了几乎一样的词句，通常是：开心的，对她的年纪来说很有能力，享受生活，不难相处。他们也补充说，当瑞巴发现事情不是她预想的那样，就爱哭泣。他们注意到这些并认为，这是瑞巴作为家里最小的孩子所习惯的那样。他们接受了瑞巴的哮喘，并安排管理这个事实。他们很有耐心地形容7岁的瑞巴不喜欢被迫去做一些事情，她敏锐、爱担心、有责任，不是非常灵活，同时她也很快乐，寻求关注，爱好运动，社会化，喜欢成为孩子们的领导者，对时尚敏感，喜欢修理母亲的头发，很好相处。瑞巴是一个"温柔的、与众不同的孩子"。

瑞巴在幼儿园的表现证实了父母的满意。她的学校观察者写道："脆弱、娇小的外表隐藏了她的很多长处，包括幽默、享受自己的技能、有能力独自工作并利用自己的能量，以及对学习感兴趣。此外，她异常的敏锐和有效率（都是父母的优点）、有效利用学校资源来使用她的长处（父母双方都很有雄心）。她也有主动性，如果有什么东西不明确或者不符合她精确的要求，她会负责任来收集所需的其他信息。她给人的印象是一个很有能力和主见的孩子，她不容易被忽略。她对自己的要求很高，这些要求也是现实的……就像那些对自我要求严格的孩子一样，瑞巴对他人的要求也很多。有时在与其他孩子一起的时候，她倾向于表现得像个上级。她很快就熟悉了课堂里的各种规则，有意识地服从并希望他人也去服从。因此，她有时候对其他孩子有些挑剔。比如，有一次瑞巴很严厉地告诉两个孩子，他们在一项作业上错误地使用了蜡笔而不是铅笔；还有一次，在站队的时候有个男孩告诉瑞巴，她占了他的位置，瑞巴愤慨且义正词严地反驳：'但是你站到线外面去了。'"

"当这类事情没有引起她注意的时候，瑞巴并不是那么引人注目。事实上，在同龄孩子面前，她有些胆小和不太确定。大体上，她对同学的态度是友好的，他们对她的态度也是如此。瑞巴在学校基本是开心和自信的，她用一种严肃的态度来考察整个环境，关注活动中实际和有组织的方面（就像她的父母一样）。她身上有些完美主义的倾向，表现在获取信息和使用信息上。在她这个年纪的孩子，很少像她那样有一种领导的潜质（像她的父母），同学对她心生崇拜。在结束学校一天的活动后，老师对她的评价是：'瑞巴是个理想的孩子。'"

当瑞巴5岁去参与项目时，心理学家发现她内心的世界更加复杂。首先是矜持，然后是兴奋，在面对困难任务时她被激怒了，说："我永远都做不到，见鬼，这真难。看在老天的份上，告诉我这个破玩意该怎么弄？"之后，她恶狠狠地把拼图游戏拍到桌子上，然后抱怨："我要母亲来这里帮我。为什么你要给我这么难的任务？别指望我能在这么快的时间内做好。"尽管很疲惫和紧张，瑞巴强迫自己保持专注，完成了要求她去做的任务，甚至显得有些过度顺从。

她在儿童投射测试中关于动物的故事非常长，且充满想象力；但是问题在于，大部分故事都是暴力的。比如在一个故事中，主角动物弄伤了腿；在另一个故事中，老鼠死了；在第三个故事中，猴子被砍成两半后被吃掉了。那些不包含暴力主题的故事则与抛弃有关——母亲离开孩子，却没有告知为什么和要去哪里；或者母兽告诉孩子，她离开是因为不再爱它。测试者的总体印象是：瑞巴是个非常聪明的孩子，她的表现非常好；但是，她似乎总需要确认自己得到了关注，需要去安慰自己，就像唱歌给自己听一样。瑞巴的这一动机让研究者想到了她的母亲，这位母亲极强的专注力让人想到她的父亲。报告描述了一个紧张、兴奋的小女孩，在前一分钟感觉愉快，在下一分钟就可能会不安，预计她将来在面对严峻挑战时可能会遇到困难。测试者总结："同瑞巴相处很愉快。对她的年纪来说，她是个很好的谈话者，有智性的好奇，对作为个人的我也有很多好奇。虽然她有很好的判断力，但是她的社会行为存在两个问题：一是她对我的关注实在是太多了，我们几乎很难一起完成工作；二是她很难取悦自己，她和我不停地说话，似乎她对我的离开感到很焦虑，需要和我保持身体的联系。第二个问题来自她的服从倾向，她几乎在没有收到我的直接指令时就行动了，当她服从时行动会特别快（一个"理想"学生的特质）。她不是那么需要母亲在场，而更多地需要我在场。"事实上在这次会面之后，她并不想回到母亲的身边，而是更想留下来继续和我玩。

在之后的 11 年中，瑞巴坚持了下来，当她在高中最后一年来接受访谈时，她已经成了一个沉静的、有合作性的、外表健康的年轻女性。她的穿着颜色协调，佩戴有适当的小首饰。再一次，她的心理测试结果显示，在她的平静和小心构建的个性组织下有非常强烈的情感和冲突。她内部的早期混乱让人联想到丹尼，她和丹尼的早期生活都很难称得上是顺利的。瑞巴和丹尼的测试结构都显示，攻击性的想法和情感经常浮出水面并打断他们的思考，同时他们还会冒出一些和测试图片无关的想法。瑞巴的回答中包含了一种想象，暗示她感觉到无意识地同母亲有性的竞争，且成为母亲的被害者，母亲会发现她的错误并对她说教。

瑞巴与他人互动的想象则充斥着施虐、暴力和敌对。她以一种令人气馁的方式结束了她在测试中讲的故事：主角鬼鬼祟祟地看着她，没有主动采取行动解决问题；她的角色逃遁到一种沮丧的消极中，或者表现出一种可爱，就像是说"看着我，喜欢我，因为我很漂亮"。这些故事给出了很多瑞巴作为一个 18 岁女孩的经历的线索。尽管如此，她实际的成就和社会应对是更加成功的，正如她 7 岁起就表现得很好。她在高中是个非常好的学生，有令人满意的友谊和课余活动。她当过一年班长，实现了学校观察者对她领袖潜力的预测，也成为一个热心的足球运动员，似乎没有受到她儿时的虚弱和哮喘的影响。

瑞巴 18 岁时，很慷慨地把父母双方都形容成温暖、有爱和主动的。父亲很亲切，她依然喜欢坐在他的腿上（当她想要这么做时）。为了扩展她对母亲的描述，她说："母亲是一个职业女性，并且在一个大多数为男性的领域中保有一席之地。"但她又非常快地补充道："请原谅我用的语言，母亲有非常糟糕的一面。她会毫无理由地给你一巴掌。但是，她也是一个坚强的后盾，在需要的时候能够支持你。你很容易对她倾诉，她不会批判你。"瑞巴对自己这个时期的不满是她的拖延问题，当友情中出现问题时她容易去怨恨，她对事情迟疑不定，除非是同朋友一起做决定。

布洛迪博士惊讶于瑞巴是多么想去美化他人，以及她是如何压抑自己对他人的负面想法和情感的，但是瑞巴最终还是会表达出来，因为她很重视开放性。她觉得瑞巴是个很有思想的青春期女孩，有能力表达温柔和同情，但是情感的抑制和紧张限制了她情感的深度。她和 18 岁时的丹尼一样，都感觉自己站在舞台上，需要表达自己的存在和讲述自己的家庭。瑞巴将母亲描述为"温暖和有爱的"，这使布洛迪博士感到震惊。在布洛迪博士的印象中，母亲在瑞巴幼年时期同她的相处绝对不是那样的。

不仅瑞巴在 18 岁时对父母的描述，尤其是对母亲的描述同研究者的观察非常不同，而且她也表现出一种反差，体现在她对学习生活的成功适应上，以及她在心理测试中反复出现的、混乱的内部生活。这种内在和外在的反差也发生在丹尼身上。心理测试中呈现出的强烈的、困扰的内部冲突和激情更多地与研究者们对他们家庭的理解以及对这两位被试的预测一致，而与丹尼和瑞巴实际的成功则有些不太契合，这说明那些有着不稳定心理结构的年轻人，可能会发展出情绪困难，但实际上可能不会出现心理疾病。

不安的潜意识情感生活和有效率的外部活动之间的不一致，也许可以用孩子有继承驱力来解释（温尼科特 1962 年的著作《成熟过程和促进性环境》（*The Maturational Processes and the Facilitating Environment*）对此提供了解释）。这种继承驱力能够克服外部障碍，并为自己争取最好的生活。为了实现这点，孩子会根据父母、兄弟姐妹、老师和朋友的喜好来建构行为模型。同时，孩子无法避免父母的性格特质对他们的影响，这些性格特质会强烈地激起他们的情绪。心理测试就使这样一种内部骚动可视化。即使孩子发现父母是不好的，依然被促使去模仿他们。在孩子的早年生活中，父母无所不在地扮演者老师和模范角色。有时候，也有一些平衡性的影响能够成为救援者，瑞巴和丹尼则从他们的哥哥姐姐和拓展的家庭中找到这种影响的来源。

从这些被试的早期生活，我们可以看到，人生开始的前 18 年是非常重要的。年轻人的性格（心理防御和处理冲突的方式，以及情感和冲动的方式）在出生的第 7 年左右形成，他们的身份认同（在与他人相处中、在学校中和在工作任务中，自己是谁的感觉）是在青春期的末期形成的。20多岁时，他们会巩固自我，这个过程他们学会从情感和身体上同父母分离，与伴侣建立亲密关系，并掌握工作技能。瑞巴这样描述这个过程：接受并理解自己的兴趣是来自父亲，离开家去上大学，认为自己会去读经济方面的研究生，并在毕业后去银行工作。但是，似乎学业的追求依然无法对瑞巴去读研究生构成足够的吸引力，她在大学毕业后直接参加了工作。她受到了来自曼哈顿和华尔街光环的吸引，接受了股票证据交易的工作培训。瑞巴在那里持续工作了三年，获得了相当的成功，但是那里的竞争和伦理缺失让她感觉很不舒服。尤其令瑞巴感到失望的是，她能够掌控的很少，顾客来来去去，秘书对她并不尊重，公司也没有兑现之前的承诺，没有平等地给她安排新的账户。

但是，在那3年中，她爱上了一个"很棒的男人，一个我的梦中情人，他就是我所希望的一切，我们有共同的梦想，他的运动很好，对书和电影的品位极高，富有幽默感"。丈夫比她大8岁，并且以很快的方式在公司获得成功。在同他约会之后不久，瑞巴就离开了她所在的公司，开始为父亲打工。她每天从曼哈顿到康乃迪克通勤，她认为，当自己获得更多的控制后可以学到更多。但是当她开始为父亲工作时，奇怪的事情发生了。她在人生中第一次发现了父亲的问题。瑞巴发现的很多问题都与那些在其早期生活中困扰研究者的问题相似，比如父亲缺乏耐心、无视不想看到的东西，他的冷漠、自我中心和颐指气使。瑞巴在父亲的办公室里亲身感受了父亲的这些行为。在现实中不得不为父亲工作的失望之情替代了瑞巴之前对父亲"无条件的爱"。

伴随对父亲的去理想化，瑞巴渐渐放松了同父亲的情感联结，并将她的理想化移情到男友身上并爱上了他。就像哥哥姐姐解除了她对母亲的疑惑那样，也许瑞巴也在无意识中感觉到需要更清楚地了解父亲，才能让自己从和父亲的牵绊中解脱出来，并和一个新的男性开始新的生活。这样的理解也许可以刺激她做决定换工作，并为父亲工作。父亲非常欣赏瑞巴，很快就让瑞巴担任他的办公室经理，但是就像瑞巴自己发现的那样，"问题在于父亲不知道如何下放更多的权力给我或者给任何其他人，而让工作得到合适的处理。"

25 岁时，瑞巴同男友结婚，26 岁时有了第一个孩子，她放弃了工作，"和孩子一起享受快乐时光，至少等到他们小学毕业"。去年她又生了一个儿子，我们拍摄了她与孩子喂食和游戏的场景。有很多家庭会传递他们的问题行为和态度给下一代，但是这种传递不是必然发生的。瑞巴展现了女儿可以采用与母亲不同的方式和孩子相处。事实上，瑞巴表现得与她的母亲相反。当她喂孩子吃第一口花椰菜的时候，孩子显得有些犹豫。她停顿了一下，用一种喜剧的方式——用手取了一小块花椰菜自己尝了一下，然后就像一个法国主厨一样，把手指放到嘴唇上亲吻了一下，用一种异常兴奋的方式表达出好像花椰菜是世界上最好吃的东西一样。孩子看得津津有味，也取了一小块蔬菜吃了下去，然后也尝试做出与母亲一样的姿势。母子欢乐的、节奏和情感同步的互动反映了他们在生活的其他方面也是在一起游戏的。

进一步聆听成年瑞巴的故事，我们可以了解她漫长而又努力的成长过程。她从一个身体虚弱且与令人担忧的父母一起生活的幼儿，到一个通过外在的愉悦和成就掩饰内部情感冲突的儿童和青少年，再到一个能与她的孩子建立满意和模范关系的成年人。她解释说："在我的成长过程中，我的母亲是一位值得尊敬的母亲，她像老师一样教导我们，非常爱我们。我指的是我了解她，虽然她没有把她的爱表达出来。她不是那种会很温暖地亲吻我的人。有时候她是令人失望的，比如当需要她来接我的时候，她因为太忙而忘记了。在我快 8 岁的时候，有天晚上我上完钢琴课后，不得不在黑暗中等了超过 1 个小时。那栋楼被锁上了，我非常害怕。我花了很长时间来消化她的自私，并让自己能够平静地面对它。我告诉过你，哥哥和姐姐是怎么对我解释的。我的舅舅（她的弟弟）也告诉我，'比起很爱你的人给你带来的伤害，恨让你受伤更多。每个人身上都有正面的地方'。舅舅是个非常好的人，他告诉了我很多关于生活的知识。他让我感觉很特别，也许是因为我是大家族中最小的孩子引起了他的注意，他没有自己的孩子。我在长大的过程中也许本来会对母亲生气，但是人们帮助我了解到她对我所做的不是因为我有什么做得不好。我学会在她心情不好的时候远离她。作为最小的孩子，这样做很容易，这样也使我有更多的自由，让我不像哥哥和姐姐那样被母亲控制得那么厉害。结果我就变得比哥哥和姐姐更乐观一些，这是因为我变得更独立，离父母更远一些。"

瑞巴对生活中最早期的记忆是关于恐惧和抛弃的，类似于她被母亲遗忘、被迫在钢琴课后等待的记忆。3、4 岁时，她和母亲一起逛商场，与母亲走散了。瑞巴觉得自己看到了母亲，但当她去抓住母亲的腿时，那位女士转过身并低头看她，瑞巴才发现那不是母亲。具有讽刺性的是，在她接受我们访谈的前一天晚上，她做了一个噩梦，这个梦强调了她对离开被爱的人的恐惧。她梦到失去了她的孩子，但这个孩子可能正是她自己的象征。她在梦中给了孩子一个电话号码，一位女性给她打电话并把孩子送回来了。有可能是因为预计到第二天要与访谈者讨论她对母亲的矛盾情感，她才在晚上做了这样一个梦，她儿时埋藏的记忆在这个梦中浮现了出来，被她的意识所找到。

瑞巴继续说道："在我整个成长的过程中，我都想着如果我能更好地取悦母亲，你知道的，就是表现得更好一些，在学校做得更好一些，她也许不会那么自私。我在学校中努力地取得最好的成绩。我知道自己该跟谁玩，以及怎么和他们玩。我对朋友很狡猾，保证我会一直和他们是一伙的，这让我能有比较好的位置。但这些都是徒劳的，因为母亲完全不知道她对待我的方式有哪里不好。现在不一样的是，我学会了接受它们。现在我也成了母亲，我看到了她的问题，她是多么的自我中心和严厉，还意识到我和我的孩子的相处与她和她的孩子相处有多么不同。我指的是，我有的朋友的父母是时刻照顾他们的，并尽可能地帮助他们，但我的母亲从来也不曾想到过要全心全意地照顾我。她总是太忙，太自我关注；她的日程太重要了。这并不是像有一天我醒来后说：'我无法期待她会变得不同。'这是一个慢慢演化的过程。现在我喜欢和我的孩子在一起的生活，每天都有惊喜，我能够掌控每一天。我最糟糕的是缺乏成年人陪伴的孤独。母亲说我是不成熟的。我不同意。我是成熟的，因为有一天我会回到学校或者工作。至少父亲对我感到骄傲。"

虽然在谈论母亲时，瑞巴的声音听起来很平静，她的眼中还是有悲伤的。当回忆父亲时，她的那种悲伤倾泻出来，她的眼睛湿润了。"父亲牵着我的手，他这么做是出于喜欢；母亲也牵着我的手，她这么做是出于目的，你知道，她是要把我带到哪里去。父亲是欢乐、温暖的，对我来说也是一位老师。哥哥姐姐和我觉得他是世上最聪明和最有能力的人，他该被选为美国总统。当我20多岁开始为他工作后，接受他也只是一个普通人对我来说很难。也许，犯错误也是成为总统的素质之一。"

30岁时，瑞巴的心理投射测试结果给出了一幅平稳的画面，这是她生命中第一次自己的内部快乐和外部能力一致。她的外部行为与测试所体现的内部世界之间，不再显示她年轻和小时候的那种不一致。心理学家报告："她有正确的自我能量和内部资源。她对她的外部环境开放，且有能力建立成熟的人际关系。她能够抵御压力，不会感觉被压倒，或者在那些时刻焦虑不安。看起来，她有好的内化的自我和他人。她对异性的描述显示出她有一些性冲突或者焦虑。她的原始防御是否认和以一种利他的好意愿的反应形式，这会压制潜在的愤怒。"瑞巴的哮喘问题几乎已经成了历史，她将其归因于她的知足常乐，因为她相信哮喘是一种对过去不愉快感受和压力的结果。她总结道："做一个真正的人，成为一个人是一件困难的事情。我还在为此努力。我问自己：'我有倾听自己么？我可以了解自己么？我可以为改变而努力么？'"

发展超出预期的 7 人组

达芙娜

在第二章中，达芙娜是个将童年的不愉快外化为一种过度兴奋的人。母亲从她出生起就对她过度反应，父亲则不间断地酗酒并情绪起伏不定，他把家庭拖到重复的危机中。但是母亲被赐予了幽默和乐观的天分，维持了家庭的稳定，直到父亲最终回归到自己的位置。这个家庭的问题带给达芙娜很大的影响，导致她在青年期出现物质滥用，以及经历了一段糟糕的婚姻，嫁给一个父亲一样的男人。但是，在二十多岁时，三个现象改变了她：她对母亲的能力和乐观勇气的潜在认同使她自己也得到了肯定；心理治疗帮助她克服了对第一任丈夫的内疚和分离焦虑；第二任丈夫的成熟和对她的支持给予了她内心的安定。

现在，达芙娜和丈夫经营着一家商店，并期待着孩子的诞生。她享受着过去从未经历过的平静感觉，保持了她的活力和外向。她特别讲到，她的生活直到最近才停止了过去过山车式的大起大落，过去持续性的对暴风雨要到来的担忧已经成为了历史。她同父母都保持了很好的关系。她与父母在儿童期的依附是安全—补偿—安全型。

罗娜

不论一个人对服从的价值判断是什么样的，适应家庭、友伴和社区标准的压力是一种强有力的发展力量。服从，是罗娜在儿童期情感成长和家庭适应，以及现在成功的最重要标志。她是一个对生活满意的、收入颇丰的机械工程师，计划在不久的将来和男友一起组建家庭。男友同样也是工程师。5 岁前，研究者对罗娜将来的预期比较悲观。在罗娜 6 个月大时，一个观察者写道："罗娜细心的母亲对事物不太感兴趣，但是她并没有帮助孩子更舒服地坐着或放松，她急急忙忙地喂食，让孩子感觉更不舒服。这些事情发生时，母亲变得越发拘谨和束手束脚。她说她感觉孩子不需要她陪着一起玩，因此忽视了罗娜朝向奶瓶的手势和眼神，以及当罗娜想要分散注意力时，她对奶瓶的忽视。允许孩子去掌控奶瓶也许会减少母女双方的紧张，并增加她们在喂食中的快乐。这位母亲不允许休息或进行社会交流。"

在罗娜 15 岁时，布洛迪博士的印象是："大体上看来，母亲友好、自信和关心女儿的幸福。但是她对孩子生活的兴趣只停留在表面，她自己可能还没有意识到这点。虽然她觉得自己是有能力的，事实上她给予的很少，她和孩子的互动很拘束，更多是缺乏感受而不是严厉。她自身的性格似乎受到很严重的抑制。她需要让事情按她的方式发生，因此对罗娜要求很多，希望罗娜也按自己的意愿行事。她很担心自己是否会宠坏了孩子，但对女儿既没表现出同情也没表现出讨厌，她对待女儿过度客观、太过现实。她谈到很多传统的关于孩子需要爱和喜欢的说法，但实际上更多关心孩子的身体状况和身体的发展。她特别强调了早期戒律、训练，以让孩子适应父母的生活方式。她展现出的享受做母亲的能力很少，更多地提倡孩子自给自足，这意味着她希望孩子在没有母亲努力去提高舒适和满足的情况下就能适应良好。这位母亲没有意识到自己内部的焦虑，也没有意识到自己有些保留自己对孩子的喜爱。她的确很关注能否成为一个'好母亲'，但似乎不明白她的情感自由度为何严重滞后于她的理性关注。"布洛迪博士对这位母亲的复杂想法和观察结果，在其后观察者的报告中也反复出现。

罗娜的父亲热衷于对家庭的重塑，对待女儿有一套自己的方式，有关注和合理的关心。但是他的方法更加简化，与孩子情感隔离。罗娜很努力地成为父母想要的孩子，并适应了他们那种明确、一致的期望，幸运的是这些期望所要求的还不太多。为了适应父母，罗娜抑制了自己的情绪并逐渐变成一个害羞的小学生。作为一个学生，她勤奋学习并获得成功，她享受她的技巧，但是缺乏一些闪光点或快乐。就像一个观察者所描述的那样："她在人前比较谨慎，并保持情感的距离，她采用了母亲的风格。"

18岁时，罗娜的心理测试结果显示没有严重的情绪问题，但是缺乏自发性。"她把自己看做一个躲藏的小动物，感觉孤单，希望能够找到朋友。似乎她很害怕表达强烈的情感，并尝试保持一种节制的外表，就像她感觉中母亲的样子。她对自己的限制很严格，少数当她可以放下防御的时候，她会感觉好很多。"有趣的是，她的测试结果显示出一种性别认同的冲突和混乱：她先画了一个男性形象，而且她有一种把男性特征的角色认作女性或者把女性特征的角色认作男性的倾向。

作为研究者，我们的优势在于可以得出"后见之明"。我们阅读每个被试的完整记录，因此可以将罗娜18岁时的性别认同混乱的记录和观察联系起来。7岁的时候，当罗娜选择玩偶游戏的角色时，她选择的是父亲角色。此外，我们假设这是因为罗娜与母亲的关系中缺乏情感活力、温暖和自发性，她转向了父亲作为她的角色模板。

布洛迪博士在她18岁的时候说道："她不太习惯内省，也许是因为她更习惯去观察他人而不是自己。她在我的印象中不是一个思考者，也不是特别有资源或有创造性。我有种感觉，她不能比传统的东西表现得更多，因为她掩饰了非常强的家庭生活中的紧张，以及对她叛逆妹妹的关心和愤怒。我从她的回应感觉不到她是一个人，感觉不到她的深呼吸，虽然她可以表现为一个好学生，并获得她想要的。我认为，她可以胜任她选择的任何职业责任。"

在之后的数年中，罗娜走出了她的小世界，也就是说，在意愿和必要因素的推动下变得更为自主。她告诉我们，在高中末期她不能再忍受她的害羞，发誓要在大学有个全新的开始，变得开放和能够与人相处。她的决心取得了成效，她和与她性格相似的、用功的、来自都市的朋友组成了一个小圈子。她们的原则性并不妨碍她们每周有两三晚在图书馆关门后去聚会喝酒，但是与朋友们不同，也与90%的研究被试不同的是，罗娜避免接触大麻。她在大学交过几个男朋友，他们是罗娜最初的性伴侣，之后她在一门机械课上遇到了她未来的丈夫。她谈到自己的职业选择是很自然的："因为我是个很有条理的人，擅长解决数学和物理问题。"罗娜没有在意识中将她成为机械工程师与她对父亲承包者和交易者的职业欣赏联系起来，机械工程师和父亲的职业都需要类似的解决问题的技巧。

现在罗娜是一个干练的女性，穿着普通的蓝色牛仔裤和衬衫，没有戴首饰也没有化妆。她坐着接受访谈的时候非常有防御性，双臂交叉放在胸前，双手攥着胳膊。为了缓解紧张，她经常笑，尤其对那些有趣的想法会笑得特别欢快。她经常先在头脑中搜索，然后再说话，对童年期的记忆都说很好。比如，她形容母亲是"欢乐、兴奋、理解、支持的，对我需要做的事情很严格。"当回忆母亲的严格时，她发出了一阵尖锐的笑声。她形容父亲是"欢乐、兴奋、令人尴尬、聪明和可接近的。"我们问她的父亲是如何令人尴尬时，她解释说："他总是很外向，喜欢讲笑话，会在别人面前调侃我。"她的讲述被愉快而短促的笑声打断了。"他不像朋友们的父亲那样直来直去和没什么见解。我喜欢去他的店里，他的秘书会给我一些图纸来画画。当别人有问题的时候，父亲总是可以给出解答，这给我留下了很深的印象。他总会去看我的垒球比赛，和别的父亲不一样。"

如果我们忽略了这对父母的一些问题，如过于直接、过于现实以及对女儿的关注不够，在很多方面都显示罗娜过着有趣的生活。她的生活中没有创伤，父母之间相处很好。她4岁以后的生活环境就很稳定，一直都生活在安全的城郊街区。这种持续性、可预测、安全以及免于创伤的环境对她有很实在的保护性效果，并帮助她补偿了内在的不安全感。时机成熟的时候，罗娜在大学开始用新的方式与人发生联系。"我从我自己里面走出来，发现人们是真的喜欢我。别人也不知道为什么我会有那么多的不安全感，更不用说我自己了。父母只是希望我成为最好的人，但我总觉得他们所期望的比我能够完成的要多，尤其是我几乎无法让母亲满意。现在我和父母就像真正的朋友一样，每周会在一起谈话好几次。"

罗娜和丈夫住在一幢宽大的别墅中，从他们的屋里能够看到长岛的景象。他们在婚姻上、个人发展上和职业生涯上都很成功。布洛迪博士在罗娜18岁时预测她会做出调整，也准确地注意到罗娜的传统和缺乏创造性，并且这种状态会一直持续。罗娜只会读畅销的爱情和悬疑小说，她最喜欢的电视节目是晚上的肥皂剧。她觉得自己最强的地方在于努力工作和解决问题，自我感觉不足的地方在于"我总觉得如果给我更多的时间，我会做得更好，但老板每次都说我做得还不错"。

罗娜有一些情感上的限制，或者说是"性格上的问题"，在安东尼和科勒（Anthony & Cohler，1987）的研究中这种情况也出现在很多脆弱但是成功的孩子身上。她并不是内省的，也没有检验或观察过自己的情感或精神状态，在成年后从未经历过精神病性症状。她最早的记忆是和祖父母、表兄弟姐妹一起去钓鱼，这是她小时候经常做的事。"他们把我们分成两组，男孩对抗女孩，钓得最多的那一组可以在冰旋风里吃香蕉船。这很好玩。"她生活中最满意的就是遇到她的丈夫，"他是个比我还要内向的人"。当我们一起出去，我问他我穿得如何的时候，他总是说："你很好。"他们之间的性关系是主动和满意的，她用了最好的词汇来形容他们之间的性，还希望自己可以在性上更自由，更少束缚。她说："我在性过程中很少幻想，我只是担心在还没有准备好有孩子的时候就怀孕了。"

罗娜相信，她将来最大的幸福就是养育快乐和自信的孩子。她不希望孩子承受自己早年的那些不安全感。这些愿望回应了她最大的担忧——她担心自己无法孕育孩子，虽然她也说理智上没有原因为此担忧。我们在另一方面也感觉到，虽然这样一种担忧有理性的解释，但更多是一种潜意识上的。在罗娜小的时候，与母亲之间缺乏温暖和自发性，因此儿童期的罗娜将幻想投向了父亲。18岁的时候，罗娜心理测试的结果显示为性别认同模糊，现在在一个男性为主的行业获得了成功。罗娜对于自己能否孕育孩子的焦虑也许是她性别认同和性别角色模糊的表面呈现。虽然她在性伴侣的选择上，表现出明确的异性恋特质。但是，当罗娜有了自己的孩子后，她可能不会像瑞巴一样与孩子在一起时表现出自由和温暖，她更有可能是重复她母亲照顾孩子的机械模式，至少要到她意识到自己内部心灵的运作之前。

唐纳德

唐纳德的生活主题同罗娜相似，比如潜意识的性别角色认同模糊。他的情况是他与母亲非常亲密，在成长过程中与父亲的接触很有限。类似罗娜，唐纳德成年后也表现出对父母道德伦理价值的严格、谨慎的服从。父母也很尊崇他们所在宗教社区的保守规范。唐纳德对父母模范的接受是他健康和力量的源泉，因为这些为他提供了好的行为标准和清晰的生活角色。从另一个角度来看，当他一步一步地沿着父母的足迹前行时，也会制约他性格的发展。唐纳德在思考和行为上都很小心，对生活的幻想也很有限。不过他运作得非常好，在选择的角色上从未表现出情绪症状。他是一个高尔夫设备生产厂的销售主任，他是温柔、体贴的儿子，是妹妹们的督导者，是她们进入社会的合适的陪伴者。

唐纳德早期的生活片段解释了研究者为什么会关注他，以及为什么他会被编入到照顾得不够好的那组孩子中。当唐纳德还是个婴儿的时候，项目观察者描述了母亲喂养他的情形："当他表现出食欲不好时，母亲对他的不耐烦非常明显。他会拒绝喂食的麦片粥，而更想去玩勺子。母亲把勺子推开，并急急忙忙地用纸擦他的手。他会吮吸母亲的手指，但这只能很短暂地愉悦母亲，她会转向奶瓶，很有决心地给孩子喂食。她全部的注意力都放在奶瓶上。每当母子被观察的时候，喂食开始时显得很安静，之后就会变得不耐烦。当孩子感觉越来越不舒服的时候，母亲却对孩子的痛苦越来越无动于衷。"

总体来说，研究者发现这位母亲是友好、快乐、热心的，非常重视社会礼仪，并且有良好的举止。就像研究者发现的那样："规律就是她的首要防御，孩子身上任何的模糊性她都难以容忍。她会抑制自身对孩子的情感，规范孩子的行为举止，只要这些情感和行为不符合她的美德观。"幸运的是，母亲非常喜欢唐纳德，形容他是"容易相处和行为规律的孩子"。事实上，母亲很肯定地说："当我第一次见到他的时候，我就知道他是珍贵和宝贝的。"她温柔地对待孩子，就像是对待一个"好玩具"一样，她对待孩子的方式是一种肤浅的温柔范式。当唐纳德连续两次都没有听从她的指示时，她就会迅速而又坚决地纠正他。

我们感觉到，这对父母在关心唐纳德的问题上是一致的，并真心实意地为彼此感到骄傲。母亲的活动领域主要在家里，父亲虽然也为家庭奉献了很多，但是作为技术主管，一年中有三分之一的时间都在全国各个工厂工作。等他回到家，通常离唐纳德睡觉只有 15 分钟了，周末他则把时间花在阅读文件上。一个访谈者谈道："这是一位健壮的父亲，带着一种审视的目光和强硬的态度。他严格地防御着自己的情感，在访谈中我感觉被他那种不耐烦的态度威胁着，难以深入访谈的一些部分。"关于他自己，这位父亲说："我的长处在于给孩子们一个自己行为的标准。"关于唐纳德，他评价："他是个欢乐的孩子，一点都不麻烦。"

一年之后，唐纳德对这个家庭的适应逐渐成形，他显得有些无精打采，声音有些松弛，面部的表情变化也很少。等到进入小学，他的适应更加完整，在很多地方都表现得愉快。在学校时，他放松、自信，与同学相处友好。他学习很认真，也很享受游戏的时间。老师形容他是谨慎和服从的，是"一个显得成熟、脾气好的年轻人"，与他相处很让人舒服。当他在 7 岁与母亲一起玩时，他很熟悉母亲那种指导性的方法，显得很依赖；但当他与访谈者在一起时，又表现得很殷勤，这使访谈者得出了与老师一样的结论：他"长大"了。在7岁时，唐纳德似乎变成了一个父母所希望那样的孩子。作为顺应的代价，就像他的心理测试结果所显示的那样，"压抑的过程似乎在这个孩子身上慢慢发展了起来"。

当布洛迪教授见到18岁的唐纳德时，他压抑的机制已经发展得非常稳固了。她写道："唐纳德是个拘束的、安静的、谦逊的年轻人。他的外表显得太过镇定，就像缺乏内在的活力一般。他很少微笑，总是很严肃和深思熟虑。虽然他有很好的感受力、实践技能，并且对父母和教堂所教导美德的持久信仰保持了真实的一致性，但是他似乎牺牲了自发性。"关于他自己，这个18岁的男孩说："父母觉得我是个很好的孩子。他们不会为我羞耻。我是得体、温暖、真诚的，也许有些懒惰。"

布洛迪博士询问唐纳德，在他的成长过程中父母是否给予了他足够的支持，并提供了足够的信息，包括性方面的信息。他讲了一段印象深刻的记忆。他说当他快8岁的时候，一个比他大的男孩告诉他成年人之间是有性行为的。唐纳德并不相信，回到家问母亲这是否是真的。母亲显得有些慌张，但还是回答说那个男孩说的是对的。唐纳德回忆当时非常难过，朝母亲大喊："你和父亲就不该这么做，你就不该这么做。"之后他哭得非常厉害，直到父亲回到家才把他安抚了下来，"我总有种感觉，性是个不好的东西。"这个事情也让父母震惊，他们在唐纳德7岁的时候报告过这一事件。

12年之后，唐纳德是个打扮帅气的、举止温柔的30岁男性，他担任商业行政职务，是母亲的关系使他获得了这个位置。在对他的访谈中，那件性困扰事件再次出现，但这次有些变化。访谈者在开始时询问，父母在他的成长中是什么样的。唐纳德回忆了他生活中最早的记忆，那是在他3岁时。在那段记忆中，他躺在沙发上，头枕着母亲的腿，他记得自己的手在母亲的口袋里掏母亲的钥匙，并"不小心"把钥匙掉到了沙发下面。结果，因为找不到钥匙，母亲无法开车去机场接父亲。在这个短暂的生活片段之后，唐纳德柔和地形容自己的母亲是个"乐于奉献、善解人意、得体，有时也会沮丧"的人。

与对母亲的形容相反，他形容父亲是"有距离、有趣、慷慨、有震慑力的，因为他是如此的成功和纪律严格……是一个可怕的敌人，因为他对我的缺乏纪律很不耐烦"。之后，唐纳德的心理联想又跳到了他的儿童期，因为了解到生活的真相而绝望的时候。"我猜我在心里的某个地方感觉性是肮脏的，父母知道如何在我难过的时候安抚我。"他再次讲了一遍那个比他年长的邻居男孩告诉他关于性行为的事，以及当母亲确认后他难过的故事。

我们推测，这段记忆在唐纳德的回忆中一直萦绕且不断重现的原因，也许是他与母亲之间不同寻常的亲密。这种亲密的存在超越了母亲对秩序和有限自发性的要求。父亲严肃的性格和长期不在家使唐纳德与他疏远。唐纳德与母亲如此亲近，以致他把父亲看做对母亲喜爱的有威胁的竞争者，因此当时年幼的唐纳德不能容忍母亲与父亲之间的性行为，感觉自己被忽视。年幼的唐纳德在母亲的口袋里摸索的动作，是一种性方面的探索，"不小心"掉了母亲的车钥匙，则是一种心理上的尝试，要把父亲推开。在 30 岁时的访谈中，唐纳德重新提取了自己早年的那段记忆，他的头枕在母亲的腿上，搞丢了钥匙。回想到这些，他联想到父母对他的安慰。3 年后，丢失的钥匙找到了。在他的记忆里，他对性进行的有意识探索与他认为父亲是敌人有关。这样的体验是在他 8 岁的时候。他的**联想**揭示了精神和情感生活是如何一起成为当下的一个刺激，如何记忆或遗忘过去经历的、意识和潜意识的思想、情感。

作为一个成年人，唐纳德很像母亲，打扮得体、轻言细语，对高技能要求的职业成就没什么野心。他对自己的情感关系表示满意，他在二十多岁时先后与两位女性维持了很长时间的关系。这两段关系最终都在双方同意的基础上结束了，之后还与这两位女性维持了良好的关系。他毫无疑问将会结婚和建立家庭，只要他遇到一个与他母亲的社会和家庭观念一致的女性。他说："我有一段幸福的童年。我学会成为一个好人，对生活有积极的看法，我希望能与这样一位女性结婚，我们可以一起培养出像样的孩子。"唐纳德是情绪平稳的典范，他通过对家庭原则的毫不违背和强烈认同来获得这样一种状态。居住在有宗教信仰的社区并参与相关活动，唐纳德的父母是非常强有力的模范，他们从不考虑背离教义。幸运的是，这对父母和外部的大家庭，提供给了唐纳德足够的活力、温暖和慷慨，使他避免了像其他生活在过度控制的家庭中的孩子那样产生愤怒和抑郁。他对反叛没有需求。唐纳德在那些时期的乐趣，就是在教堂的唱诗班中演唱，这项活动使他感受和表达了深刻、强烈的情感。我们现阶段还不知道，唐纳德是否能遇到一个可以与他母亲的标准相匹配的女性，也不知道他是否会足够地投入到婚姻中去。

蓝妮

蓝妮在格林威治村里一家非常受欢迎的美发沙龙工作，是一个理发师和发型设计师。她的外表显示了她的技能。她的头发是紫色的并挽了起来，耳朵上挂着两个巨大的耳环，她长及脚踝的袍子与她的头发相配。当采访者忍不住说她的头发很引人注目时，蓝妮很明快地回答道，如果采访者下周又来的话，会看到她头发的颜色又不一样了。顺从、平衡、节制，这些帮助唐纳德和罗娜顺应发展的特质，自然不是蓝妮性格的核心。事实上，她提到她的父亲很难接受她，因为他们期望蓝妮可以像他们那样更保守一些。蓝妮说，她自己这样很开心。她喜欢自己的工作和顾客——这些顾客有时会成为她的朋友。她的丈夫是一个电脑程序员，是她的"开心果"。她说，1岁大的孩子"是上帝赐给我的礼物"。虽然她与父母之间有明显的紧张，她感觉他们之间还是朋友，一家人每周都会聚会。

蓝妮的母亲是一个护士，父亲是一个医院行政人员。他们以安全的方式养育孩子，并使她免于创伤。父母双方都有些机械和封闭，没有展现出对蓝妮深刻或温柔的情感。比如，观察者报告："蓝妮6个月大时，母亲极少在喂食时抱着她。她会把孩子的脸转向另一边，这阻碍了她们之间的视觉交流。当孩子试图去看母亲的脸以及变得紧张时，母亲会保持无动于衷，即使在她们面对面的时候也是如此。这位母亲完全不寻求与孩子间在表达上的互动。她更关注喂养的技术问题，而没有流露出情感。"在第12个月时，之前那个充满好奇与活力的蓝妮，变得有些忧郁和无精打采。在观察进食的过程中，她轻轻地拨动碗里的食物，或者拒绝进食。母亲谈道，这种无视是很典型的，她没有耐心去鼓励孩子进食。当她有时用鼓励的语气对蓝妮说话时，这位母亲总是显得有些敷衍和形式化。"虽然母亲对孩子的举动是友好的，但也是受到抑制的。"

从性格上来说，这位母亲自我确定、自我满足，显得高人一等，并且有技巧地无视任何可能的担忧。在所有参与这项研究计划的父母中，她坚持一切都是好的，拒绝承认自己的任何不愉快或有任何帮助的需要，这些都令人印象深刻。研究者对于蓝妮父亲的印象则更不乐观，他们发现他是"肤浅、自恋和物质化，缺乏温暖对待孩子的能力。父母双方都没有认真地对待蓝妮，他们更多是把她当成家里可以取乐的漂亮玩具。父亲尤其喜欢用调情的方式来表达喜爱，他没有感受到蓝妮渴望与哥哥做得一样好的需求，打消了蓝妮很多更为认真的好奇心，他没有承认过这些好奇心。"

蓝妮继承了父亲自信的方式，并回应了父亲的调情。在6、7岁时，蓝妮恢复了她在婴儿期末期消失了的活力。虽然她有一种在复杂任务面前退缩且夸耀的倾向，这种特质影响了她的表现。但是，在研究访谈中，她显得自信和兴高采烈，所表现出的愉悦太强了，以致访谈者担心这种愉悦是否始终只是表面的，尤其考虑到母亲对她的严厉对待。在学校中，老师赞赏了蓝妮的适应性，她注意到蓝妮有合作性且很受同学的欢迎。观察者注意到，蓝妮很喜欢在课堂上发挥她的能力，既能独自工作也能协同小组合作，同时还很有幽默感。"她最引人注目的特质就是能够与他人和睦相处。在与他人的互动中她表现自如，在这个年龄的孩子中，她是很擅长交际技巧的。"

令人讽刺的是，18岁时，蓝妮表现得不那么成熟。她的心理测试者很好奇："她的平淡和缺乏反馈，是一种未受打扰生活的结果，还是一种对不开心的否认？"她的某些反应显示，在不熟悉的环境和情景中，她很缺乏对他人的同情心。这个观察令人惊异地与布洛迪博士的意见吻合，"她的外表很引人注目，有一簇红色的头发松松地挂在头上。她是热诚、聪慧和深思熟虑的，但被她的外表局限了，她身上有种一直要表现得亲切和积极的需要。她一直对自己很确信，在谈话中经常大笑，虽然有时候她的笑容与说的内容无关。她强调自己和父母都没有问题，除非面对很大的压力。虽然她看起来是温暖和有兴趣的，却给人一种封闭自己并推开他人的感觉。这发生在她刚见到我的时候，她很友好地同我打招呼，然后马上把注意力转移到书上，看起来离我很远。她所做的是合理的，在其后与我的访谈中，我们也有几次中断了联系。"

布洛迪博士的描述更偏向个体经验，在这方面，心理测试者也从蓝妮面对一幅新颖的图片设计的错误回应中发现，她在未建构好的和不熟悉的情景中无法产生同理心。蓝妮对情景反应的困难对她自己来说是模糊的，关于这点她自己是不确定的。从根源上来看，也许这个问题是母亲在她小的时候没有给她足够的提示，也没有投入地与她进行有效的情感与表达上的互动。

12年后，蓝妮30岁了。她的访谈者谈道："她是一个快乐的女性，充满了喜悦和温暖，对自己的需求和渴望都很节制。她看起来很满足，心态上积极乐观。她对自己和他人的思考都很有洞察力，能够把创造性带入自己的工作。她的幽默感和说话风格很有感染力，但一段时间之后，我开始对这种持续的高涨情绪感觉有些疲惫，我好奇这是否是一种防御。"访谈者开始询问蓝妮，有什么让她觉得不愉快或沮丧的事情。蓝妮回答："没有，朋友会告诉我如何充电，我能一直保持能量。我不会去讲难过的事情。我的童年很快乐，我学会了用积极的眼光来看待生活，我相信自己能够克服困难，对于已发生的事情，我也不会去责怪他人。"

她描述称，在她成长过程中父母是合格的父母，并且是爱她的。但是她也矛盾地补充说，他们都是以目标为导向的，最终还是承认了对蓝妮还不够满意的情感。父母把蓝妮与她的书虫哥哥进行比较，感觉蓝妮还不够好，因为她喜欢游戏多过学习。蓝妮最早期的记忆就是来自父母对她的这种压力，觉得她没有按照父母所期望的那样长大、成熟。"那是我4岁生日派对的时候。我很喜欢我的生日派对装，但我不小心把它给尿湿了，母亲不得不帮我换了一件，我感觉很羞耻。但这对我来说不是创伤，因为当时我只有4岁。"实际上，她坚持这一事件对她来说不是创伤恰恰反映了这其实是，或者伴随这一事件有种隐藏的、不受控制的伤心。或者，她已经用她的积极思考方式成功地抑制了她的伤心？她很小的时候有个不断重复的梦，梦中蓝妮希望通过认同一个强有力的英雄来带她飞跃自己的困难。"我曾经梦到自己是超人的妹妹，我挂在绳索上晃来晃去，做些好玩的事情，比如在两栋高楼之间跳跃，这个梦的色彩是鲜艳的。"

我们会把成年蓝妮的这种精力旺盛、兴奋和对"描述难过词汇"的缺乏（类似她的母亲）称为一种躁狂性格，这种标签有贬义的内涵。或者，我们该去赞美她的活力和永不疲惫的乐观积极。在蓝妮身上区分她的优点和问题是很困难的，但在某种程度上可以评估她使用的防御机制，以及她的现实感是否完整。蓝妮似乎通过认同母亲的自我确定来塑造自己的性格，她把对父母的失望和愤怒转换为对他们身上保守的反叛（通过她的外表和职业选择）。虽然蓝妮的装扮和发型看起来别具一格，事实上她是非常认真地在组织自己的外表。30 岁时的心理测试结果显示，蓝妮的首要防御之一就是使用轻躁狂的模式来否认。她的其他防御形式都属于高度适应性水平（成熟和有效），包括幽默、自我确认、自我观察、将变得与众不同的愿望升华到形象设计师的职业上，以及有意识的慷慨。她没有表现出与躁狂相关的病理性防御，如全能的控制幻想，认同那些她可以借助其力量的人，将对自己的坏意象投射到他人身上。人们会通过牺牲自己性格的完整或对他人动机和感受的理解，或者通过牺牲自己的现实感，细致地使用这些躁狂防御机制来避免抑郁、内疚和焦虑。

尽管如此，蓝妮作为造型师的工作创造了短暂的外表效应。蓝妮成年后的心理测试结果显示了她适应中的脆弱和肤浅。测试者并不了解蓝妮的成长背景，对她画作的评价是："它们显示了不正确、不安全和害羞的情感。虽然她尝试把自己表现为在情感上是开放和可接受的，但她还是有人际间的紧张感。她的绘画偏小且简化，表现出她对内部冲突的回应，呈现出表现的欲望。她也有一些强迫的特质，可能是她对内部困扰进程的回应。"

可能在蓝妮的生命过程中，永远不会失去节奏也永远不会遭受抑郁。轻躁狂的人通常能完成非同一般的工作量，并把欢乐带给他人。但他们也像绷得很紧的鼓面一样，缺乏深度、共鸣和灵活性。他们在人际关系中是重复和刻板的，在表面之下隐藏了很多。

蓝妮告诉我们，她与儿子的关系对她来说是生活中最重要的。我们拍摄了蓝妮和儿子在一起的录像。和孩子一起时，她表现出轻到中度的过度刺激。她错过了进入孩子的好奇心的机会，也错过了支持他的自发性、与他一起玩的机会。和孩子在一起时，蓝妮没有避免表现出敌意、不耐烦或抑郁的迹象。但是母子在一起时，安静的游戏与对话非常少。这样看来，蓝妮与孩子一起时更像父母与自己相处的那样，情感投入较少，也不关注孩子的好奇心。蓝妮与孩子相处的模式更多地沿袭了父母与自己的相处模式，这与瑞巴形成了对比；瑞巴虽然在早期生活中与父母没有满意的关系，但她能与孩子建立一种更为丰富完善的关系。

卡萝尔

卡萝尔的父母是缺乏耐心和孩子气的。他们缺乏内省，缺乏对 4 个孩子更为安静的内在情感的观察或回应。在很多方面她的母亲与蓝妮、罗娜和唐纳德的母亲相似：冷淡，育儿经验都很陈腐，比较自信，关心孩子但不够亲切。但不同的地方在于，卡萝尔家的经济情况比参与研究的大部分家庭都要严峻一些。她看着父母如何挣扎着从下层群体爬上了中产阶级。在卡萝尔进入青春期之前，父亲失去了机械师工作，并且在两年内都处于失业状态，全家人也失去了他们原本的住所。

卡萝尔很小的时候，当父亲值夜班或晚归时，母亲会让卡萝尔陪伴自己。一段时间后，其他孩子出生了，照顾卡萝尔的一部分工作被婴儿保姆分担了。这位母亲因为压力过大和固执己见，会依照自己认为的卡萝尔的想法和情感来回应，而不是去探寻孩子心里的真实想法，并且从未在培养女儿的创造力和想象力上有所投入。当母亲偶尔征询卡萝尔的意见时，她会无视孩子的想法，或尝试去说服孩子接受别的意见。有一次，在家里对母亲进行访谈时，卡萝尔开始嘲笑妹妹，母亲就会抱歉地中断访谈，并阻止卡萝尔。卡萝尔会逃开，而母亲会追上去大喊："你这个糟糕的孩子，你就是这个样子的，一个糟糕的孩子。"卡萝尔会尖叫地回应："别打我，别打我。"

在学校的时候，卡萝尔是个有责任心、友好、受同学喜欢的孩子。相对她的年龄来说，她在很多方面都过于有责任感。她经常把这种成熟推到极致，像老板一样对待其他孩子，她的声音让人联想到那位在家里强调规则戒律、让一切保持秩序的母亲。当她在学校表现得像个牧师的时候，同学自然会嘲笑她，但她会恢复状态，表现得不受打扰。读一年级的时候，卡萝尔说自己想当"美国总统"，那样就能成为"大多数人的老大"。高中毕业后，她的目标是成为律师，因为她认为律师可以使她"帮助社会回到立宪的原则，将权力还给人民"，她说的这些话引自她欣赏的里根总统。卡萝尔也很熟悉领导者的角色，她负责教堂的青年小组，周日上课，在整个高中的课后都会工作，她同时保持了学习成绩 B+ 的平均水平。

卡萝尔当时的心理报告显示："她有夸大的倾向和展示癖，这掩盖了她自身的焦虑，这些焦虑是她隐藏的自卑和不正确的感觉。她的自我重要性让她以一种改革者的方式表达出对社会所认同的权威的敌意。她表现出极度的竞争性，但是，她的投射测试结果同时显示了她潜在的依赖和消极的倾向。"回顾卡萝尔的档案，我们可以清晰地看到她依赖和消极的倾向是可以得到解释的，这一倾向来自她对于无法从大家庭内获得支持和注意的失望，也来自她很小的时候需要靠工作挣钱来支持自己。在 18 岁时的访谈中，卡萝尔首次袒露了 11 岁时的一段经历，一位男性邻居引诱她到他家里去，并对她进行了性爱抚，而最终她逃走了。卡萝尔回应，自己对这段诱惑感觉很无助，因为她对父亲失去工作感到失望，她形容这段经历留给她的不是"创伤"，而是"愤怒"。从另一方面说，布洛迪博士认为这段干扰激起了卡萝尔内在的冲突，以及她对女性身份的自我怀疑；这种冲突在一定程度上解释了她性格中强烈的自我主张和轻浮挑逗的混合特质。

18 岁时，卡萝尔戒了酒精和药物，说自己"生活热情高昂"。12 年后，30岁的她依然"生活热情高昂"，依然禁绝酒精和药物，依然外向和投入。她强健的形象和有魄力的行动，表现得有些男性化，卡萝尔是忙碌和有效率的。来自早年的内部情感冲突依然存在，但她用防御和补偿性的成就维持了一种平衡。

比如，因为她对学习有些不耐烦，并希望能尽快开始工作挣钱。她进入离家很近的州立大学，把专业从法律预科转成了教育。所以在其后的几年中，她开始在家乡的中学教书，她尤为热衷为学生提供"混乱时期的生活引导"。她在教师联盟中很活跃，被选举为所在地区国家委员会的代表。她也在一所夜校读商业方向的研究生。

27岁时，卡萝尔与比小她好几岁的教师同事结婚。在访谈中，她很自豪地说："他曾是个嗜酒者，自从我们在一起后，他就再也没有喝过了。我保证他会定期参加嗜酒者互诚协会的活动。"当研究者问她，丈夫对于她监督自己参加嗜酒者互诚协会的感受时，她说："他很感激。他告诉我，他欠我很多。"卡萝尔描述了一段她与丈夫在一起时兴奋的性幻想。她鼓励丈夫把她绑起来，并假装要去"强奸"她。考虑到卡萝尔在儿童期是如何努力、如何避免被动性、如何帮助弟弟妹妹成长，以及11岁时面临的性困扰，并不难理解她对这种性活动的兴奋。通过让丈夫把她绑起来，她允许自己以被控制好的方式去表达、经历和体验一种被动性。她从小到大都在与自己情感上的无助抗争，11岁时与自己身体上的无力感抗争。

卡萝尔与父母的依恋类型是安全型。她首要的防御机制是利他、反应程式化和自我确定，后面这种方式与她对攻击者（母亲）的认同机制相联系。卡萝尔也使用了对他人的贬低机制，这样可以把自己看得更有价值，她会找到那些需要她的人来提供帮助。她否认自我怀疑与情感依赖这些感受，并把这些感受投射到她帮助的人身上，比如学生、丈夫。但是，这个过程有可能会将她导向一种戒律严格、是非分明、与他人界限分明的价值系统。

上面讲到过，卡萝尔非常喜欢自己，她有这样一些理由：她工作努力、忠诚和乐观。通过对母亲自我确信的强烈认同，通过接受父母对她事业成功的帮助，也通过找到对她理想化的丈夫，来规范自己的自尊。她的总体适应性与这组未受到良好的早期照顾但现在做得很好的被试中的一些人相似；顺从父母的规则和他们最满意的预期，补偿了她的内部怀疑，她是一个具轻躁狂的成就者。

黛博拉

黛博拉的案例有些不太寻常，母亲除了在给她喂食上有困难，在其他方面都是可作为典范的父母。因为喂食能力是区分母亲照顾类型的最重要的决定性因素，早期的研究小组将黛博拉的母亲分到了照顾孩子不够好的小组。母亲是否能轻松、有同理心地、有效地照顾和喂食孩子反映了她们与孩子的总体关系。参与研究的 76 个母亲中有 74 个没有显著的喂食困难，除了黛博拉的母亲，还有 1 个重度抑郁的母亲。这个重度抑郁的母亲能够温柔、有效地为孩子喂食，一般这样的母亲会被分到照顾孩子良好的一组，但是她的长期抑郁阻碍了她与孩子的其他活动，导致孩子这些年来一直都不太好。

关于黛博拉的母亲，在黛博拉 6 个月时，研究者写道："孩子患有呼吸道亚急性症状，在喂食的绝大部分时间都易激惹，母亲会延缓喂食的时间来给予孩子安抚，也会喂她一些果汁来让她放松。总体来说，这位母亲是有活力、社会化和自信的母亲。她是自发的、活泼的，经常微笑。她很娴熟、温柔地抱着孩子，用柔和且鼓励的声音对孩子说话。她从孩子身上获得了愉快和自豪。"黛博拉 12 个月时，研究者写道："当这位母亲没有敏锐地发现孩子的饥饿时，她会应对孩子的挑剔。但她在其他时候应对得很亲切，很明显她很爱孩子。"

在黛博拉 1 岁后，当布洛迪博士会见她的父母时，他们汇报了她的发展进程。当时，他们把黛博拉 11 岁和 6 岁的两个姐姐，以及黛博拉都带到了会谈中。在这个家庭中，养育孩子是一个快乐的家庭计划。布洛迪博士写道："黛博拉是个很擅长表达的孩子，让人很容易喜欢上她。她是个欢快的、经常笑的孩子，比我见过的大部分她同龄的孩子更擅长表达快乐。她总是会回应母亲发起的游戏。黛博拉的父亲是个聪明、表达清晰的人，对孩子的情感很深。母亲是个精力充沛、对孩子情绪开放的人，孩子们也是招人喜欢和友善的。这位母亲对待孩子很真诚，对我来说，与她交流很容易。"考虑到这样一个良好的开始，黛博拉的儿童期发展顺利。这些年间，项目研究者、父母、老师和朋友们都喜欢她的情感开放、胜任能力和合作精神，以及她对思想感受的直率表达。虽然父亲在黛博拉 1 岁时给研究者留下了好印象，但长期看来，研究者还是发现他对女儿的情感和行为都相对抑制，对她生活的细节并不敏感。并且，黛博拉的女性气质使他迷惑。

这个家庭强调道德、责任和良心，因此当出现问题的时候，母亲会认为这些问题都是她的责任，她会严厉地自我检查来看自己可能做错了什么，并询问自己么样可以做得更好；另一方面，父亲倾向于保持沉默，在面对困难时有些退缩。

18 岁接受访谈时，黛博拉给了布洛迪博士一个拥抱，来表达她 18 岁后与博士久别重逢的喜悦。她是个快乐、有成就的孩子，她很清晰地内化了父母的情感表达风格和道德标准。说其他人不好的问题时，她会有所犹豫，更倾向用一种幻想的色彩来描述他人，并谈一些不太严重的错误。当布洛迪博士问，她在世上最崇拜谁时，黛博拉回答是她的母亲，因为母亲有帮助他人的热情和意愿。"母亲会注意到那些很小的、让别人感觉好的事情。她会从最小的事物中发现美。"黛博拉对母亲毫无保留的赞美更多地与她对母亲的依赖有关，她对母亲的依赖比她这个年龄的孩子通常的依赖更多一些。对母亲的赞美，也与她用否认和利他来避免焦虑的倾向有关。黛博拉并没有全面地了解年轻的自己，她选择去上一所离家很近的社区大学，事实上，她更喜欢待在家里而不是离开家去更远的地方上学。

30 岁时黛博拉获得了独立，离开家去读政治学的研究生，这个领域与父亲的职业有关。在 24 岁参加一个职业会议时，她第一次被一位年轻的男性所吸引，这位男士后来成了她的丈夫。当她看到他时，他正与她父亲深入讨论一篇报刊文章。交谈时，这位男士一度把手轻轻地、放松地搭在黛博拉父亲的肩上。这个保护性的、友好的手势似乎让黛博拉提前注意到了他。当父亲把她介绍给他时，黛博拉自然而然地爱上了他。

黛博拉对家庭的亲近（包括她对职业的选择，也是父母领域的综合，父亲是政治学背景，母亲是社会保障背景），使她在合适的时间和地点让父亲介绍了未来的丈夫给她。丈夫很像她父母的复制品，而黛博拉还是没有完全从自己的家庭中分化出来。有趣的是，丈夫的政治立场是偏左的，父母的政治立场是偏右的，而黛博拉则是中间派。

30 岁时，黛博拉仍然是深思熟虑、外向和自信的。她是华盛顿区教育部的职员，而她的丈夫则是商业部的职员。他们定期会去纽约拜访黛博拉的父母和姐姐们。在 18 岁之后的 12 年中，黛博拉明显地成熟了许多，她现在可以直接地谈论自己对他人喜欢或不喜欢的意见。对于他人不赞同的恐惧不再像过去那样对她有那么大的阻碍，但黛博拉对于他人对她的看法还是有些担忧。像母亲一样，愤怒或攻击性的想法让她无法宁静。我们注意到，在 30 岁时的心理测试中，她被要求在不同的纸上画一男一女，但她却在同一张纸上画了一对男女手拉着手。她的做法是相当不寻常的。一方面，这幅画显示了黛博拉仍然对与所爱的人分化和分离感到冲突，她在情感上还是与他们连在一起；另一方面，这幅画说明了她对于他人的喜爱和同情，这种特质来自母亲的言传身教。

罗仙尼

罗仙尼是参与本研究中父母在孩子高中前离婚的 9 个被试之一，她在整个成长过程中都苦恼于父母糟糕的婚姻结果。她努力补偿，使自己成为一个令人满意和有效率的成年人。她是家里 3 个孩子的老大，在母亲刚刚从大学毕业后不久就出生了，当时她的父亲还在读法学院。起初，母亲对自己成为全职主妇和母亲感到兴奋，她表现得充满活力和热情，很有同理心，并且对罗仙尼非常关注。在出生后的 3 个月内，罗仙尼的发展是很超前的。她是个精力充沛、擅长回应的孩子，面部表情活跃，富有表现力。

在罗仙尼出生第一年的下半年中，母亲才了解到和丈夫在一起的生活是什么样的。他每天晚上回家很晚，通常到 10 点才从会议或图书馆学习回来，周六几乎也不在家。在他加入法律事务所后，这个时刻表也不太会变。在罗仙尼的整个童年期，她几乎每三四天才能见到父亲一次，因为她一般都在父亲回来前就已经入睡，在他早上离开家后才醒来。罗仙尼在 30 岁时谈到自己的父亲："我知道他在那儿，通常是听到汽车在碎石路车道上的声音，我从来都见不到他。"

父亲为他长时间的工作而惋惜，谴责自己在工作中的完美主义，在这种工作节奏下，他在很年轻的时候就患上了高血压。也有可能，他在外面那么长的时间不仅是为了工作，他曾向研究项目中采访她的女性求欢。

罗仙尼的母亲陷入了长期的，充满怨恨、孤独的抑郁之中，在这段时间她尝试用否认以及表面的愉悦来对抗抑郁，并又生育了两个孩子。当罗仙尼6个月大时，观察者写道："这位母亲的眼睛是沉重而哀伤的，虽然她尝试用友善的语言来掩饰这一点，但是她的身上不再有什么有活力的东西。她经常会对孩子说些美好动听的话，即使她已经没什么情感投入了。"罗仙尼也在接下来的几个月中失去了活力，变得越来越易激惹。接受测试的时候，她需要母亲在场才能正确地完成相关任务。在罗仙尼1岁时，母亲已经"过度的悲观，没有给孩子提供真正的方向指引。在一天的研究访问结束时，孩子在她的肩上睡着了，她抱着孩子的时候是有爱和温柔的，她享受抱着孩子的感觉。"

罗仙尼长大一些后，母亲对她的照顾变得越来越粗略，尤其是另外两个孩子出生后。孩子们的吵闹让这位母亲筋疲力尽，她对他们行为的解释很矛盾，认为他们的问题是因为低血糖，有的时候又是高血糖。父亲依然与其他人疏远，"他对女儿毫无了解"，一个研究者这样写道。

当罗仙尼进入学校时，她表现得很害羞，以她自己的方式来与人保持友好和获得关注。她很讨厌所在学校过大的学业压力。虽然她的智力至少处于平均水平，她也很努力，但是她的成绩依然在班上垫底。老师观察到："她的表现被她担心做错事的恐惧所阻碍了。她需要慢慢建立自信心。"7岁的时候，她的测试者写道："从社会和情感方面的发展来看，罗仙尼似乎渐渐变成了一个冷漠的人，从外部世界撤离。她的紧张限制了她的能力。"当父母向布洛迪博士询问意见时，布洛迪建议，学校也许对像她这样过度抑制且自尊心有问题的孩子来说要求过多。也许是受到罗仙尼的影响——因为她已经在学校里有一群朋友而且不想离开，母亲最终还是让她留在了那个学校。

讽刺的是，罗仙尼的家庭环境紧张——虽然还算不上是苦涩，但是当访谈者询问她最喜欢的人是谁时，她回答："我有两个最喜欢的人，母亲和父亲。"

在家里，她至少可以激烈地说话，面对失望大喊和哭泣，并告诉父母："我将来才不想要孩子，我不想做成为母亲所要做的工作。"她经常同父母争执，他们最终会通过对她关禁闭来处理分歧，令罗仙尼妥协。

在她上 8 年级的时候，父母离婚了。之后，父亲每周至少会有一天同她在一起，她享受和父亲在一起的时间并寄希望于此。母亲回到学校，获得了图书馆学的研究生学位，并找到一个满意的工作。在罗仙尼高中的岁月，她清秀可爱，有很多方面还是和小时候一样，与非家庭成员合作、相处得很好，但是依然紧张、焦虑和自我怀疑。罗仙尼就像她自己形容的那样，还是很"纠结"，虽然努力参加考试和完成作业，学业也只是中等水平。她还是变得更积极了一些，她感觉自己不那么害羞了，在她需要的时候可以跟朋友说话，甚至大喊。但是，这种确定性的成熟也显示出她内在的愤怒和攻击性，而她早期的害羞被抑制了。罗仙尼的愤怒导致了她在店铺偷窃和在高速公路上超速驾驶，她为此被逮捕。布洛迪博士对她的印象是："她对自己有合理的思考，但否认自己反叛的感受，缺乏对社会的思考。她在表面上兴高采烈，但渴求他人的喜爱。她缺乏内部的方向，只有在和朋友一起时才感觉舒服，尤其是和男朋友在一起时。"

罗仙尼让我们想到第三章的乌拉，一个将早期生活中的痛苦内化，在青春期表现出堕落冲动的孩子。但罗仙尼父母的问题要比乌拉的父母少多了。乌拉的母亲是自恋且不稳定的，父亲不仅有酒精和药物依赖，还会暴力虐待家人。罗仙尼的父母都在离婚后成为了好的角色榜样。作为年轻人，她还有机会继续她的情感发展，而不是在未成熟时就过早地封闭而只能寻求对抗。从本质上来看，罗仙尼在青春期经历了逐步的情感解放。若干年后，她回顾道："我难以相信，进入大学时我改变了很多。有那么多年，我所做的都是对着母亲大喊大叫，而不是同她交流。在进入大学宿舍得到座机号码后，我做的第一件事就是给母亲打电话。从那之后，我们每周都要交流好几次。"这些话对那些孩子经历过困难的青春期的父母来说都非常悦耳。

罗仙尼继续说："我原谅了父亲这些年里对我们的忽视。在我还是个孩子时，不知道父母有多不开心。当母亲告诉我，她和父亲准备离婚时，我真的震惊了。

但是我现在了解了，她为了我们已经尽可能地坚持了。"作为一个长大了的女性，罗仙尼是直率、真诚、有活力的，并且享受生活。她与大学时期的第二个男朋友结婚了，虽然她从未在学业上有所成就，但是获得了一个时尚市场的学位，在郊区的一个商店卖场中担任管理职务。罗仙尼同样也很努力维护父母间的和平，以及和妹妹的关系（妹妹非常反叛地拒绝父母的价值观）。从很多方面来说，罗仙尼使用了很多的心理防御机制。她在很大程度上依赖于压抑和自我确定的机制，这是具有高度适应性的、成熟的防御。另一方面，她也会使用不太成熟的防御机制，在精神抑制的层面上有轻度意象扭曲，否认自己避免进行内部情感冲突的觉察：通过程式化的反应来对抗不被接受的冲动、压抑、理智化、对他人的过度理想化以及投射。她对父亲仁慈的情感也许来自对父亲愤怒的内疚和焦虑。与此同时，已经成年的罗仙尼意识到，自己依然尝试给父亲留下好的印象，并希望从他那里获得积极的反馈，来克服早年被他忽视而产生的情感。

罗仙尼很确定她的丈夫和父亲是不一样的。她的丈夫是一个药剂工厂的化学师，每天很早回家，和她共进晚餐，非常喜爱3岁的女儿，并做好准备帮助她照顾孩子。罗仙尼会和女儿一起进行搭建筑物的游戏，但她容易在女儿搭好建筑物的楼层之前就迷迷糊糊地睡过去并结束游戏。尽管如此，罗仙尼和女儿的互动总体上来说是愉快的，相比她那孤独而又抑郁的母亲，她有更多的时间和孩子在一起。

虽然在成年后有很好的调节能力，以及成功地从情感上渡过了痛苦的童年和父母的离异阶段，但罗仙尼并没逃过这些事件对她的影响。心理学家阅读了她成年后的测试报告，评价道："她的回应显示了不成熟和情感匮乏，也许是因为她的情感资源或认知资源有限，也许两者她都缺乏。因为她的内部资源还未发展成熟，如果她的环境不给她足够的满足，她也许会倾向投入幻想。她的回答有些幼稚，反映了一种过于简化的对人的理解。她拒绝在头脑简单的形象上继续发展也显示了她的对抗性或冲动倾向。"

罗仙尼对父母的依附是不安全—忽视型。这种类型在她身上以两种方式出现：除了她仍然尝试给父亲留下好的印象，罗仙尼无法进一步清楚地说明父亲早期的拒绝是如何影响到她现在的。她直接跳到了对他的原谅，这是一种比怨恨有用得多的情绪处理方式。其次，当丈夫和孩子一起出门而留下她时，她会担心他们会死于交通意外。她对可怕的事情会产生恐惧，这来自早期父母之间的不安全关系。常常不在家的父亲、失意的母亲以及他们的离异，这使她在成年后所组成的家庭中的快乐对她来说显得不可靠。满意和安全的感受对于罗仙尼来说是无法持久的，这也许会妨碍她与女儿之间的关系尽可能深入发展，正如她与孩子的游戏被打断时录像里简短呈现的那样。

结论

　　本章中的 7 位女性和 2 位男性，虽然他们的开始不太顺利，但是后来都在他们的个人生活中获得了良好的发展，找到了合适的方向，在事业上获得了满足，并且没有表现出不良的心理症状。在本章的开始，我们假设通过研究本组这些克服了逆境的被试，就可以发现成功发展的万灵药。从某种程度上来说，表 5.1 给出了一些答案，它总结了关于本组成员优点的几种来源。比如，虽然他们的父母都有一些有问题的行为模式，本组成员依然能从他们身上发现一些特定的好特质，并认同这些特质。他们的父母提供了这样一些好特质，如有效率的工作理念和能量；在一些家庭中，父母树立了自我相信的榜样，虽然有时这样的一种自我相信缺乏深思熟虑，是一种盲目的自我肯定；在某些家庭中，父母提供了一种热情和慷慨，虽然他们都各有其限制，妨碍了合理的同情心和与孩子的互动，但是所有父母还是致力于为子女奉献。这组中的 9 个家庭，没有父母虐待孩子或放弃孩子的生命。与此相反的是，那些遭受了虐待、严重忽视或拒绝的被试，都会在成年后出现明显的症状。

　　那些超越预期的孩子们的父母，大部分都为孩子提供了一种基本的稳定生活，这在孩子们的童年世界中给予了一种可预测、安全和相对掌控的感觉。对有些孩子来说，感觉还不是那么稳固：达芙娜遭遇了父亲的躁郁症危机，卡萝尔承受了家庭经济的不稳定，罗仙尼则经历了父母糟糕的婚姻，而丹尼则面对了母亲反复出现的抑郁。这组成员中的一些得到来自他们家庭以外成员的重要

表 5.1　父母照顾不够理想但在成年后做得好的孩子

案例	儿童期		成年期		
	逆境	优点的来源	角色和风格	防御的成熟性	脆弱性(潜在)
丹尼	患躁郁症的母亲，自恋的父亲	母亲的自我约束，父亲的活力，叔叔(伯父)的支持	餐馆经营者，丈夫，热情，有动力	高适应性(等级7)	确认欲望，妻子抑郁症状类似母亲
瑞巴	过度控制和只关心自己的母亲	父亲的慷慨，哥哥姐姐，家庭稳定	典范父母，妻子，坦率，深思熟虑	高适应性(等级7)	焦虑，压力相关的哮喘
达芙娜	患躁郁症的父亲，过度刺激的母亲	母亲的乐观，家庭支持	店铺经营者，妻子，坦率，深思熟虑	高适应性(等级7)	焦虑，情绪摇摆，物质滥用
罗娜	父母过于直接而又应对机械	家庭稳定和支持	机械工程师，妻子，服从	高适应性(等级7)	性别认同冲突，完美主义，情感抑制
唐纳德	父亲不通人情，控制和缺乏共情的母亲	家庭稳定，母亲的支持，父母的自信	销售经理，忠诚的儿子，严肃服从	高适应性(等级7, 6)	同女性交往的抑制，情感限制，羞耻
蓝妮	父母封闭，呆板，独断	家庭稳定，父母的能力和自信	母亲，妻子，发型设计师，热情，轻躁狂，叛逆	高适应性(等级7)	不安全，否认
卡萝尔	父母在经济上有压力，吵吵闹闹	父母工作努力，父母的支持，母亲的自信	老师，妻子，联邦职员，有动力，轻躁狂，服从	精神抑制，轻度意象扭曲(等级6, 5)	不安全，否认
黛博拉	母亲情感疏离，父亲在焦虑时会退缩	家庭稳定，父母的支持和成功	行政人员，妻子，坦率	高适应性(等级7)	分离焦虑，过度确信的焦虑
罗仙尼	父亲缺席，母亲孤独、愤怒和疏离	父母努力工作	母亲，妻子，房地产经纪，坦率	高适应性(等级7, 6)	焦虑，有限的内部资源，对人的看法过于简单

支持，如达芙娜获得了心理治疗师和第二任丈夫的支持，丹尼从叔叔和保姆那里获得支持，瑞巴从哥哥姐姐那里得到帮助，了解母亲的自私不是孩子们的错误。

另一个与克服逆境相关的重要因素是当事人的女性身份。在本组的 9 人中，有 7 位是女性；在本项研究计划中，获得不够理想的父母照顾的男孩们比起有类似背景的女孩们，更难在成年之后做得好。临床调查者们（S. Freud，1905；A. Freud，1965；Blos，1979）描述了男孩的早年情绪发展要比女孩更为艰难一些。男孩需要将自己从最初对母亲的认同中脱离出来，然后转向父亲，父亲将会成为父母中首要被认同的对象。女孩的成长轨迹则更为直接一些，直接的发展路径会带来更多的情感确定性和较少的脆弱性。此外，社会和文化对男孩的压力也会要求男孩成为坚强、明确、能实现目标和自立的人；而对于女性的期待则是要求她们成为支持性的、有魅力的、友好的和有能力的人（不论哪种性别的人都被迫去压制那些和规范冲突的特质），比较而言似乎男性的社会期待角色更为艰难一些。本组 9 人中的 2 位男性会比其他参与本项目的男性有更多双性的特质。唐纳德与母亲有非常紧密的联系，丹尼则在厨房和为他人做饭中找到了乐趣。

在对应对方式的调查中，这一组的防御绝大多数都属于成熟、高适应性的水平的防御（虽然并不一致）。卡萝尔装备着不太成熟的防御：投射、对困扰情绪和感觉的否定、对挑衅者的认同、用个人成就作为对不正确情感的自我补偿。她的防御机制是为了保护她不受潜在的不安全影响，这种不安全是由家庭中不理想的早期照顾和经济的拮据造成的。卡萝尔的防御帮助她应对的同时，也将一种严苛加入了她的性格之中，不像那些成熟的防御是将更多的情感灵活性加入到性格中。

对父母和社会期待的紧密服从帮助了 3 位被试。他们的顺从能够帮助他们认同父母的好品质，也能帮助他们升华或抑制他们愤怒和攻击的冲动。尽管如此，这些服从的孩子会比这组的其他孩子在情感上更为压抑。顺从的反面——反叛，在本组一位被试的适应中扮演着重要的角色，虽然她的反叛更多表现在外表和对工作的选择上，而不是对家庭重要价值的拒斥。

一种轻度躁狂的性格特质也许帮助过本组成员中的3人获得成功。这种特质的特点是非同寻常的热心、乐观和充满生活能量。潜在的问题则在于，这种生活方式会导致使用非常多的情绪能量来保护自我免受内部的悲伤与哀悼的影响，否认不确定、冲突的情感与困惑的感受。那些用兴奋、乐观来应对的人，如蓝妮、丹尼、达芙娜和卡萝尔，通常还没有完整地发展出严肃和自我反省的性格特质。

这组成员的另一个明显特征就是，他们成年后表现出的儿童期依附是安全的类型。这组9人中的8人在成年依附访谈的结果都属于安全类型（达芙娜是安全—补偿—安全型）。只有罗仙妮，在经历了父母糟糕的婚姻后，依附类型是不安全的。

表5.2总结了家庭、社区和性别因素是如何将这些孩子导向了好的发展结果。尽管如此，总的来说这些发现可以驳斥一个概念，即孩子在逆境中是不会受到伤害的。没有什么药能够完全地救助孩子。通过让自己过上好的生活，并对自己感觉良好，人们确实可以从反抗逆境中获得胜利。那些不幸家庭的经历也许不会表现在个体的外部行为中，但是，它们的影响交织在人的无意识和性格之中，管制了人很大一部分的行为和情感自由，使人面对情绪症状时缺乏防备。这就是顺应的代价。因此，丹尼和卡萝尔驱使自己成为有用和值得注意的人；丹尼重复了他的童年家庭经历，选择了一个有着类似母亲抑郁问题的妻子；瑞巴、达芙娜、黛博拉和罗仙妮倾向于感觉焦虑；而唐纳德则困扰于他隐藏的羞耻感。

我们的被试表现出了很多历史和文学作品中反复出现的人物特点，没有英雄是没有影子的。奥赛罗——一个勇敢和热诚的将军，并不理解心灵的形式，被嫉妒的不安全感所擒获。考狄利娅——是有爱和慷慨的，对于她的美德充满了自信，却因此变得傲慢，使她无法像那两个精于计算的姐姐那样把自己对父亲的爱表达出来，最终她可怜的父亲走向了疯狂和死亡。奥德修斯——希腊的领导者，他的名字与生活的旅程同义，他把城邦事务留给了家人，却最终在家人面前变成了陌生人。因此，研究计划中那些成就超出预期的人，他们的缺点与成功同样也富有模糊的两面性。

表 5.2 面对有问题的父母照顾时保护性的影响

（父母抑郁、躁狂、过度控制、过度刺激、只关心自己、缺乏共情，是不一致的供给者）

1	有效的父母模型典范
2	好的工作信条
3	能量活力
4	自信
5	乐观
6	热诚
7	慷慨
8	父母为孩子奉献
9	父母互相爱对方
10	免于创伤
11	未受到身体虐待，严重的忽略、抛弃，或在早年遭遇父母离异
12	其他的支持来源
13	兄弟姐妹
14	亲戚
15	保姆
16	邻居
17	配偶
18	心理治疗
19	作为女性

第六章
家庭的重要性

以往的一切，都只是开场的引子。

——莎士比亚，《暴风雨》

（Shakespeare，*The Tempest*）

所有访谈都结束后不久，我们出去散步。漫步在秋日僻静的乡间小路上，思考着我们观看过的儿童期录像、阅读过的他们的生活经历——不知能从中发现什么。正走着，突然看到路边沟渠里的苹果，两三个一堆或每隔几米有一两个，红色的或已变成金黄色的，在阳光下透着温润的光泽。然而，我们的视线内并无果树，只在路边有一处延伸出去的陡山坡。我们好奇地沿山坡爬了上去，在山顶发现了一片草场和一个废弃的旧果园。原来，那些苹果是从果园边缘处的树上滚落到路旁的。园内地面平整，坠落的苹果整洁地躺在树下，空气里弥漫着苹果的酒香味儿。这让我们想起了"落果归根"的谚语。在我们心里，这个谚语隐喻了儿童最终会酷似父母的事实。就在此刻的乡村，我们也看到苹果如何滚落到远离果树的地方，尤其是树本身歪歪斜斜或长在坑坑洼洼的地面上。

在乡间的经历预言了我们把 76 个被试现在的生活与过去联系后所获得的结果——家庭至关重要。我们早已预期家庭为何是重要的，却尚未预见它以怎样的方式发挥作用。我们现在更全面地了解到，儿童的情感发展是以适时、平稳的方式逐步展开的，这个过程受如下因素的影响：形形色色交织在一起的家庭影响、际遇以及人类对父母的照料、安全性和可预见性的先天的生理依赖。

有时，看上去家庭甚至不算重要，父母影响之外的环境力量似乎更大些，直到最近的研究揭示了家族印记。我们说的家族印记不是指 DNA（尽管基因结构的确连接着儿童与他们的父母），而是指暂时或重复发生在家庭内的事件所形成的印记。在 76 个生命的研究中，我们看到家庭经历在儿童的人格中一次又一次地显现出来。儿童的愿望、恐惧和无意识幻想控制着他大部分的生命历程，犹如帆船上看不见的大龙骨架。儿童的焦虑、抑郁、行为异常、甚至成人后的精神障碍都突出地展示着他们的家庭经历。倘若我们没有机会从出生到 30 岁密切地观察每个个体，看到他们的生活前后一致，以及他们的优势与劣势对于他们生活经历所存在的意义，我们就更需要仰赖遗传来解释他们的行为。

例如，尼克（第一章，成功者们）在对母亲的描述中显示了家庭经历的力量："一走进满满一屋子人的房间，她就会感到兴奋，会建议一些事情让大家去做或谈论，她的热情很有感染力。"尼克沐浴着母亲富有感染力的热情长大，我们之所以了解这种热情，是因为研究者拍摄并感受到了它的存在。30 岁的尼克浑身散发着这种热情。

坎迪斯（第二章，童年痛苦的外化）的母亲散发出完全不同的感染力。坎迪斯几天大的时候，母亲说："我可不会要一个不听话的孩子。"数周后，这位母亲因为怕乱而不允许坎迪斯玩耍，如果坎迪斯把她身上或家里什么地方弄脏一点，她就会不胜烦恼地用力刷洗掉。她说："宠爱孩子是个弱点，他们会发现你有这样的弱点。"

坎迪斯内化了母亲对自己的厌恶。上小学时，她说："我能想到最不爽的事，就是我自己，因为我太糟糕了。"十几岁的时候，她说："我并没有觉得我童年的爱被剥夺了，因为我压根儿不知道拥有爱是什么感觉。"布洛迪博士回忆说："坎迪斯很温柔、有爱心，但她的意志已经被压垮了，她情感饥渴却不知如何摆脱，她的情感被愤怒和悲伤紧紧捆住了。"成年的坎迪斯孤寂而忧郁，她说："我尽量微笑，试着对别人比父母当初对我好一些。"在坎迪斯的案例中，母亲病态的特质使女儿笼罩在无价值感中。

研究跨越时间的生命历程确定了这样的事实：父母在塑造孩子方面具有发人深省的力量，但我们没有预料到的那些惊人事件却提供了新的视角来理解儿童的发展和成人情感的脆弱点。最令人震惊的是诸如身体上的虐待、家人生病以及离婚等童年创伤经历积累起的破坏性力量对未来情绪健康的影响。同样令人震惊的是，大多数儿童在 6、7 岁时已经形成了完整的人格（即形成了基本的心境、行为模式、防御机制及自体感，如胜任感、社交能力、害羞、不安全感等），而在 3、4 岁时，他们的人格还是易变、易受影响的。儿童内心付出艰苦的努力来理解他们的家庭，与努力相关的是，他们内在拥有非凡的创造力，他们运用可能的经验，寻找外在支持来建构自己的心理生活，应对困惑或痛苦。儿童对父母在不同方面的普遍认同同样令人吃惊，这包括父母的职业、父母喜欢的心理防御机制、父母的主要心境等。父母的选择——居住地、工作、家庭中的角色分工——对某些儿童造成的不可预计的影响，也是惊人的。

有些被试在 30 岁时揭露了成长过程中许多不为人知的真相（如几个家庭中存在严重的身体虐待事件），令研究者印象深刻，甚至感到震惊。其中几个孩子一直压抑自己不去想这些事情（甚至在 18 岁时），直到他们在生理上脱离了父母，并在心理上相对脱离了父母。通过了解这些压抑，我们重新理解了记忆在时间长河里的运作方式—— 其潜在的准确性、歪曲、重新体验及对心理功能的长期影响等。我们也首次清楚地看到，在一些案例中，童年期的精神病症状固着下来并持续至成年，而在另外一些案例中，这些症状演变成新的精神病并发症。现在，我们终于明白，早期生活在多大程度上决定了我们的一生，生活在多大程度上是可以预测的，以及当我们回首往事，这一切有多少是顺理成章的。

早期人格形成的可塑性和稳定性

在这些家庭中，不论是记录婴儿前几周生活的早期研究团队，还是回顾记录和影片的我们，都无法将婴儿的特性列表呈现，因为所有的特性都是持续变化的。例如，多动的新生儿安静下来，被动、倦怠的婴儿变得活泼、有力，哭闹不停的后来变得快乐友善，原本招人喜欢爱笑的孩子变得易怒，等等。但是到 1 岁末和 2 岁初时，婴儿的情绪和行为开始保持下来——其他一切都一样。"其他一切都一样"的警告非常重要。正如人们的生活所显示的那样，早期的生命是最脆弱的，尽管如此，不约而至的糟糕体验与不可预期的积极影响仍然有力量在任何年龄改变人的发展轨迹。如果发展轨迹因创伤或灾难而改变，儿童就会对以后的糟糕体验产生易感性，甚至主动将自己再次暴露于造成相同痛苦的境遇中，很强迫地去努力获取更好的结果。

然而大多数婴儿在其生命最初的 12 个月中已经形成了他们将会成为什么人的核心意识，这种意识产生于母婴关系的基质。这种母婴关系诞生了儿童的人格，分为三个层面：母婴间分分秒秒互动的微观体态层面；以母亲的情绪和细心照顾为标志的宏观层面；以及神经生理层面，在该层面上，婴儿受到的养育方式影响了其神经递质的建立和压力激素的反应，这些再反过来影响其调节情绪的能力。

我们的研究及近年来其他纵向研究都表明，婴儿前几周的智力和情感特质并不预示着他们今后会成为怎样的人；但是到了6~12个月大的时候，他们的活动能力、情绪反应、好奇心和羞涩常常有可能影响儿童的气质。一般来说，这些特点将延续至以后的生活中。然而事实并非总是如此，正如许多个案研究所显示的那样，在生活环境的冲击下，随后会发生显著的变化。尽管在婴儿快到1岁的时候，活动能力、情绪反应、好奇心和羞涩可能在某些儿童身上显露出遗传的气质，但对另外一些人而言，可能这是对母婴关系的塑造作用所做出的回应。进一步地说，气质是人格的一部分，但对于人如何应对关系、情感、投入日常活动等基础品质而言，气质能揭示的很少，而这些正是我们的研究最感兴趣的内容。

最近的研究，沃特斯（Waters，1995）、汉密尔顿（Hamilton，1995）以及明尼苏达州儿童发展项目（Sroufe，1997；Sroufe，Carlson，& Shulman，1993），都记录了婴儿的早期行为以及与母亲的互动，并从儿童期跟踪研究至青春期，这些研究的结果与布洛迪的研究相似：儿童在1岁到2岁的时候，与其主要养育者在一起的体验和依附的安全性是可测的，强烈预示了童年期行为的重要方面，如建立友谊的能力和上学的能力。事实上，内在安全感可能是人精神和情绪特质最强的指标。信任是不能遗传的，尽管婴儿在生理上倾向于发展信任。经历能够塑造信任。例如，施皮茨（Spitz，1965）在近半个世纪以前发现，6~12个月的婴儿离开母亲时会表现出不信任和退缩；在陌生情境测试（Ainsworth et al.，1978）中，快1岁的婴儿与母亲短暂分离后表现出不同类型的反应。这都在行为和情绪上验证了安全感的内在模型。

人们通常认为幼儿起初是可塑的，但布洛迪的研究却得到了非常惊人的发现：大部分儿童的人格在6、7岁时已经相对完全形成。到孩子幼儿园或小学一年级时，我们看到了他们的行为、思想、动机和情感模式，这些模式永久地框定着他们的人格。与此相关，艾姆特（Emde，1981）经验主义地描述了7岁左右的儿童是如何开始觉得他与小时候的自己是同一个人。接下来的几年，知识和经历丰富了孩子的人格，择业和伙伴装点了他们的生活。然而，布洛迪的案例研究表明，在他们30年的生命中，个体的自我组织在其后期25年更美好的年华里是如何一直"在那里"的，这种自我组织围绕着相对离散的思想、情感和行为方式而存在。

这种延续性并不适用于每个人。尽管我们的物种对于特征与功能的逐步进化有许多与生俱来的规则，但是不利的家庭环境和创伤会使情感发展被扭曲、妨碍，甚至陷入混乱。详细来说，所有儿童在童年早期都有几个基本且高度相关的情感发展阶段，这些阶段在相对固定的年龄逐步展开，发展顺序为：

（1）在6~24个月之间，儿童呈现出基本情绪和内心表达，通过与最初的依附对象的关系（通常是母亲），内化了安全感的工作模型。

（2）1~2岁，儿童的自我表征与对母亲的永久性表征区分开来。

（3）2~3岁，儿童努力控制自己的身体，以及与父母和直接环境有关的种种冲动。

（4）3~4岁，出现对异性父母的爱，出现与同性父母的竞争性情感及随后对这些情感的完成——这个过程与学习表达爱、处理攻击和竞争、体验对错和内疚，以及建立心理防御来疏通每种情感密切相关。

（5）人生的前5年，建立了对父母（通常大部分是同性父母）特质的基本认同，包括他们的情绪风格、偏爱的防御机制以及行为习惯。

我们发现，最初的认同以及安全感产生于第一年与母亲的互动。其余的步骤会从与父母的共同体验中展开，也会受到兄弟姐妹或其他养育者和亲戚的影响。家庭中如果没有父亲把儿童从与母亲的排他轨道中拽出来，儿童可能会转向其他人来拓展其体验。与双亲家庭相比，父亲缺失，或者因死亡或离婚导致儿童很小就失去父亲或母亲的单亲家庭给儿童提供了明显不同的情感平衡。在我们研究的家庭中，离婚发生在儿童学龄前之后，所以我们根本无法区分儿童早期父母离异和随后童年期父母离异的冲击有何不同。然而，即使在养育不是很有利的时候，大多数儿童天生的灵活性也会使他们按时得到基本的发展。他们的生活故事表明，早期经历以如下的方式在其人格中留下深刻的印记：增强冲动性、增加焦虑、加重忧伤和愤怒——这一切都是为了处理这些状态而进行的防御性努力。

家庭极其混乱的几个儿童在发展上并不像其他人那样，甚至在情感上也与预期不同，所以我们不可能在 7 岁时勾勒出他们成年后的样子。我们列举了两个例子：第一是乌拉（第三章，童年痛苦的内化），一个被动、害羞、笨拙和忧伤的 7 岁小女孩，"她那受惊的、迷失的灵魂向母亲寻求帮助……她好像在紧紧地把自己裹住，唯恐自己会碎掉。"乌拉在年幼时被父母操纵并忽视，发展迟缓，有着与年龄不相称的不成熟、忧郁。她 7 岁时，父母离婚，乌拉逐渐转型，30 岁时成为一名美丽大方、镇定干练的健美师，也是一名有抱负的电影制作人。这一路，她与父亲保持断断续续的联系，青春期时父亲和她一起吸毒，不止一次殴打她，十几岁时她又肆意挥霍财产。现在作为一个成年人，乌拉非常自恋，缺乏稳定的同一性和情感的核心，所以她试图通过扮演角色、赢得吹捧让自己活着并弥补那些缺失。

餐馆老板丹尼，到上学时也明显未能充分发展。他的母亲是一位勤劳、过度自律、抑郁、患有阵发性躁狂病的医生。丹尼上大学时，阵发性躁狂夺去了母亲的生命。他的父亲是一个热情、易变、爱炫耀的戏剧学教授。他们不是那种忽视孩子的父母，分别以自己的方式有力且有时积极地存在于丹尼的早年生活中。的确，他们如此有力量但又迥然不同，以致于丹尼必须很努力地理解父母的影响力，以成为他自己。在学校，老师形容他是"最能干的外交官，最粗鲁的同伴"。到青年时期，他的情感生活充满了矛盾。布洛迪博士非常担心"他有躁郁症的种子"，因为他极力用否定及夸大的自信去抑制焦虑。而在丹尼 18 岁时，心理学家认为他有潜质成为"一个富有创造力的、精力充沛的人。"30 岁，丹尼经营餐厅成功，正体现了他的创造力和惊人的精力。

乌拉和丹尼早期的不成熟和发展的不稳定对于绝大多数被试相对连续的发展脉络来说是个例外。塔蒂亚娜（第一章，成功者们）是最有代表性的。学校的观察员提及她时说："她有着我见过的人中最甜美的面孔。她在课堂上受到了难以置信的管制，被一个有着沙哑嗓音的女老师管理，她以严惩的方式压制所有的孩子。塔蒂亚娜以最长时间的注意力、最好的行为力和令人印象深刻的工作能力，将此处理得最好。她有吸引老师眼球的强烈欲望，不过显得有点太装模作样了。虽然有时对同学过于爱说教，她还是慷慨和乐于助人的。"塔蒂亚娜18岁时，布洛迪博士写道："这个女孩不同寻常。她与人的关系很健康，反映了她有一个虔诚的、充满爱心的家。她有着谦逊的朴实和乐于付出的品质，这在当今是很难能可贵的。我禁不住觉得她强烈地压抑了她的情感、幻想和冲动，但这些压抑是积极健康的，使她可以富有成果、充满喜悦地发挥她的能量，因为她的人际关系非常积极。"塔蒂亚娜压抑、强迫性的个性风格和防御机制形成于她上小学一年级的时候。家庭给了她良好的、充满爱的养育，而她传承了父母相似的防御机制，并且在半岁时与父母的长期分离导致她用压抑来控制潜在的焦虑。源自童年期的人格在今天依然指导她以妻子、消费者保护协会的职员和法律系学生的身份过着幸福、满足的生活。工作中，她设法为人们谋取福利，纠正那些热衷揩油的人。

有些被试的成人之路不尽相同，但仍然是连贯的，他们的人格在7岁时已清晰可见，随着时间的推移这些人格特质倾向于加剧或减弱。在7岁时，弗朗克（第二章，童年痛苦的外化）极度不安，充满了愤怒的叛逆。这显示了他内心的空虚，需要产生兴奋以避免抑郁。然而，他也开始用强迫性防御来抑制不安。现在弗朗克已经成年，他的强迫性防御牢牢地压制了他的情感，使他失去了内心生活。他滔滔不绝的演讲、无法留在任何职业道路上，这都是他童年不安的产物。他病态地将攻击转向自己，以心身失调的偏见及潜在的自杀冲动攻击自己。相反，达芙娜（第二章，童年痛苦的外化）在童年时期与弗朗克一样过度活跃，成年后早期的这种倾向减弱了。她继续通过保持忙碌和生动的语言表现力来管理内心的紧张，但她已摆脱了之前那种"风暴随时来袭的感觉"，获得了安宁。她先是通过心理治疗，后来远离了那个"总是处在灾难边缘"的童年时期的家庭，最后嫁给了一个"不像父亲或前夫那样孩子气……而像母亲那样务实但更冷静"的男人。

儿童的内在工作

在儿童的成长历程中，家庭的重要性贯穿始终。儿童不仅努力理解他们的父亲、母亲、兄弟姐妹——甚至宠物——而且努力理解这些人或动物所引发的情感以及自己在群体中的位置。对家庭的理解显示了儿童的自我概念，也同样展现了与他们一起生活的人。通过思考自己的童年，我们一定程度上能够明了在家庭中孩子是怎样理解自己的，但是普通的记忆或许不能解释那些，特别是在生命早期那些不断涌现的困惑、斗争、恐惧、胜利及情感活动的强度。另一方面，研究参与者们表示，家庭的精神生活之旅都经历着千辛万苦。研究人员帮助这些儿童表达并探索他们的情感和体验，这种互动不断地开启一扇扇独特的窗口，通往他们不同年龄阶段的灵魂世界。

孩子们讲述的动物故事主要显示了他们对家庭的关注。儿童的统觉测试是一组动物图片，图片上不同年龄的动物从事人类活动（如骑车）以及野生活动（如在洞里睡觉或跟踪其他动物）。我们的被试在4岁、5岁、6岁、7岁时，分别讲述了每幅图画的故事，18岁时则对一套等级更高的图像做出回应。家庭在儿童的思考中如此首当其冲，以至于他们几乎总是讲述关于家庭成员的故事并表达对他们的情感。孩子们的故事所描绘的家庭关系显著地丰富了研究者对于家庭成员行为的观察。孩子们在故事中描述的情感经常与研究者和其父母互动时体验到的感觉相似，故事情节也与现实生活中父母报告的家庭经历密切相关，如生日聚会、事故、疾病或打斗。

孩子对图片的反应极少是深不可测的，但却有这样一个实例：卢克（第四章，无法实现的承诺）愤怒地推开袋鼠一家沿着小路骑自行车的图片，并拒绝根据它编造故事。他3岁、4岁、5岁时都是这样做的。大概25年后，他澄清了自己不可思议的反应，告诉访谈人员，自己从4岁开始演奏小提琴，作为神童的他疏离、孤独地成长着，这种疏离一直延续至今。他回忆说，父母用自然历史场景装饰他的童年卧室，试图刺激他，这是他们的习惯——他们在一面墙上贴了袋鼠的图片。矛盾的是，他记得自己如何嫉妒动物们在一起的满足，想象自己在母亲的育儿袋里因为不舒服而对她感到愤怒。值得注意的是，卢克的童年回忆揭示了一点：在他非常小的时候，父母就用太多的性信息过度刺激了他，比如在妹妹出生的时候带他进入产房。卢克拒绝看袋鼠可能与性幻想、恐惧、被排斥在其他孩子之外，以及逃避情感密切相关。最初的研究团队并不知道他墙上有袋鼠的图片。借助"后见之明"，在卢克对图片的恐惧反应中，我们看到了他与过度刺激的父母相处的痛苦以及到上学时已经固着的疏离感和情绪不适感。

儿童的游戏也体现了他们对家庭的持续关注。例如，弗朗克讲的故事正好验证了游戏是如何揭示儿童的关注焦点的。弗朗克在玩具房间放置了一个男人和一个孩子，说："这是父亲，这是我，我给父亲准备了一个房间，父亲就可以跟我一起玩了。"在现实生活中，严厉的父亲几乎不能跟儿子分享乐趣。弗朗克缺少陪伴，经常因坐立不安而被打屁股，5岁的他"饱受潜在的攻击性和糟糕的自我意象的困扰"。玩虚拟游戏时，他是一个来自外太空的机器人或怪物；在现实生活中，他勇敢地努力做好。从他在游戏中生动的表演可以判断，如果弗朗克有机会进行儿童游戏治疗，他可能会有效地利用它。在与治疗师的游戏中，他能有效地表达自己的不满，获得支持进而从中解脱出来。如果这种情况真的会发生，他很可能会更自由地抒发自己的感情并更能参与到今天的生活中。

家庭成员的形象经常出现在梦里。人们30岁时回忆起的梦是理解他们的思想和情感的"坦途"——这是弗洛伊德（1900）的措辞。他们仍然记得童年时期引人注目的噩梦或者那些反反复复袭来的梦境。梦几乎总是跟产生于家庭的情感有关，这显示了处理与父母及兄弟姐妹的情感的过程是如何持续终生的。弗朗克梦到自己被怪兽追赶，而他的枪不能射击。这可能有以下四层意思：（1）因为父亲不陪他玩而觉得自己是怪物；（2）因为坐立不安冒犯了父母而觉得自己是怪物；（3）他失败的攻击；（4）被窒息压抑的性欲。

查克那个欢欣鼓舞、不断重现的冰球梦（第二章，童年痛苦的外化）是这样的："我用尽全部力量去投球。时间到的时候球进了。人群沸腾了，我出名了，我发财了。我给千万人带来欢乐，但是，我却筋疲力尽没法享受这一刻。"这个梦概括了他向呆板、控制的母亲证明自己的毕生努力。

诺兰(第三章,童年痛苦的内化)还记得他上小学时做过的一个噩梦。在梦里,老师给他出了一个难题。他没回答上来,老师就把他带到一个闹鬼的房子里,"……把我丢在了夜晚的黑暗里"。他吓坏了,突然意识到他正站在自己的房子面前。他觉得自己应该去哥哥的卧室,这时却突然听到地下室里有声音传出。"不知从哪儿冒出的声音说:'不要去,那里危险。'我转动门把手,慢慢走下去。那里很明亮,而且还有朋友在那儿。"这个梦凝结了他曾真实感受到的恐慌,那时母亲逼迫他违背自己的意愿坐上去夏令营的班车。这个梦也呈现了他试图与人们联结的努力,这种努力一直延续到现在。诺兰补充说,他确定那个老师代表了他觉得无法取悦的飞扬跋扈的父亲和班级的老师,还有母亲。此外,老师可能也象征着诺兰严苛、爱挑剔的良知——在童年期已稳定形成——这阻碍了他的自发性,使他很难享受生活。

生命中最早的记忆是了解儿童早期情感的资源。在研究中,有着高效能的父母、没有遭受过创伤的、满足的、成功的人们,更不容易记得童年的噩梦或者重复的梦。他们最早的记忆讲述了早年家庭体验的欢乐。尼克的首次记忆(第一章,成功者们)要追溯到他两三岁的时候:"我和父亲一起从山上往下跑,当时兴奋得像是做白日梦一样,感觉像是从地面上飞了起来。"回忆展现了小男孩在父亲陪伴下可以做奇妙事情的快乐。尼克的其他早期记忆却是模糊不清的。他记得大约 3 岁时在游乐场与母亲走散,他惊慌失措。他四处找她,越来越害怕,直到"突然我看见了母亲,那个瞬间我有一种巨大的如释重负的感觉。然后她把我抱起来,拥抱我,整件事就结束了"。

尼克接着说:"还有一次,我们正开着车,一场真正的突发性的冰雹咣咣地敲打着车顶……我不记得母亲的反应,但我确实记得有一种很强烈的感觉,就是只要她在,一切都没有问题。"这可能是屏幕记忆(screen memory),像梦一样凝结了多种经历和情感。回忆中,尼克既表达了焦虑的"冰雹"(自己和母亲的),也表达了父母通常会让他生活安全的平静感,包括他很小的时候父母因为他可能得肾病而产生的焦虑。冰雹还可能象征着他在潜意识中已经觉察到母亲的眼泪——因为担心他的肾脏有危险而凝固或压抑的眼泪。

人们至少在人生的前 30 年致力于建构"安全感的内在工作模型"。人的安全感的内在工作模型是用于在环境中保护身体安全及在亲密关系中保护心理安全的策略。鲍比（Bowlby，1969）在几年前曾论述，人们最初在儿童早期，甚至婴儿期就通过靠近母亲来确保安全，他们依附母亲得以存活。因此，人类有个既定现象，初生儿和主要养育者之间的联结汇聚成对养育者（通常是母亲）的心理依附。如果婴儿能依靠母亲免受疼痛、寒冷和饥饿之苦，形成愉悦的幸福感，儿童就会与父母形成安全依附。以此类推，这个孩子以及他在成年后与其他人的关系会遵循可靠的模式，他／她将是安全的。当然我们都知道，生活不总是一帆风顺，但起初情感稳定的、有安全感的人能够灵活地做出选择，为发展中的心身安全提供最好的机遇。确定的安全感不包括在字面意义或象征意义上缩进防御的洞穴中，缩进洞穴意味着世界普遍是危险的，应该避免与人建立联系。

人类的双重性令人印象深刻。一方面，安全感最初的工作模型给我们的人格留下了永久的印记——带给我们欢乐，提醒我们谨慎行事，使我们的情感在任何情况下都免受羁绊。另一方面，除非长期的剥夺或灾难夺去了我们所有的希望，否则我们就会设法提高生活质量，并且能够修正起初不安全的安全感工作模型。第一次修正发生在家庭里。起初与母亲的依附给了儿童与他人互动的模式。儿童与家庭中的其他成员建立的心理依附常开始于父亲，父亲像母亲一样提供保护并确保孩子生存；然后是兄弟姐妹，乃至宠物（在成功的家庭中，宠物也为儿童提供了舒适和安全的感觉）。儿童与在其生活中发挥重要作用的不同人群建立依附关系的心理策略大不相同，一个"嵌套"在另一个中，就像幼童喜欢组装和拆卸的塑料嵌套鸡蛋一样。与母亲的关系可以被视为最本质或核心的情感系统，其影响向外辐射，而其他的从属关系围绕这个核心，为儿童的情感体验着色，提供第一次更改其安全感的内在工作模型的机会——更好或更糟。

为了与他人交往时感到安全并获得所需的支持，到儿童 5 岁时，他／她已经发展出普遍的策略：在关系中亲密、接近和退出。然而，遇到特定的人——比如老师或同学——可能会激活那些由父亲或兄弟姐妹引起的、相似的、特定的感情和行为，即心理动力学心理治疗术语中的移情反应。随着岁月的流逝，人们可以在家庭之外发现其他许多促进内部改变的力量，包括朋友、良师益友、伙伴（如配偶）的接纳；支持性同辈群体的信赖；基于宗教忠诚的希望；心理治疗带来的觉察；甚至是对自我反思的力量进行训练有素的运用。随着内在活动的继续，这些资源也能够培植依附的心理意象。

我们的研究有两个特定的窗口来测量被试与父母依附关系的心理表征。第一个是心理诊断，测试 4~7 岁的儿童，特别是儿童统觉测验和家庭图画。父母的陈述以及儿童在测试中创造的亲子关系，为他们与父母的关系及他们与自己的关系描画了如下图景：他们的信任与不信任、喜爱与愤怒、独立与依赖和自我怀疑、主动与内疚—— 这些都是年轻人在童年早期的依附关系中安全性的指标。

这种以投射测验心理探索为基础的分类，对应着安斯沃思（Ainsworth）标准程序化的观察式的陌生情境实验室测试，该测试用以测试母婴依附关系的安全性，在布洛迪开始他们的项目时尚未被创造出来。在陌生情境测试中，母亲及婴儿首先进入一个游戏室。短时间后母亲离开，孩子一人或与一位陌生人一起留下来，直到母亲几分钟后返回。根据儿童在母亲返回后运用母亲的在场和安慰平复其正常痛苦的能力，将儿童分为三个基本组：安全型、不安全焦虑—回避型、不安全矛盾型。像陌生情境测试的分类一样，在我们的研究中，依附关系安全性的指标与儿童早期受到的照料类型相对应：与较不安全儿童的母亲相比，较安全儿童的母亲更有可能是 A 组的母亲（更有效地处理孩子的痛苦，对育儿表现出更好的控制力，显示出更多的同理心，更喜欢与孩子嬉戏）（Brody & Axelrad, 1978）。

由于大多数儿童会保持他们的依附状态，从情感角度来看，要改变依附关系的安全性并不容易，但依然可能发生。例如，沃特斯（1985）发现，一些来自贫困、居无定所的家庭的 12 个月大的不安全依附型儿童，如果家庭条件有所改善，在其 18 个月大的时候，他们在陌生情境测试中会变成安全依附型。学步期以后，儿童获取心理依附安全性的行为措施变得模糊，其原因是儿童的反应更加复杂了，再加上心理防御已经可以用来调解和掩饰焦虑。因此，对于超过婴儿期的儿童，研究人员强调用心理表征评估个体对父母的依附。一旦一个人到达青春晚期，同期使用的标准是伯克利成人依附访谈（简称 AAI）（George, Kaplan, & Main, 1985）。

访谈的开发者之一玛丽·梅恩说过，AAI 先是请受访者用几个形容词描述他们成长过程中的父母形象，然后请他们讲述具体经历来说明这些词汇，这"惊醒了人的无意识"。有些人描述父母对他们充满关爱并有许多具体回忆来说明这一点；另外一些受访者说父亲或母亲对他们不理不睬，并对父母的做法记得很清楚；另一组则费力地搜寻记忆，无法说明描述父母的形容词，他们自相矛盾，几乎不表达任何与痛苦事件有关的感觉。成人依附访谈将对父母的描述、与童年时期丧失的威胁或安全有关的经历，以及个人谈论依附相关事件的方式考虑在内，提供了个体与父母心理联结的画面。测试把人们分为安全依附型和不安全依附型两大类，后者又可以细分为不安全回避型、不安全纠缠型和不安全无法归类型。在几个调查研究中（Diamond & Blatt, 1999），这些分类显示了依附类型与成年期的心理健康及人们作为父母对子女的有效性存在相关性。

第二个特定窗口是 30 岁的成人依附访谈，用以探索研究对象的依附内在工作模型属于什么类型。我们的研究结果显示，大多数在童年早期的心理诊断测试中表现为安全依附型的被试，在 30 岁时的 AAI 测试中仍然如此，但是也有不少人改变了他们的依附表现，变得不安全或者更安全。这样的结果既印证了人格具有双重性（即早期发展的稳定性和可塑性），又说明了个体的内部工作机制是处在不断发展中的。我们的案例研究显示，幼年期过去越久，人们就越有机会获得修正性体验，从而为更多的情感自由开辟道路。同时，对被试的原始数据和个人生活的研究显示，时间的推移也意味着有更多机会获得糟糕的体验，这为内心的安全感敲响了丧钟。

生活的延续性、间断性和一致性

有时成年多年后遇到一位初中同学，你认出了他并且惊讶于对方几乎没什么变化。同样有可能的是，直到看了同学的胸牌或者经人介绍，你才能认出这位同学。直到那时你才可能回想起，他正是大约从四年级开始，就与你一起经常夜不归宿的人。如果继续聊下去，可能也只有对少许童年朋友的回忆和对关系的附和了。可是，不论你俩有什么样的变化——深刻的或者轻微的——从心理学上来说，你们俩原来什么样子、来自哪里，这些大部分还在。像个人传记一样，我们 30 年后续访谈的统计结果（见附录）突显了这一点。

当我们查看儿童来自哪一组婴儿期的父母（高效能与低效能母亲、高效能与低效能父亲，以及高效能与低效能母亲父亲），并在几个量表（整体功能评定量表、埃里克森的心理发展量表、防御功能问卷，以及成人依附的安全性评估）的基础上比较他们成年后的成就时，我们发现高效能父母的子女倾向于在每项测量中都做得很好。然而，唯一的统计学意义的显著相关性发生在被试童年早期养育质量与防御功能问卷的得分之间。这就是说，在婴儿期测试中被最高效地养育且优质养育贯穿整个童年的儿童，成年后有着最成熟的防御机制。

成年子女防御机制的风格与婴儿期所接受的母亲照料风格之间存在联系，对这一点可以做出如下解释：母亲对子女的照料能够调节儿童的唤醒、沉默、满足与苦恼等内部状态，母亲的照料也在这些内部状态和环境影响之间起着调节作用，而后者常以各种不同的方式作用于婴儿。母亲以许多方式持续地这样做着，包括（但不限于）哄宝宝入睡、叫醒宝宝、喂养、给孩子保暖、抚触、微笑、谈话、亲近、离开、进行和打断眼神交流以及约束孩子等。本质上，儿童内化了母亲安慰自己、满足自己需求以及减少自己不适的方式。

最重要的是，在从事所有这些活动的过程中，母亲自身的防御机制调节着她照料孩子的方式。久而久之，婴儿获得了调控自己情感的能力——其内部状态及对环境中事件的反应。婴儿的生理成熟结合了他／她对母亲照料的内化和认同，婴儿借此获得这种能力。母亲对子女童年早期情绪变化的调节成为孩子处理不愉快的想法、感觉、压力以及保持平衡的模式——实质上，母亲的防御机制被孩子吸收并成为孩子自己的。这是心理结构化的基本构成部分。我们的许多个案研究表明，心理结构化——不论健康还是不健康——似乎明显形成于童年早期并持续到成年。母亲的照料方式——在大部分研究家庭中，该方式在婴儿期初露端倪并在整个童年期的母婴互动中继续——对促进孩子的心灵发展和心理适应风格是有帮助的。

幼儿期母亲的抚养与子女成年期防御机制的成熟度之间在统计上显著相关，这是母亲对子女的持久影响的显著标志。量表的开发者威兰特（Vaillant，1977，1992）已经充分表明，防御系统在许多方面定义着个体的性格、适应生活的风格和稳定性。个体的心理防御机制日复一日、无时无刻不执行着管理者的角色，监管着愉悦及不愉悦的内在情感、思想和欲望，以及在一定程度上管理外部的不愉快情绪。个体调动自己的心理防御机制的能力，涉及他们多方面的心理功能。事实上，母亲对孩子内部性格的决定性影响之一，就在于她能够塑造孩子通过心理防御机制调节内部冲突的能力，这也是孩子首要的自我功能。因为从婴儿期开始，母亲一直是调节儿童内部情感风暴以及调整外部现实要求的最主要的人。

其他两个测量结果（整体功能评定量表、埃里克森量表）与人的稳定性有关，可能比防御机制更加受到个体过去及当前的环境的影响，诸如失去朋友、遭遇暴力、工作满意或损失、令人满意的同事关系、与孩子在一起的满足感。它们是行为功能及生活满意度的合成图像，与作用更持久的心理防御功能相比，似乎更容易消散、更不稳定、更波动。然而心理结构仍然有潜在的变动性。个体可以从陌生情境测试的不安全型反应跨越到儿童学步期的安全型，从陌生情境测试的不安全型跨越到 30 岁时 AAI 中安全型依附的心理表征，反之亦然。我们的研究和威兰特的纵向研究结果表明，尽管防御机制在童年中期已经相对固定，但在有利或连续冲击的情况下可能转向更低或更高水平。

选择与际遇

像谚语中常说的那样，家庭是"一锅慢慢煨着的汤"，每天加一点儿料，逐渐改变了汤的味道。有时父母决定在汤里添加一种不合味儿的新作料，有时际遇就像是无意中往汤里加了一味香料，这带来了点石成金般的效果，以无人能够预料的方式改变了一切。本研究中的家庭从一个社区搬到另一个社区，找了新工作，父母互换赚钱养家与持家者的角色，这些决定不仅改变了成年人的生活而且也改变了孩子的生活，深刻地影响着他们成为什么样的人。有时命运也会介入，永远影响其受害人或受益人。

例如，奥斯卡（第四章，无法实现的承诺）7 岁时，父母选择离开纽约，到秘鲁利马以外的棚户区执行任务。到 18 岁时，他已在那里目睹了 4 次突如其来的死亡事故——在垃圾堆里发现的年轻人尸体、在公共汽车前一跃而起的女人、被警察枪杀的姐姐的男朋友，以及在打斗中被砍死的朋友。父母没有意识到这些遭遇和丧失的创伤性影响以及孩子的情感需要，奥斯卡的心理障碍日渐滋生，既不相信人际关系可以永久存在也不信任自己的未来是美好的。他成了一个扭曲的愤世嫉俗者。在帮助奥斯卡抑制童年遭遇死亡带来的影响并渡过那段艰难的岁月方面，他性格异化的防御风格仅部分有效。他患了慢性焦虑，并出现了与焦虑相关的身体症状。他渴望与异性保持永久的关系，但是当他每次打算与女友亲热时，尸体及朋友死亡的创伤后意象持续闪回。因此，他在心理上将性自信与有害的攻击和丧失相联系，抑制了自己本应有的自信，害怕这种自信可能带来伤害和背叛。

其他家庭中，弗朗克（第二章，童年痛苦的外化）的父母决定搬到一个新社区，使他远离了朋友，这些朋友对他而言如同家庭的替代者，是他生命之光的源泉。卢克（第四章，无法实现的承诺）的父母为了培养他的音乐天赋，做出了苦乐参半的选择，用与世隔绝的温室教育取代了杂乱无章的常规学校教育。如今，卢克在社交中感到非常痛苦、尴尬。

幸运的是，维克多的父母（第一章，成功者们）为了挽救婚姻做了一个勇敢而无私的决定。父亲——把家庭放在事业前面——放弃了要当一名成功的、受人仰慕的纽约作家的梦想，成了一位持家者和小城镇的兼职艺术家，这让母亲可以在外从事全职工作，赚取固定的薪水。父母的选择使他们成为不寻常的角色榜样，维克多在此基础上结合了母亲务实的能力与父亲的创造力，创造了自己颇具魅力的人格。

儿童通过塑造持久的心理反应来处理偶发经历的能力是惊人的。奥利弗（第四章，无法实现的承诺）7 岁的时候，有一次在后院开派对，父亲脱去了她正滑落的泳装上衣，她对此做出的反应是：这是一种性侵犯。她的反应一直持续到今天，所积累的愤怒情绪让她不断在她与男性的关系中表现得非常刻薄。然而，作为研究者，我们认为她那种反应要回溯到更早的时候。开派对的时候，奥利弗与父亲的关系充满了太多紧张，这是因为当她刚 14 个月大的时候，妹妹不合时宜的出生——怀孕本身是巧合——取代了小小年纪的她与母亲的亲密。后来母亲也生病了。奥利弗转由父亲抚养，他也试图承担责任。所以，当他脱去孩子泳装上衣的时候，奥利弗正处于那种对儿童来说羞怯通常不是大问题的年龄段，但她却在情感上过度解读了此事并深陷其中。

瑞巴是一个幸运儿（第五章，超出预期），当她上幼儿园的时候，哥哥姐姐劝告她，母亲专注自我的自私不是她的错。这把瑞巴从各种各样的自我怀疑、自我谴责以及压抑自信中永久地解放出来。儿童将整个性格形成期都耗费在试图理解父母的冷漠和批评上时，便会出现自我抑制。在这种情况下，自我抑制令弗朗克不堪重负，瑞巴则因哥哥姐姐的影响而较少受到自我抑制的束缚。

为了给偶发事件赋予意义，儿童的心灵将之同化到他们先已存在的经验网中。如果这种意义对孩子来说非常有冲击力，它可以永久地改变情感功能。艾迪遇到戴眼罩女子的经历（第四章，无法实现的承诺）就是另一个这样的偶然时刻。艾迪 4 岁时，父母去度假，他由保姆照看，这个保姆因为眼睛里有碎片要动手术，所以戴着眼罩。艾迪听到她丈夫问她："它什么时候出来？"艾迪以为指的是眼睛，不是碎片。他的困惑本来就源自非常天真的想象，即使这种想象本身是可以理解的，也会令他充满了恐惧，但他以一种令人惊异的心理技艺赋予了该误解以性的意味，所以现在他最强烈的性唤起都与戴眼罩或失明的女性意象相关联。无意中听到的话、残缺的视像、性唤起与痴迷于单眼罩女性意象的永久性情感依恋是怎样联结在一起的呢？我们从影片上看到，婴儿期的艾迪与母亲有不寻常的肉欲关系，同时也与父亲有着相互喜爱的刺激性关系。

我们从他在后续访谈中报告的反复出现的梦中找到了有利的证据，他在梦里同保姆在一起时非常焦虑会与父母分离。可能是因为家里充满了爱和刺激，艾迪才会倾向于感受到对戴眼罩女子的爱。因此，独眼女人的可怕形象——将持续发展的性欲唤起与对身体残缺和分离焦虑的恐惧合为一体——铭刻在他的脑海中，与他同时被唤醒的对保姆的爱及与父母分离的焦虑联结起来了。

艾迪在情绪高度唤起的状态下遇到了独眼女子，奥利弗的母亲在哺乳期又怀了妹妹，两件事都说明机缘巧合的多样性会在每个人的生活中留下印记，不论多么智慧和慎重，这都是无法预见或阻止的。这些事件确实对两个人的情感生活产生了有力的影响，而这些影响并不都是积极的，尤其是对奥利弗而言。但偶然事件也为人类特有的丰富且复杂得惊人的心理发展提供了可能性。

创伤和支持

尽管在子女出生时父母们都预想要给他们提供安全滋养的绿洲，但家庭却成为孩子们大多数不幸的源头。许多父母只是由于外部因素——比如贫困或自身的心理状况，而不能实现他们美好的初衷。对其他家庭来说，无法预测的突发事件超出了父母的控制范围。有时不是偶然事件，而是一个决定（如搬家）便出乎意料地改变了儿童的生活进程。许多偶然事件不仅会带来创伤，相反地也会成为孩子获得支持、拯救以及保护的经历。广义上说，任何在早期生活中对儿童与其父母依附关系的安全性造成威胁的事件都是创伤性的，受到威胁的安全感会导致儿童阻碍他们未来的正常发展。他们以自我保护的方式在学校和工作中参与人际关系，这些方式从应对焦虑和抑郁到好斗、对抗恐惧之间不断变动。除了有些经历会威胁到儿童对家庭关系的安全感外，暴露于物理危险中也可以在情感上具有破坏性，尤其当这种危险牵涉身体伤害、受伤的恐惧、痛苦及耻辱时。

我们的被试在其人生的前18年经历了五种来自家庭的创伤：（1）由于离婚失去父母；（2）父母一方的身体虐待；（3）父母一方用不断升级的诋毁所

造成的精神虐待；（4）父母一方罹患以抑郁和酗酒为特征的严重精神疾病；（5）父母一方、兄弟姐妹或自己遭遇生理缺陷或危及生命的疾病或意外事故。除兄弟姐妹患病以外，鲍比指出，以上这些都威胁着儿童对父母依附关系的安全性，影响儿童的情感发展。在我们的研究中，家庭以外的创伤具体包括性骚扰（1男）或性侵犯（1女）以及目击死亡或严重的事故（1男1女）。在所有案例中，这些经历在 20 年后依然时时浮现在脑海，导致他们遇到危险就不寒而栗，以及充满负罪感和焦虑地认为他们本可以做得更多来防止伤害的发生或在之后能够更多地帮助他人。

　　总之，76 名被试中有 23 人（30%）至少有一种上述创伤，23 人中又有 8 人经历过不止一种创伤。遭遇不止一次的破坏性经历不只是运气不好，事情之间往往有着本质的联系。例如，酗酒、虐待和离婚经常在家庭中一起发生；身体残疾造成了太多的压力致使离婚的风险很高；父母以抑郁、喝酒或怪癖行为为特征的精神疾病与其子女被陌生人或家庭之外的熟人性骚扰或性侵犯之间有着密切的关系。有一位被试描述说，作为一个小男孩，他感到被患有精神疾病的父亲忽视，转而认另一个男人做代理父亲，而这个人后来却猥亵了他。遭受过性侵犯的女孩认同了她过于被动、无助、抑郁的母亲，因不能识别危险而被一位偶然结识的熟人侵犯。

　　被试的成长史以及其他研究（Wallerstein，Lewis，& Blakeslee；2000）发现，即使父母能够友善地分手，离婚依然对孩子造成长期的影响；泰尔（Terr，1990，1994）也描述说，相对短暂、随机的创伤事件会给个体心理带来长期影响。一次创伤性经历便足以对个体产生持久的影响。儿童必须围绕它来编织自己的人格。大多数人编织得合乎情理，事件仅在其生命的接口处保留了细小却可以觉察的裂缝。从统计学的角度分析，15 名经历过一次创伤与 54 名没有经历过创伤的被试，整体功能评定量表的得分不存在显著差异。与无创伤的个体相比，这 15 个人没有更多的精神症状。然而，在成长过程中遭遇过两次或更多创伤的 8 个人则发展欠佳。总体来讲，多创伤组的整体功能评定为中等分值（72.6），显著低于所有被试的平均分（81.2）。多创伤组大多情况下功能适宜，但在工作和人际关系中更易于出现心理症状和问题。他们没有充分修复其创伤经历。
这些结果与对创伤的历史调查（Khan，1963）及当代研究（van der Kolk，
MacFarlane，& Weisaeth；1996）一致，二者均指出了创伤对精神结构的累积效
应——反复发生的不幸破坏了个体维持心理平衡的能力，使个体出现症状或性格
扭曲。

　　家庭没法阻止某些创伤的产生。一方面，有 10 名儿童经历了诸如父母一方
的身体虐待、定期而严厉的情感诋毁，兼或父母一方或双方的抛弃等理论上本
可以避免的创伤（第二章：坎迪斯；第三章：乌拉；第四章：尼塔）。严重的
虐待使他们的情感历程伤痕累累，触目惊心：他们 30 岁时 GAF 的平均分为 69
（显著的症状和障碍），防御水平不成熟，社会心理成就低，精神病诊断率非
常高（80%），不安全依附发生率高（59%）。他们努力为自己创造成功的人生，
但都遭遇了一定程度的不快乐，有抑郁、焦虑等症状或者病态性自恋、精神分
裂性疏离或低自尊等人格问题。

　　为了避免造成严重障碍，孩子会将创伤"封存"，这包括寻找支持的补充来源。
他们具有相对的发展灵活性和为自己创造美好生活的驱动力，会积极地运用所
遇到的帮助。这种模式不仅适用于受到创伤的人，也适用于在教养不良的逆境
中成长起来的更大的群体。和不幸一样，支持有时也会突然降临；有时在其他
情况下，可供发展中的孩子获得的帮助是现成的。达芙娜认同了母亲乐观否认
的素质，并运用心理治疗，加之她的第二任丈夫性格沉稳，这些都弥补了父亲
的躁狂抑郁症和母亲的过度活跃为其童年带来的混乱。法利对父母职业伦理的
认同使他能够部分地封存父亲的身体虐待。虽然虐待的残余影响仍然持续到现
在——表现为持续的焦虑发作和被抑制的情感。

　　诺兰与支持他的哥哥很亲密，这成为他生命的救赎。丹尼有能力识别并认
同父亲的奔放及母亲的自律——同时丢弃了父亲不成熟的自我表现欲和母亲的
抑郁——这有着不可估量的价值。此外，丹尼还以酷爱美酒佳肴的叔叔为榜样。
瑞巴在与哥哥姐姐简短的交流中找到了持久的支持，他们向她解释说母亲的虐
待不是她的错。瑞巴、丹尼、坎迪斯以及其他人也在温和的保姆或朋友的父母

面前找到了支持，这些人向他们提供了庇护，给予了他们安慰和鼓励，使他们免于混乱和悲伤。例如，瑞巴和丹尼内化了保姆的催眠曲，小时候会自己哼唱着抚慰自己。

值得注意的是，成长过程中经历过两次或以上的创伤，比父母早期不够理想的儿童更有可能在整体功能评定上得分偏低。我们已获知，拥有最好的父母使儿童更容易成长为知足、有才干且情绪稳定的成人，但即使理想的父母也不能预防创伤的发生。相反，受到创伤的儿童或与逆境不断进行斗争的青少年有时会在他们的大家庭和社区中寻求支持。尽管父母存在局限性，难免使子女遭受痛苦，这些缺少关爱的儿童依然能够借助父母的良好品质使自己过上更美好的生活。最终，许多创伤（如虐待和离婚）可能得以避免。

受损的养育

研究中只有三分之一的母亲符合研究者最初设定的效能父母的直接观察标准（A组），访谈中不到三分之一的父亲表现出积极的养育印象（基于他们的愉悦、体贴、活力以及对子女的了解）。这意味着什么呢？为了调查母亲组，巴哈杜尔（1998）用当代母婴互动的测量工具再次独立分析了存档的婴儿影片，验证了布洛迪1964年的分类。这些家庭是响应了医生办公室里寻找儿童发展研究志愿者的公告而参与到本研究中的。尽管各自的动机不同，但部分地代表了陷入困境并寻求帮助的父母。最初的研究设计可能是指定随机的遴选过程，也可能是明确地从临床精神病学背景的人群中选择父母而不是从非临床人群中选取同等数量的父母，在这种情况下，婴儿期母亲养育风格与成人后的结果的相关性可能更强。

尽管如此，这项研究的大概分布——即三分之一的婴儿获得了良好的母亲养育（相对于三分之二的不良养育）——可能是普通人口的现实指标。狰狞的外部压力（如经济、变化无常的父亲、社会动荡等）和内部压力（如压抑、攻击、投射、自我卷入等）都会阻碍母亲天生的养育欲望和能力。在此我做了一个不算跨度太大的推测，即在某些人群中存在某些潜在妨碍养育儿童的因素，这些因素来自我们当前生活的世界环境，许多地方的人们无法维持和平共处的生活，这样的地方不能维系养育儿童正常成长的自然环境。对陷入困境的养育问题进行更广泛更深入的流行病学的探索，则有待于未来的研究。

关于家庭的记忆

我们对研究中儿童的了解，许多都是真实的，因为观察者在超过四分之一世纪以前就已观察并做了记录，并给出家庭报告。我们在 16 毫米的旧研究影片上看到了它们。就像记者一样，我们有多个信息来源。但与过去的多渠道信息来源相比，被试现有的关于早期生活的诸多记忆却勾勒了一幅不一样的画面。与静态的家庭相册不同，记忆是有机的：人们可以修改其对人生任何时间事件的回忆。改变回忆的是他们在记忆中注入的情绪，这种情绪因他们对家庭的情感而着色，情感会随时间的流逝而改变。

"记忆发生了什么"不仅仅是求知欲的问题，而是很多人面临的一个关键问题，因为他们为自己及子女创造更美好生活的能力在很大程度上取决于他们对至少大部分准确回忆拥有一致的感觉。从许多方面来讲，成长是一个获得对过去的情感和事件进行现实评估的能力的过程，而不是超然地审视过去。许多事情都能促进这一过程的发展，比如离开父母而独立，丈夫和妻子之间可以互相帮助重新审视过去，心理治疗也可以带来重要的影响。

记忆与其最初产生的情感背景相连。例如，奥利弗记得父亲"脱去她的泳装上衣"，对她进行"性骚扰"；艾迪成年后对戴着一只眼罩的女性意象的性唤起，实际上来源于他对 4 岁时候一件事的记忆以及他当时的感觉。艾迪已经"失去"了完整的记忆，直到他 30 岁时接受采访才想起，当时他同时联想到一个反复出现的、在黑暗中爬楼梯的可怕的梦，以及他对独眼女性感到恋物般的愉悦。这使他恢复了对戴一只眼罩的女人及"它什么时候出来"的全部回忆，这段记忆最后散发着一股涂了药的绷带味儿。

访谈后，艾迪从父母那得到了证实，他小时候确实被一个眼睛上缠绕着绷带的他们的朋友照顾过。在后续访谈结束时，他很想知道，既然知道了来龙去脉，他是否会失去与迷恋眼罩相联系的性唤起。对艾迪来说，失去恋物的习惯还是保留它的力量并不是一个特别紧迫的问题，他喜欢那个意象带给他的兴奋，无论怎样他都可以接受。

另一方面，对奥利弗而言，清理她有关父亲行为的扭曲的记忆，对她的未来非常重要。她对父亲的恨——妹妹出生时，母亲把奥利弗丢在一边，她极有可能把对母亲的失望置换成了对父亲的愤怒——阻碍了她与心仪的男子建立亲密关系。奥利弗和她的心理医生正在试图理解她对父亲的恨，以及这种恨对她成年后人际关系的影响。

人们对家庭记忆的其他几个例子表明，回忆是如何受背景、心理防御和事件发生年龄等多重因素决定的。为了说明记忆中母亲"把我照顾得很好"，30岁的查克（第二章，童年痛苦的外化）说，5岁那年，有一次母亲逮到他爬到公寓的阳台栏杆上伸手够气球，责备他以身犯险。父母在查克3岁时向研究人员报告的实际事件却更可怕和富有戏剧性。儿子自我涉险的举动使这位母亲非常心烦，她失去控制，不停地打儿子，直到父亲听到尖叫声跑来阻止她。无独有偶，成年的达芙娜（第二章，童年痛苦的外化）却对体罚毫无印象，尽管直到她约7岁时，父母还经常打她屁股。不过，她却对更小时候的事有着准确的记忆，她记得父亲的躁狂引起酒精滥用的发作，他被发现不省人事并住院，也记得弟弟从断崖坠落的情景。因此，儿童会将发生在婴儿失忆阶段的某些经历遗忘，这个阶段的终点大约在3岁时。他们的选择性遗忘似乎是为了保护他们对父母的看法。换句话说，通过将不愉快事件最小化，失忆有助于他们从情感上脱离父母。查克和达芙娜倾向于形成以否认不愉快事件为特征的轻躁狂人格，后者程度稍轻。

研究个体发展的学者为我们指明了各种青春期的特征，每个特征都捕捉了该年龄段的一个方面。例如，埃里克森（Erikson，1950，1968）指出，青春期是年轻人巩固其身份的时期；安娜·弗洛伊德（Anna Freud，1969）对这个阶段的内部躁动印象深刻（狂飙期的动荡和紧迫）；奥弗等（Offer，1971）反对这个观点，他强调大多数青少年似乎都平稳地完成了减少对父母的依赖、形成另外的联结及在家庭外进行职业选择的任务。

然而，对大多数研究被试而言，突出的是：青春期的孩子普遍否认、掩饰和忘记自己童年家庭的模样。尽管，18岁比30岁更接近童年时期，但是他们粉饰了与父母在一起的真实画面，说"我被照顾得很好"、"我的父母很负责"、"我可以依靠我的父母"。12年后，已经成年的那群人对父母的描述更加全面，充满了能够显示好坏品质的具体回忆。在这段过渡岁月中，他们所参与的情感工作容许他们当中大部分人决定依附父母并仔细分析家庭内部的各种关系。

青春期是青少年脱离父母的过程，其中避免认真地考虑家庭起着非常关键的作用。青少年确实对父母隐瞒了很多事情，几乎人人都就普通的学业成绩、平凡的努力以及他们在何时何地与谁玩耍等问题向父母撒谎，以期为自己巧妙地争取更多的自由。他们几乎普遍尝试大麻、喝酒和性——即使父母许可，他们仍想隐瞒这些行为，保持隐私。他们隐藏自己的过程同时意味着他们蒙蔽了自己的双眼，因此看不到父母真正的特质。因此，这些被试十几岁时与安娜·弗洛伊德笔下的青少年很相似，他们在释放冲动的欲望与约束和引导冲动的需求之间苦苦挣扎，而这种欲望和需求来自他们自身以及家庭和社会。正是青少年对自己和他人隐匿内心生活的需要，有可能给人造成他们这段生活相对平静的假象。

由于掌握了他们家庭的前瞻性信息，我们对他们的真正挣扎有所了解。有些被试成年后不再需要自我隐匿或粉饰父母，直到那时回顾往事，他们才第一次理解了自己和父母。作为成年人，他们都对自己十几岁时以自我为中心、谎话连篇、违规乱纪及对父母发火等行为感到抱歉。他们自己不仅不再那么偷偷摸摸，而且对父母也了解得更加深入。

作为成年人来说，他们与父母一起生活的记忆被防御扭曲得较少。不过他们对一个重要的领域没有言语记忆，他们无法记起父母在自己出生的前两三年间照料他们的方式。这段时期的记忆缺失既不是抵御痛苦影响的心理防御的结果，也不是与父母分离实现个体化过程的一部分，也不是压抑。相反，失忆的存在是因为儿童在前语言阶段的经历被含蓄地而不是清晰地记住了。因为他们还没有命名事件、思想和感情的词汇，婴儿会将其前语言或身体的记忆存储在他们的肌肉组织以及对应激激素和神经递质进行反应的神经组织中。科尔克（van der Kolk，1996，2002）曾这样论述创伤个体：当儿童和成人通常不能用语言来描述他们遭遇的创伤时，"他们的身体保留着刻痕"。从前面的个案讨论中，以及从整个研究的数据中，我们得知，婴儿在一两岁时与母亲的互动对儿童正在形成的人格具有塑造作用。相对于随后波动却明晰的记忆而言，没有人曾在意识层面回忆起这种最初的关系像什么。

已经成年的达芙娜说，在她的成长过程中，母亲爱开玩笑、善于安慰孩子、务实但不够镇静。像许多被试一样，当时她还不能表达出关于母亲不寻常却同样重要的事实：在她的婴儿期，母亲莽撞、过度活跃且经常很不敏感。母亲的行为对达芙娜童年的内心紧张和多动症的形成可能起着与父亲的周期性情感危机同样重要的作用，但这既无法有意识地被回忆，也不像后来父亲的疾病带来的创伤一样，是经得住数值测量检验的。当我们在第二章里提到达芙娜的时候，我们曾质疑，她对母亲爱开玩笑、善于安慰的评价是否基于她成熟地理解了母亲的善意及尽心尽力。这个评价还有其他原因：母亲用比父亲稳定得多的方式抚养她的事实；母亲乐观的否定特质；与其他养育方式不同的母亲之间的有限接触；保护母亲免受批评并保护自己免受因贬低母亲而有的内疚。如果更全面地思考记忆是如何工作的，可能每种机制都起作用。但对于达芙娜的健忘而言，两三岁时的常规性失忆具有最显著的影响。常规性失忆，是指前语言编码时期的儿童对于那些深刻的体验缺乏用明确的语言进行存储的能力（Massie & Szajnberg，1997；Fonagy，1999）。

这种原始的健忘给精神疾病的治疗带来了巨大的障碍和困境，而精神疾病与这些被永远遗忘的早期事件是关联的。例如，本研究中许多被试长期深受焦虑症、抑郁和人格障碍之苦，表现出防御性夸张、病态自恋、对抗恐惧的行为以及不自然的乐观——所有这些都与孩子1岁时和养育者的关系有关。在治疗中，病人记不起在早期真正发生了什么，他们追溯的想象和叙述可能包含了真假的种子。治疗师必须考虑两种可能性，在他们讲述过去的事情时，搜寻病人的姿势、肌肉张力、声音，以及面部表情等信息作为线索，以便能掌握较全面而准确的信息。儿童3岁前的记忆更多存储在身体内而不是语言中。

如果病人与治疗师建立了安全的发展关系，他们可以重新体验父母过去的情绪并把这些情绪与语言联系起来，从而为过去的经历赋予意识的意义。命名的过程使病人有可能将当前情境的情绪反应与过去区分开来。例如，病人或许能够探索性地回顾以往害怕失去与养育者的依附关系的恐惧，在这个过程中便修正了其安全感的内在工作模型，从而获得更多的情感自由和日常生活的有效性。我们的治疗工作以及本研究的案例分析表明，当我们理解了成年期焦虑、抑郁等症状的童年根源且个体自己也理解的时候，治疗往往是最有效的，人们才最有可能在生活中发生有利的变化。

有时，创伤是不可能治疗的，尤其是发生在前语言期的创伤。最有效的治疗也许是支持性疗法，可以帮助病人接纳焦虑、减轻抑郁并对其人格问题做出调整。如果损伤无法修复，使用精神病药物可能对治疗症状有作用，尤其是对发生在生命最早期的损伤。精神病药物虽不能治愈心理创伤，但可以改善神经递质及以前失衡的情绪管理的神经生理学基础组件——或者从易损到失衡——这往往很早发生在儿童1岁的时候。

在临界点上

迄今，我们对参与者的观察已有30年，其中有一组表现突出、最为成熟。每次与他们做访谈或观看访谈录像时，我们都体验到相同的情感，在回顾完被试的所有信息后，依然如此。但是，我们问自己：对这些优秀的人的愉悦反应该如何转化为精确的词汇和概念呢？他们的成功与测量并不一致，但我们知道他们的成就和我们的反应已经超越了量表的测量。我们对其反应亲切的这组被试，在"整体功能评定量表"、"埃里克森心理发展量表"、"防御功能问卷"测量中的得分是最高等级，在"成人依附访谈"中属于安全组。这种一致性再次让我们确信，我们的反应不单单是个人化的或者我们自己的价值判断。我们知道，他们获得的成就已经超越了一般的满足感、免于症状以及受教育水平或收入状况，事实上，他们的教育和收入常常是适度的。

经过反复回顾，我们逐渐意识到，所有这些最成功的被试都具有鲜活的个人魅力，是他们的共同特质引起了我们的愉悦反应。我们会像朋友、同事那样喜欢他们。我们进一步深入思考了这组成员的个人魅力，仔细地归为12个分项：

（1）他们有大量可用的情感——宽广的情感范围。他们可以欢笑，可以悲伤，也可以严肃；

（2）他们与我们互动，乐于分享、信任——这反映了他们通常人际关系良好；

（3）他们关心他人和社会。他们的关心包含了成熟的共情和利他，而不是源于对愤怒情绪和个人需求的防御性反应；

（4）他们对某一领域有不凡的抱负，对生活有抱负，这不是简单的攻击性或者对权力和控制感的需求，而的确包含了激起自信、聚集能量的能力；

（5）他们注意使自己的外表有吸引力，以符合他们的基本体质。对外表的关注是健康的自恋和自我投资，它与病理性自恋不同，后者旨在修复自卑感或控制他人；

（6）他们对待我们优雅得体，这也反映出他们的一般人际关系状况；

（7）他们说话可信、诚实、善于沟通。他们有效的表达显示了其完整无损的认知过程；

（8）从拥有强烈的伦理价值观的意义上说，他们很正派，显示了健全成熟的良知；

（9）与他们的抱负有关，用精神分析的术语来讲，他们具有健全成熟的理想自我。即，他们内在存有某个钦佩的人的意象，这个意象是他们身份的一部分，他们渴望成为这样的人。这个意象与他们热爱的人有关，他们内化了父母一方或双方的某些部分，不仅缓和了内在的自我要求，使这种导向力没有变成严苛的内疚感或羞耻感，而且赋予了他们个人以理想、方向感和目标感；

（10）他们的教育和成就符合其智力禀赋；

（11）他们关心自己，能够客观而批判的反思自己——这被视为拥有良好的观察自我的能力；

（12）他们在生活中的某一领域颇具创造力。一些人的创造性体现在成年期喜欢的娱乐活动中（如体育、爱好等），另一些人的创造力则是在工作或养儿育女所固有的方面。因为他们没有受制于情感冲突，所以才有可能积极表现这些天赋与兴趣。情感生活特定领域的冲突得到了限制，或在工作、娱乐和家庭生活中的成功得到了升华。

参考安娜·弗洛伊德的发展线、元心理学阶段，以及埃里克森的社会心理发展阶段理论，我们依照特征或组件在成长过程中形成的童年期年龄段，将成人的个人魅力组件进行了排序（见表6.1，成人个人魅力在童年第一次出现的年龄）。这里的年龄不是精确的年龄，而是一个年龄范围，许多组成部分在以后的发展阶段中还会再现，被改造或进一步精细化。另外，通过研究发展不顺利的儿童，我们得知，某些特征是以后出现的特征的前兆。例如，共情能力通常最早出现在儿童讲的与布娃娃、人物、玩具一起玩的故事中，以及在杂货店里要母亲去帮助哭泣小孩的情境中。共情从婴儿期出现的初期信任能力发展而来，是儿童在学校与同伴团队合作的前身。相反，儿童大约3岁时普遍建立了共情能力，共情可以被正常的自信、争取自主、与父母的对抗行为、手足之争等掩盖，所有这些都发生在大致3岁的时间框架中。同样，创造力——出现于儿童后期或青春期的独特的人格特质——是与儿童早期的想象游戏和勤奋感相关的。如果某人在儿童早期被过分控制不能玩耍，中学时的不安全感过强而无法勤奋，就不可能完成联结，从而成长为有创造力的成人。

具有强烈个人魅力的男性和女性尤以第一章描述的被试为代表，他们均出自良好的家庭养育。这是一组幸运儿，逃脱了创伤并且目前生活在良好的环境中。另外一些人来自克服了早期不良家庭环境的一组（第五章，超出预期）。布洛迪（1978）在关于这些儿童前7年的报告中讨论了他们早期成功的来源。"儿童的性格部分地取决于：（1）其焦虑的强度和持续时间；（2）感觉、认

知、想象力的培养；（3）婴儿期及童年早期内化的深度和稳定性。"从成人的
后续访谈中我们可以发现，倘若儿童7岁时发展顺利，成人后依然可能发展顺利，
除非后来遇到了困难情况。

表 6.1　成人个人魅力在童年期第一次出现时的年龄

成人的个人魅力	儿童期显现的年龄
有效的影响	
社会互动、分享、信任	婴儿期—学步期（0~3 岁）
体谅他人、同情心	
在某领域有抱负、生活中有能量	童年早期（4~6 岁）
注意保持外在的吸引力	
对人优雅得体	童年中期（7~9 岁）
可信的	
正派、道德感	
健全成熟的理想自我	童年后期—青春期（10~18 岁）
与智力禀赋相符合的教育及成绩	
关心自己、他人和社会	青春期（13~18 岁）
在生活某一领域具有创造力	

最近，与布洛迪博士分享这些已成年的76个孩子在30岁后续访谈的结果（私
人通信，2000）时，我们问她，23 年的研究带给了她什么？所呈现的内容哪些
是新的？这次她没有使用学术语言，而是简单地答道："儿童不是由父母培养
大的，不是父母教给他们如何成长，而是儿童自己从父母那里'捕捉'了成长
所需的东西。"这句话精炼地浓缩了她毕生最有价值的科学发现。其他研究者
也提出了他们的观点。儿童精神病学家罗伯特·科尔斯（Robert Coles，1999）
从事与儿童及青年的访谈工作，他从中得出结论："对我们每个人来说，抚养
孩子都是个漫长、有时是尝试性的努力过程。当然，最重要的是为人正派、良
好的判断力、心地善良——有能力克制某些冲动，有能力让儿女了解他们需要
直接并因为可理解的原因而运用的约束，以及与之相伴的满足感。"布洛迪对
此是不会不同意的，因为这本质上就是儿童从父母那里"捕捉"到的。

谈到发展时,我们会遇到这样一个辨证过程在发挥作用:抽象的、概括化的、关于总体发展趋势的知识会越来越多地指引我们到个体的生活中去学习;而相反的过程也在起作用,即对个体生活故事的学习也会将我们引向总体发展趋势的知识。通过这样一个反复交错的过程,可以总结我们所学到的知识。因此,我们现在来回顾薇姬的情况:在精神治疗培训中,当我们看到影片中的母亲把婴儿的头强扭过来,然后一遍又一遍地把奶匙硬塞进她嘴里时,这样的画面刺激了我们,将我们推上了征程,使我们最终与布洛迪博士联结在一起,并进行了该纵向研究的30年后续访谈。是薇姬,在7岁时目光忧郁、焦躁不安、紧张到无法玩玩具屋,而她的母亲戴副墨镜无动于衷地坐视不管;是薇姬,在十几岁时对父母大发雷霆,入夜后孤零零的她把自己灌醉到不省人事;也是薇姬,躲进和蔼的姑姑的房间,蜷缩在被罩下。

30岁时,薇姬很瘦,食欲很差,并且患有偏头痛和焦虑。她不愿意看摄像机,因为她说这东西"冷"。她已经离婚了一段时间,前夫是姑姑给她介绍的。尽管如此,她还是令人印象深刻。她不再喝酒,口才好、周到体贴、温柔——职位是一家宠物医院的办公室经理。她曾说:"我的父母从来就不该要孩子……他们错误地以为只要生了我们就可以,他们什么也不用做,他们做生意的时候我们就会自己长大。"用布洛迪博士的话来说,薇姬"捕捉"了父母的冷漠、敌意和疏忽,将之变形为儿童期的焦虑、青春期的愤怒,成年期又重新表现为焦虑。在她30岁时,她又开始约会,我们希望她和这名男子的美好情感能够开花,发展为亲密关系。生儿育女离她还很遥远。

最近,发展心理学家凯根(Kagan, 1998)重新考虑了"婴儿决定论的神话",他写道:"很多早期观念和习惯要么消失,要么经历巨大的转变,在以后的生活中不再恢复。一旦一幅画完成了,任何最初的笔触都不可能再从更大的场景中被辨认出来。"薇姬的生活表明,她面对巨大的家庭困难,付出努力将自己转变成一个成功者,然而,与凯根的论述相比,她童年早期的不安全感依然可以辨认——表现为持续的焦虑、心理生理症状,以及她觉得自己不够强大不能像她愿意的那样去学习兽医的信念。尽管薇姬很有吸引力,她的发展比预想的要好许多，我们还是没有把她归入超越预期的一组，她严重的精神症状、对伴侣未满足的欲望、受阻的抱负以及对摄像机的不信任，是所有被试中唯一有这些问题的人。不同于大多数成功者，她性格的力量不是来自好经验的偶然混合，而是因为她心存希望，自律地忍受了不幸，所以她的魅力是幸存者的魅力。

30岁的后续访谈之后，薇姬一直没把她带回家的心理测验还回来。5年过去了，有一天我正在写作并进行数据分析，她意外地打电话来，问我们是否还对她的心理测验感兴趣，她已经完成但没有寄出（那时她35岁）。后来发生的事情是，她要与她在30岁访谈前认识的男人结婚了，正在往他家里搬。在公寓打包行李时，她发现了装在信封里的没有寄出的测验。我和她在电话里聊了一会儿。显然，她不只是因为找到了信封才打来电话，而是因为相比30岁时在摄像机前害羞的自己，现在的她自在了很多，也乐于袒露更多的自己。她的未婚夫在这一点上给了她很多的帮助。她还说，她平生第一次想到她或许能要孩子，这个想法过去令她充满恐惧，因为她怕自己会虐待孩子，如同父母虐待她一样。

她接受了几年的心理治疗，通过这段时间的艰难工作，她逐渐了解到自己在成长过程中从母亲眼里看到的冷漠其实不是由她造成的，也不是母亲对她的回应，而是因为母亲自己无法摆脱令人心寒的自我卷入。婴儿通常从母亲的眼里看到温暖与慈爱，内射回自己，成为婴儿的自我感觉。薇姬小时候从母亲的眼里看到的除了她的愤怒和空虚外，别无他物。我们也只看到了这些。这种令人不快的空洞成为薇姬的内射。30岁时，她害怕从摄像机的眼睛里看到自己是不完整的，仿佛摄像机会搜寻到这些似的。5年后，薇姬打来电话说，她逐渐变得确信自己能够成为一个与母亲全然不同的人了。

薇姬的妹妹继续遭受着严重的困扰，仍然需要依赖父母，有时抑郁不稳定，有时兴奋充满希望。她既没有住院治疗她的精神病，也没有做定期的心理治疗。薇姬有点像妹妹的导师，她跟妹妹分享了自己深刻的见解，告诉妹妹她如何受到父母的影响并设法从中获益，帮助妹妹加快治疗。为了帮助我们更好地理解她的家庭，连同她带回家的心理测试，薇姬还转发了一份妹妹的心理测试，那是妹妹在十几岁第一次住院时做的。测试报告写道："她患有严重的身体焦虑，为事物如何组合成一体感到困惑。她画的女性是骑着扫帚的巫婆，画的男性是毕加索式支离破碎的可怕的男人……长期严重的情感剥夺毁灭性地影响了她的成熟。"

不论是好是坏，家庭都至关重要。但如果需要，到离家很远的地方做一次情感的长途修行还是可能的。这样的旅程就像我们在没看到果园的路边发现了苹果一样：这些不知从哪儿来的苹果离开了培育它们的树干，向前滚动着。家庭至关重要，疗愈之旅是可能的，这两点都是布洛迪研究得出的经验。剧作家山姆·夏普德（Sam Shepard，2001）曾说："物质领域与精神领域的联结非常强烈。在美国，前者已开发殆尽……现在，精神概念谈论的东西更有希望，因为内在的探索不会抵达太平洋……这是个永无止境的过程……丧失的会以某种方式深刻地复活——这是绝望的时刻，但是真的失去了就可以开启全新的东西。"间或谈到剧中人物时，他说，他们的"语言像一道面纱，藏匿着人们总是失去联系的魔鬼和天使"。他们在剧中的探索与我们在生活中一样——发现那些驱力，与之面对面并终止其神秘。

或许我们对某些"人物"做了很好的呈现。譬如瑞巴说："做一个真正的人。成为一个人很艰难，我还在努力。我扪心自问：'我在听自己吗？我能理解自己吗？我能致力于改变吗？'"尼克的父母说："我们只是没有破坏孩子原本具有的一切而已。"所有婴儿都有惊人的能力，尼克的父母明白了什么时候该参与、什么时候该撤退，从而帮助尼克保持了旺盛的生命力。对许多父母来说，这种感觉不那么容易出现。如果本书所讲述的生活能为读者揭开发展和养育之神秘面纱的一角，我们也就完成了我们的工作。

附录
研究方法和量表

（76 名被试的婴儿期母亲照顾、儿童期经历和成年期心理健康的统计数据之间的关系）

介绍

在对被试早期生活的跟踪中（1岁、7岁和18岁），布洛迪博士和同事们报告，相比那些未受到良好的父母照顾的孩子，那些获得最满意的父母照顾的孩子表现出更为健康的情绪发展。但是，当被试长大后，早期照顾和成年后表现之间的数据关联会变弱。

本附录提供了研究的核心发现。从这76名被试身上我们发现，婴儿期的养育、儿童期的家庭经验和18岁之前的创伤经历是如何与成年后的心理健康产生联系的。

从出生到 18 岁的研究方法

从 1963 到 1964 年，在产科门诊和医生办公室，一些将成为父母的夫妻回应了一项招募被试的儿童发展研究。这些家庭来自各种社会经济群体和广泛的族群，大部分被试是中产阶层（Hollingshead & Redlich，1958）和白种人。

表 A.1　从妊娠晚期到 18 岁的研究过程

孩子的时间表	研究过程
妊娠晚期	对母亲的访谈（从怀孕到孩子7岁），新生儿评估
6 个星期	儿童喂食录像
6 个月	发展评估
第 1 年	母亲照顾分类，婴儿观察
第 3、4、5 年	母婴游戏录像，心理诊断（韦氏儿童智力量表，CAT，人类形象绘画）
第 6 年	学校观察
第 7 年	教师评估

父亲访谈是在孩子4~7岁时，会涉及母亲访谈一样的问题: 对孩子的态度、希望、焦虑，日常的儿童训练、教育、生活事件，以及兄弟姐妹、夫妻关系、父母的童年。

被试 18 岁时的访谈包括：家庭，健康，教育，目标，休闲，友谊，对自己、他人与社会的态度，焦虑、冲突症状和早期记忆。心理测试包括：韦氏成人智力量表、主题统觉测试、罗夏墨迹测试、本德视觉运动格式塔完形测验（Bender-Gestalt Test，BGT）、人类形象绘画。

最早的研究小组将母亲分为 6 种类型，分组的依据是对录像的评分，以及对观察上和临床上母亲性格的评价，包括母亲在第 1 年的喂食过程中表现的同情心、控制、效率、一致性、组织条理、深思熟虑、爱、友好、游戏参与、指导性和攻击性（Brody & Axelrad，1970）。出于统计的原因和研究假设的目的，研究者将这 6 种类型进而分成 2 个大组，A 组是更有效率的母亲照顾组，B 组是缺乏效率的母亲照顾组。当提到组 A 和组 B 时，我们会类似描述，如"更好照顾组"和"不够好照顾组"、"优秀组"和"不够优秀组"。表 A.2 总结了跟踪到 30 岁的 76 个孩子的照顾分组。这组在人口学特质上与跟踪到 18 岁的132 人相似，只是男性的比例会更高一些。

表 A.2　母亲在第 1 年照顾类型的特质，以及每个类型下成年子女的人数

组 A 的母亲（n=26）	组 B 的母亲（n=50）
同理心：中到高	同理心：不稳定的，中到低
控制 / 组织能力：中到高，体贴的	控制 / 组织能力：不稳定的，太高或太低的，笨拙的，不称职的，专横独断的，过度活跃的
情绪反应：充满关爱的，宽容忍耐的，友好教导的	情绪反应：严格的，抑制的，消极沮丧的，具侵略性的，充满敌意的，法分离的，机械呆板的，没有人情味的，被动冷漠的，孤僻离群的，不自然的，幼稚孩子气的
30 岁的孩子：14 名男性、12 名女性	30 岁的孩子：28 名男性、22 名女性

布洛迪博士组织的早期研究显示，从母亲在喂食时与孩子的互动中可以捕捉到母亲对孩子整体照顾的品质，以及她对婴儿的回应。在对一部分第一年拍

摄的生活录像的重新分析中，进行分析的研究者是不知道研究结果的（Bahadur，1998），他们使用的是当前母婴游戏的总体评分（GRIMP，Global Rating of Infant-Mother Play）。Elmore、Cohn 和 Zlochower（1995）的报告指出，最初研究者分组中组 A（更有效率）中母亲的得分显著高于组 B。

表 A.3 是 30 年跟踪研究的流程图。所有的 30 年跟踪访谈（包括录像和录像）都是半结构式的，这样的访谈构架允许被试把访谈问题与他们的想法、感受和记忆相联结；也允许访谈者去探索主体生活的各个方面，包括那些承载情感和防御回避的部分。此外，那些被试如果也成了母亲，也会被要求拍摄她们和孩子喂食或游戏的场景。拍摄这些场景的目的是为了与上一代的互动进行比较：这些录像会与被试的母亲同被试之间喂食和游戏的互动进行对比。这些访问是在纽约市、加州的伯克利市以及波士顿的专业办公室进行的。如果被试难以到达这些办公室，或者成年被试已经有了子女，访谈者会到这些被试家中进行访问（访谈者会获得差旅补贴）。访谈者是亨利·马西博士（一位受过精神分析训练的认证精神科医师）与心理学家卡尔·诺里斯博士，他们对先前的研究资料都不了解，对受访者精神病性症状的评估是通过结构化的临床访谈（Spitzer，1989）来进行的。

表 A.3　30 年跟踪研究的流程图

成人依附访谈	18~30 岁访谈
关注：安全，丧失，前 18 年生活历程中的创伤	关注：家庭关系，教育，健康，亲密关系，休闲，性，孩子，精神疾病史，早期记忆，反复出现的梦，关于未来的愿望
房树人绘画测试	
对访谈的分析和评分	
防御水平量表：防御机制的成熟性	
GAF 评分：竞争力，满足感，适应性，症状的影响	
心理社会功能：来自埃里克森的心理发展阶段	
成人依附访谈：对童年家庭安全性的表现	
诊断：DSM-IV 轴 I 或轴 II	

研究结果的心理动力学综合与儿童期历史的档案资料

资料分析

表 A.3 显示了在 30 年跟踪访谈中使用的 5 种主要的结果测量：（1）整体功能评定量表（GAF，美国精神病学会，1994）；（2）心理功能测量：埃里克森量表（Hawley，1980）；（3）防御功能问卷（Vaillant，1994；Vaillant，1999）；（4）成年依附访谈；（5）根据 DSM-IV 的精神症状诊断（美国精神病学会，1994）。

整体功能评定量表（概括在表 A.4 中）评定了个体整体的生活适应、满意度、胜任力，以及是否呈现出情绪上和行为上的精神病性症状。心理功能测量评价了个体所处的埃里克森（1950）建立的心理社会发展阶段：信任对不信任、自主性对羞耻 / 怀疑、自发性对内疚、勤奋对自卑、认同对认同混乱、亲密对孤立、繁衍对停滞，以及（在晚年）自我完善对失望。

（节选自 DSM-IV，美国精神病学会，1994）

表 A.4　整体功能评定（GAF）

91~100	功能优秀
81~90	好的功能，没有或轻微的症状
71~80	对心理压力的反应是轻度受损，短暂和可预期的
61~70	轻度症状，在社会、学校、职场的适应上有轻度困难
51~60	中度症状，在社会、学校、职场的适应上有中度困难
41~50	重度症状，严重的功能损害
31~40	在现实检验和交流上有困难，重大的功能损害
21~30	行为明显受到错觉或幻觉的影响
11~20	有一些伤害他人或自伤的危险
0~10	有持续伤害他人或自伤的危险

防御功能问卷将通常的防御和适应方式（意识和潜意识的、健康的和其他的）分为 7 组，包括以下 7 个层面，其中第 1 层则是不成熟和不健康的，最高层面为成熟和情感健康的。高度适应性的防御（第 7 层）将感激（情）最大化，允许对情感、意见和结果的意识觉察，促进在冲突的动机间维持最优的平衡（如预测、自我观察和确认）。精神抑制（第 6 层）在意识层面之外保持潜在有威胁性的想法，情感、记忆、愿望和恐惧（如置换和情感孤立）。轻度意象扭曲防御（第 5 层）包括用自我、身体和他人的意象扭曲来规范自尊（如对他人的贬低、全能感等）。否认（第 4 层）将不愉快、不能接受的压力源、冲动、想法、情感或责任感放在意识以外，有时也会把这些归因于外部的因素（如否认、投射、合理化等）。重度意象扭曲防御（第 3 层）的标志是，对自我或他人意象有严重扭曲或错误归因（如利他幻想、投射性认同、分裂）。行动化防御层次（第 2 层）用行动或者退缩来处理内部或外部压力源（如付诸行动、被动攻击、冷漠）。防御调节异常（第 1 层）的标志是，无法防御或容纳个体对于压力源的反应，导致与现实解体（如错觉投射、精神病性否认）。表 A.5 根据防御功能问卷总结了防御层次。表 A.6 是防御机制中定义的说明。

表A.5　防御层次

第 7 层	（高度适应性）：预测、归谁利他、幽默、自我确信、自我观察、升华、压抑
第 6 层	（精神抑制）：置换、解离、理智化、情感孤立、反应程式化、抑制、撤销
第 5 层	（轻度意象扭曲）：贬抑、理想化、全能感
第 4 层	（回避）：否认、投射、合理化
第 3 层	（重度意象扭曲）：自闭幻想、投射性认同、对自我或他人的意象分裂
第 2 层	（行为层面）：付诸行动、冷漠退缩、有助拒绝的抱怨、被动攻击
第 1 层	（防御失控）错觉投射、精神病性否认、精神病性扭曲

（摘自 Vaillant（1999）和 DSM-IV（APA, 1994））

表 A.6　防御机制的词汇表

付诸行动	采取行动而不是反思或感受。
归属	向他人寻求支持或帮助。
预测	提前经历情绪反应，或者预计到将来事件的结果，考虑其他的回应方式。
自闭幻想	过度地把白日梦作为人际关系、有效行为或解决问题的替代。
否认	拒绝去承认一些外界现实或主体经历中的深刻部分，没有呈现出精神病性否认的现实检验功能严重受损。
贬抑	在自己或他人身上看到过度负面的品质。
置换	将一种情感转换，或者对其他人或事做出反应。
解离	将意识、记忆、对自我或环境的觉察、身体感受和行为等的完整功能分割开。
对帮助拒绝的抱怨	抱怨或反复请求帮助以掩盖对他人的敌意，之后表现出对他人提供帮助的拒绝。抱怨包括身体心理的症状，或生活问题。
幽默	强调冲突或压力中有趣或讽刺的部分。
理想化	将他人的品质夸张地看成是正面的。
理智化	过度使用抽象思考或概括来控制或减少干扰情绪的影响。
情感孤立	将想法和产生想法的原始情绪分开。
全能感	以一种拥有超越他人的特殊力量或能力的方式感觉或行为。
被动攻击	对他人间接的、不确定的攻击表达，会用一种过度服从的外表包裹住抗拒、怨恨或敌意、冲动或想法。
合理化	将那些无法接受的情感或想法替换为与之相反的行为、思想或情感。
抑制	将干扰的愿望、想法或经历驱逐到意识以外。感情的部分也许会停留在意识层面，但与相关的想法隔离。
自我确认	直接地表现出情感和想法，表达的方式没有强制性或控制性。
自我观察	反思自己的想法、情感、动机和行为，并正确地应对。
分裂	压制相反的情感状态，无法同时将个体正向与负向的情感容纳到连贯的意象中。
升华	将个体潜在的难以适应的情感或冲动转化成令人满意的社会可以接受的行为。
压抑	有意识地避免思考干扰性的问题、愿望、情感或体验。
补偿	语言或行为有意地无视或象征地补偿那些不被接受的想法，情感或行为。

（摘自 DSM-IV, APA, 1994）

　　内森·塞恩伯格博士是认证的精神科医师和精神分析师，未接触过早前的研究资料，他对所有被试的录像访谈进行了测试结果和诊断的评分。马西博士，依然根据接触早前的研究资料，对与评分有分歧的诊断结果进行评估。埃里克·黑塞（Erik Hesse）博士独立地对成年依附访谈进行评分，他的评分结果与塞恩伯格博士对安全和非安全型的划分保持了高度的一致性（ChiSquare = 11.4，p < 0.01）。

　　在跟踪的统计结果中，我们报告了组 A 和组 B，母亲在婴儿期照顾效率不同的两组被试和成年期成就的相关性，因为母婴关系的录像是来自早期研究团队的更为完整和可检验的研究材料。我们同样也评估了在孩子 4~7 岁时对父亲的访谈（评估者未接触儿童发展的结果材料），也将父亲的照顾分为组 A（更有效的照顾）和组 B（不够有效的照顾），分组的依据是早期研究者对父亲对孩子的态度、洞察力、了解和行为反应的描述。当通过统计发现父亲照顾小组和孩子成年成就之间的相关显著时，这些结果也可能同样来自母亲的照顾。将父亲照顾的小组加入统计（单独统计或与母亲照顾一起统计）的结果，并没有改变研究发现的趋势或方向。

　　表 A.7（30 岁时测量结果之间的相关）显示了所有的测量结果：防御层次、整体功能评定、心理发展和成年依附（AAI）安全对不安全的分类，以及是否有 DSM–IV 的精神症状诊断。这些测量结果彼此之间都有显著的相关（p ≤ .01），只有精神症状诊断和成年依附访谈的结果之间相关不显著。那些有更高 GAF 评分的被试更有可能有成熟的防御、更好的心理发展和更安全的儿童期以及与父母依附关系的意象，反之亦然。此外，没有被诊断为精神病性问题的成年人在 GAF、防御层次和心理发展的评分上也会显著地高于有精神病性的那一组，反之亦然（p <.01）。从另一方面来说，不安全的依附类型没有与特殊的 DSM–IV 精神病性的诊断显著相关，反之亦然（p >.05）。虽然那些不安全依附类型的被试在精神病性问题的诊断比例上要稍微高于安全依附类型的被试（Chi Square =.266，p =.61）。但是，被试 30 岁时依附类型的表现和精神病性症状诊断之间的不一致，也许反映了成年依附类型只是标志着相对内部的安全性（对于压力的抵御能力），而非对于心理病理问题的表现。

表 A.7　30 岁时测量结果之间的相关关系

GAF 和防御	r = .77，p<.01*
GAF 和心理发展水平	r = .87，p<.01*
GAF 和成年依附	r = .33 p<.01*
防御和心理发展水平	r = .76，p<.01*
防御和成年依附	r = .39，p<.01*
心理发展水平和成年依附	r = .43，p<.01*

　　图 A.1 显示了 GAF 评分在 76 名被试中的分布；图 A.2 显示了防御层次在 76 名被试中的分布。

图 A.1　GAF 评分在 76 名被试中的分布

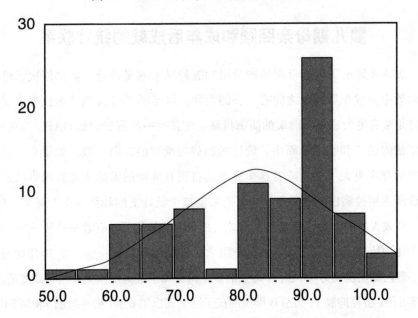

图 A.2　婴儿期母亲照顾和成年后成就的统计联系

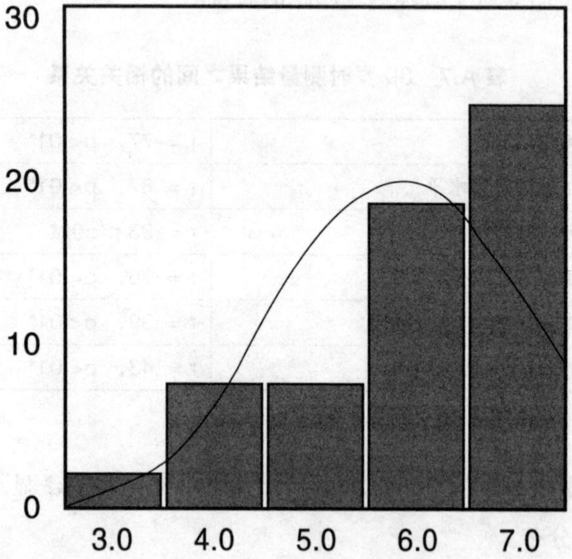

婴儿期母亲照顾和成年后成就的统计联系

　　表 A.8 显示了根据母亲照顾分组的五种结果测量评分。防御层次、母亲照顾的效率与成年后成就之间有显著的关联。母亲属于组 A 的儿童比母亲属于组B 的儿童有更为成熟和健康的防御机制。在其他一些测量，如 GAF、心理发展、成年依附访谈和临床诊断中，统计的趋势与预测的方向一致。如果布洛迪博士研究的样本更大一些，或者这个样本选自更有危险的家庭（如有困难的家庭或被诊断为精神病性问题的母亲），有可能这个统计上的趋势会更为显著一些。

　　从表 A.2 可以看到，大概有三分之一的母亲被分到照顾有效率的那一组（组 A），这个比例比 30 年前的 132 名被试中组 A 母亲的比例要高一些。在 30 年跟踪研究的心理防御层次得分中，组 A 母亲的孩子得分属于最高层次第 7 层（高度适应性）和第 6 层（精神抑制），而组 B 母亲的孩子则呈现出第 6 层（精神抑制）和第 5 层（轻度意象扭曲）的防御层次，两组 t 检验的结果是显著的（t = 2.34，p=.02）。

表 A.8　组 A 儿童和组 B 儿童在成年成就上的比较

分组	成就的平均值与标准差				
	防御	GAF	社会心理	AAI	症状
组 A 儿童（n=26）	6.19	83.8	33.4	Sec. 19/73%	No: 18/69%
	SD.9	12	5.6	Insec. 7/27%	Yes: 8/31%
组 B 儿童（n=26）	5.62	79.8	31.2	Sec. 30/60%	No: 32/64%
	1.2	12	6.4	Insec. 20/40%	Yes: 18/36%
	t=2.34	t=1.53	t=1.53	chi sq=0.91	chi sq=0.21
	p=0.02*	p=0.18*		p=0.131**	p=0.65**

* 显著

** 不显著

组 A 母亲的孩子的 GAF 平均分为 80 分以上（功能完好、没有或有轻度症状）。而组 B 母亲的孩子的 GAF 平均分为 80 分以下（对心理压力的反应是轻度受损、短暂和可预期的），差异并不显著（t =1.35 p =.18）。在埃里克森的心理成就量表的测试结果中，两组母亲的孩子得分相近，他们都在一系列心理测试中表现出好的处理结果（信任、自主、自发、勤奋、认同、亲密和再生力）他们的平均得分为 30 分出头，组 A 母亲的孩子得分稍高，但两组比较的差异并不显著（t = 1.53，p =.13）。

成年依附访谈的结果显示，组 A 母亲的孩子的安全依附类型比组 B 母亲的孩子更高，卡方检验的结果并不显著（chi square =.91，p =.34）。重要的是，成人依附访谈的结果显示，从接受良好照顾的婴儿期发展到不安全的成年依附类型，这种相反方向的变化也有，即组 B 母亲的孩子在成年后也呈现出对父母的好的内化意象和安全依附类型。

简单回顾一下早期母亲照顾和 30 岁时是否呈现 DSM–IV 精神症状之间的关系，我们发现，30.8% 的组 A 母亲的孩子有精神障碍的诊断，比较组 B 母亲的孩子中 36% 有精神障碍的诊断，这个趋势的差异并不显著（chi square =.208，p=.65）。

将父亲照顾分组作为因素加入分析并不会改变统计结果的趋势或显著性。父亲照顾分组和其他测量结果相关性的缺乏容易被误解为在儿童成长过程中父亲的角色是次要的（数据上不显著）。在现实中，统计结果上不显著的父亲角色在很多参与研究的家庭中，都被证明深远地影响了孩子的成长和适应性。父亲积极的存在会促进母亲对婴儿的照顾，父亲的不在场则会改变儿童的情绪发展过程，尤其是在儿童的俄狄浦斯期（第3或第4年）。从数据分析的结果来看，父亲角色参与研究的家庭中其发挥作用的方式不是直接的，GAF、埃里克森心理量表、成人依附访谈和临床诊断等结果显示，与父亲照顾的相关性明显低于与母亲照顾的相关性。从本质上来说，这4种测量类别是对个体现在和未来更为综合的测量方式。这就是说，父亲的贡献在于完善、加强、传递或干扰母亲对儿童的影响。父亲通常是孩子在母婴关系之外遇到的第一个来自生动外部世界的客体；他会强有力地塑造孩子未来对家庭以外世界的回应方式。

儿童期创伤、逆境、虐待与成年后成就

虽然数据资料并没有表现出婴儿期母亲照顾对个体情绪发展有强有力的保护性影响，但是，它在个体面对创伤后的成长中显示出一种直接的、累积的影响。表 A.9 列出了被试在儿童期遭遇的困难环境。

表 A.9　76 名被试在 18 岁以前经历过的创伤／逆境

创伤／逆境	案例的数量
父母离异	9 个被试
酗酒的父母	8 个父亲，1 个母亲
严重精神疾病的父母	3 个父亲，1 个母亲
父母或兄弟姐妹遭受威胁到生命的身体疾病或伤害	3 个父母或兄弟姐妹
童年期遭遇威胁到生命的身体疾病或伤害	2 个被试
虐待性的父母（身体或情感的）	9 个父亲，4 个母亲（共计 10 个家庭）
目睹死亡或严重伤害	2 个被试

一个不显著的区别是，那些经历过儿童期创伤／逆境的成年人的整体功能评定的平均分，轻微地低于那些没有遭遇过创伤／逆境的成年人。但是，

逆境的积累（儿童期多重创伤性环境）令人惊异地压低了成年后的 GAF 的评分。在 18 岁以前有两种或多种创伤或逆境经历的儿童在成年后会有显著更低的 GAF 评定得分，相比免受这类遭遇的年轻人，他们的 GAF 评分普遍偏低（t =2.195，p=.03）（表 A.10 和 A.11）。

**表 A.10　经历过创伤 / 逆境的儿童和没有经历过创伤 / 逆境的儿童
在成年的成就比较**

离异，酗酒的父母，患疾病的父母，虐待的父母，有成员自伤的家庭，身体残疾，见证暴力死亡或伤害			
没有明显创伤的家庭（n=53）	GAF 平均分 82.4	标准差为 12.3	
经历过明显创伤的家庭（n=15）	GAF 平均分 81.4	标准差 11.6	没有显著差异

**表 A.11　经历过两种以上儿童期创伤的儿童与经历一种或没有儿童期创伤的儿童
在成年的成就比较**

家庭经历一种或没有创伤的儿童（n = 68）	GAF 评价分为 82.2	标准差为 12.1
家庭经历过两种以上创伤的儿童（n =8）	GAF 评价分为 72.2	标准差为 11.3
两组的 t 检验结果	t =2.195，p =0.031	差异显著

关于精神病性的诊断，那些在儿童期经历创伤 / 逆境的孩子在 30 岁时会有更高的概率被诊断为精神病性问题。但是这样一组样本的数量太少，以致很难获得有效的统计计算结果，卡方检验的结果并不显著（chi square =.990，p=.32）。从另一方面来说，较之未受身体或情感伤害的孩子，我们将 10 个在儿童期受到父母双方或一方虐待的，或者在情感上受到父母双方或一方严重贬义或拒绝的被试单独作为一组，他们的结果显示出非常显著的、抑郁的整体功能和防御层，以及更高比例的精神病性诊断（表 A.12）。

表 A.12　遭受过虐待的儿童和未遭受过虐待的儿童的成年成就比较

	GAF	防御	社会心理	症状	AAI
遭受过虐待的儿童（n=10）	69.1	4.83	27.8	8(80%)	2(20%) Secure
	SD: 9.3	1.3	6.2		
	t=3.39	3.06	2.38	chi sq=10.73	5.34
	p=.001	.003	.02	.002	.02
组间差异均显著					

值得注意的是，父母照顾有效率（组 A）的孩子与父母照顾不太有效率（组 B）的孩子有同等的几率在成长过程中经历创伤／逆境，虽然这个发现受限于样本的数量，我们可以看到，组 A 和组 B 中遭遇到 2 次以上创伤的个体人数都很少。但这同虐待的情况不一样，10 个受到不良对待的儿童中，只有 1 个孩子的母亲属于照顾有效率的那一组。关于创伤／逆境，家庭中出现一种创伤／逆境的情景（如精神疾病或父母的酗酒问题），会更容易导致另一种逆境问题（如离婚）。同样，家庭中的酗酒问题更容易产生虐待问题。

其他发现

表 A.13 展现了 76 名被试在 DSM-1V 轴 I 和轴 II 的状况。总体来说，成年人中出现精神病性症状的比例是 32%，这个比例在近期的社区精神卫生流行病调查的比例范围内（Murphy, Tohen, & Tsuang；1999）。因为被诊断为精神病性症状的个体人数有限，我们很难对特定诊断和个体成长环境或成年依附类型进行统计分析。

表 A.13　76 名被试在 30 岁时的主要症状

24 人（32%）表现出临床症状	一种以上诊断的人数
心境恶劣障碍	10
重度抑郁	3
环形情绪障碍	1
焦虑障碍	5
强迫性人格	2
自恋人格障碍	1
边缘型人格障碍	2
大麻依赖	2
性欲倒错	2

　　来自更好的社会经济背景的父母并不是更可能成为组 A 的父母，在童年期享受更好的社会经济条件也不能保证成年后会心理更为健康。此外，儿童期的智力水平测试结果也与成年后的心理健康没有关联。那些智商更高的孩子会寻求更高等的教育，在他们 30 岁的时候通常会比受教育较少的被试在收入上更高。从总体趋势上来看，有一种平稳的社会经济状态传递，从较高社会经济地位的父母到较高社会经济地位的子女。这有可能反映了经济现状，父母对子女的兴趣（他们都是主动、自愿地参与这项研究）也反映了当前一代人通常会推迟他们的婚姻和育儿年龄来获得事业、教育和个人成长。

总结

　　76 名项目被试的 GAF 平均得分的水平是良好的。组 A 中有 8 名被试在 30 岁时的 GAF 得分是在 80 以下（功能受损），组 B 中有 9 名被试（50 人中的 18%）的 GAF 得分是 91~100（特别好的功能水平）。因此，76 名被试中的 17 人（21%）或好或坏地改变了研究者原先对他们的预期。明显的是，创伤和逆境是痛苦的主要原因，来自家庭内外的、好的影响则会促成个体的情感成长。

关于基因遗传的问题，本研究并没有系统地追查可能症状的代际基因传递，也没有对所有被试的父母做正式的精神病性检查。最初的研究团队最感兴趣的是父母的行为，以及他们对孩子的情感。但是，在研究资料搜集的过程中，研究者也发现，如果父母有抑郁、焦虑、敌对等问题，会关注这些父母对这些情绪行为的自我观察和解释，这些父母的问题通常也会追溯到他们童年的经历和当前生活的困难。在布洛迪小组的研究中，父母的情绪明显对孩子的发展有传染性的影响：快乐外向的父母通常会养育满足、擅长表达的孩子；抑郁的父母通常会养育情感抑制或焦虑的孩子；愤怒或拒绝的父母则会抚养出焦虑愤怒的孩子。这些现象在我们的一些早期的研究中也报告过（Massie, Bronstein, Afterman, & Campbell, 1988; Massie, Bronstein, & Afterman, 1996; Massie & Szajnberg, 1997），也出现在其他人的研究报告中（Murray et al., 1996; Murray & Cooper, 1997）。布洛迪小组研究的资料不能让我们将基因在代际过程中所起的作用区别出来。所有被试在30岁都没有出现被诊断为精神病性的问题，而只有在精神病性问题中基因可能会起一个更为显著的作用。

数据分析给我们提供了组间的比较，显示出早期经验与成年后成就的直接相关性，但它不能像前面那些讲述个人发展历史的章节那样，提供个体心理生活的丰富资料。那些先前章节中对76位被试的案例分析结果是与数据分析结果一致的，这些案例详细描述了儿童是如何内化早期同父母生活经历、建立情感规则、建立对父母性格特质的认同的复杂过程的。在有些案例中，孩子在儿童期的症状逐步转换成了成年人的精神病性症状或人格组织。

总体来说，投射测试结果强调了30岁主体自身的信念，他们的童年和父母对他们的情感生活有着深远的影响；发展是从早期经历延伸到成年，这种发展也会出现不连续性。厄运（创伤和逆境，如父母效率的变化、疾病、其他弟妹的诞生）会让生活的轨迹发生变化；作为对比，未预期的积极影响（来自老师、兄弟姐妹、伴侣、治疗师、亲戚、保姆等人）也会修正情绪发展的问题。婴儿期有效的照顾让情感安全变得更可能，这样的照顾可以一定程度地保护个体免受后来心理疾病的困扰，但并不能完全排除心理疾病。有足够的信息后，我们可以看到生活中的事件是如何跟随时间的发展融入个体的心理结构中的。情感生活不仅是连续或者不连续的，也是一致的。

后记

母亲、婴儿和女性身份认同

—— 写在《情感依附》译后

　　2011 年冬，我在纽约接受精神分析训练，同时也在为中美精神分析培训项目寻找教员。一天，艾琳·理查兹（Arlene Richards）博士向我推荐了内森·塞恩伯格（Nathan Szajnberg）博士。我上了他的个人网站，第一时间就被他的这项跨越三十年的研究吸引了，当时内心有震撼的感受以及一定要为中美班请到这位老师的决心。

　　2012 年当我再去纽约时，内森·塞恩伯格博士带我去见了哥伦比亚大学母婴亲附研究中心的主任，他们已经在为未来在中国武汉建立母婴亲附研究中心做准备。同时，这本跨越三十年研究的著作也与出版社谈妥了翻译出版的意向。

　　然而，当我深入进这个研究里去时，心中却是不平静的。我们这一代父母可能是中国第一代在温饱状态下觉得父母难做的父母。我们的父母或我们父母的父母都在为能在战乱和饥荒中幸存而挣扎，有多少母亲会用那么温情的眼睛去注视孩子？我们在生活和临床中看到了那么多的父母惶恐于儿女的指责和自己的无能，如果抛开我们的生活背景去一味指责这些可怜的父母，这对他们是不公平的。

不论怎样，父母都至关重要，但如果需要，到离我们父母很远的地方，离我们当下既远且近的时空去做一次情感的长途旅行，也许是我们疗愈的开始。

文化背景

1998 年，我在波士顿的一家书店闲逛，一本书名格外地吸引了我的眼球——《在中国，女人什么都不是》（*In China, A Woman means nothing*）。这本书与著名的浪漫主义诗人徐志摩有关。作者是徐志摩前妻张幼仪的侄女，是在美国出身的张家第二代移民，也是一位有着心理学教育背景的作家。这本书主要是对作者的姑姑——张幼仪一生的解析来探讨中华民国那个年代女性的身份感。

在这里，我不想赘述张幼仪一生的坎坷，只想提及这本书中的一个情节。书中说，张幼仪出生在一个封建大家庭里，这个家庭共有 12 个孩子，8 个男孩，4 个女孩。但是，外人问张幼仪的母亲（也是作者的奶奶）你有几个孩子时，这位母亲通常会这样回答：8 个。我想，这样的回答大概是作者这本书名的直接来源。这位母亲是不将女孩当人的。

中国主流传统儒家文化对女性要求的三从四德：三从是在家从父、出嫁从父、父死从子，四德是妇德、妇言、妇容、妇功。"妇德"谓贞顺（品德），"妇言"谓辞令（辞令），"妇容"谓婉娩（仪态），"妇功"谓丝枲（手艺）。相关解析是："三从四德"是为适应父权制家庭稳定、维护父权—夫权家庭（族）利益需要，根据"内外有别"、"男尊女卑"的原则，由儒家礼教对妇女的一生在道德、行为、修养上进行的规范要求。

我想探究的是，在这种为适应父权式家庭稳定，男权在压抑他们对女性欲望的前提下所建构的病态超我对女性性别身份（gender）的影响，也如何影响了男性性别身份的发展。

我们看到了张幼仪母亲那个时代女性的回应：女人什么也不是。我认为，这不仅是对女性性别身份的否认，同时也否认了女性的生理性别（sex），是对女性存在感的否认。女性主义分析家认为："男性可能会通过让女性对自身性别的贬低来表现对女性的嫉妒和恐惧。"吊诡的是，那孕育婴儿的母亲从何而来？男人也由这些"不存在"之物所孕育，这样的母亲又用怎样的眼光去看，去镜映她们的孩子？

儒家也想到了这点，教化是儒家的不二法宝。"四德"是教化的行为准则。品德、辞令、仪态、手艺四德，不可谓不全，似乎囊括了生活的方方面面。为什么这样的生活大全让身处这种文化中心的女性感到自己什么都不是呢？我认为，这种教化与现代精神分析学的心理化（mentalization）这种帮助婴儿心智发育的方法最根本的区别是：以你为中心去感受、去观察、去反馈（心智化）。用我的病人的语言是：我需要你作照相机（镜映）；而"四德"是我的指令，你必须执行（有我无他）。不难想象这样的教化培养出来的一定是一个假性自我（false self）。

我的一位女病人这样描述她家庭的女性成员："我看不得我奶奶、我妈妈、我姑姑、我外婆和我小姨的假笑，姑姑的假笑掩饰着对哥哥的乱伦幻想，奶奶、外婆的假笑掩饰着她们的一无所有，小姨的假笑掩饰着对姐姐的嫉妒，妈妈的假笑掩饰着自己的不快乐。"女人心性的发育是建立在生物性基础上的。与所有人类一样从追求快乐原则、从乱伦幻想到遵从现实原则，这个中间过程用分析的语言说是心智化，用社会学的术语即是人的社会化，它涉及社会的伦理道德、禁忌和习俗，这些方方面面构成了精神分析话语中的超我。

中国的传统社会是讲究四代同堂的家文化社会，过分拥挤的家庭中的成员常常拥有过度的刺激，尤其在中国北方农村家庭，几代人拥挤在一张热炕上。这类似与科胡特（Kohut）认为的"弗洛伊德时代的病人部分与一种暖房文化（hot house culture）相关"。中国人人格结构中严厉的超我也许是想对这种过热情景进行限定。

于是，掌握主流话语权的男性让自己的人格分裂成两部分，女人分为圣母和妓女两级，爱朝向母亲——无限理想化的、去性欲化的圣母，性欲则朝向妓女、妾、丫鬟等。我们不难看到，我们文明中那样灿烂的秦淮河文化（文人与有教养的妓女的情爱文化）。这种文化下的病人的痛苦或许主要源于如弗洛伊德所言的潜意识内疚，力比多的、攻击性的愿望不被超我接受，内心因欲望而非行为引发的罪恶感，转化为妥协性的症状而得以表达。

以拥有"四德"为荣的中国女性到底丧失了什么？在今天的我们看来，那就是将自己的存在归零。

"从零到百分之一"

中国近代史上无处不在的创伤史使我们每个人都成为创伤幸存者。1949 年后，革命时代的女性解放，女性身份感到底提升了多少？众所周知的革命时代，似乎给了女性在中国历史上从未有的地位，男女平等成了这个时代响亮的口号。妇女能顶半边天令遭受两千多年封建压迫的中国女性扬眉吐气。

但女性的性别身份到底提升了多少？那个时代，要求女性与男性同工同酬，要求妇女外出工作，同时相信人定胜天，鼓励多生多育。女性的穿着也被要求革命化，灰、蓝成为衣着的主要色彩。这种去情欲化的女性服饰无疑掩藏着对女性躯体的恐惧。我们看到的那个革命时代对女性的需要无疑是婴儿对无所不能的母亲的需要，同时也不难看到，这个时代的婴儿朝向母亲的乱伦恐惧。

我向那位来自革命家庭的年轻女孩讲述了张幼仪的故事，她不假思索地说，我的女性身份感是百分之一。我惊讶于她的回答，一百年来，我们到底走了多远？这个家庭一大批受过高等教育的女性，甚至不乏一些很有成就的女性，这些看起来很解放的所谓新中国的女性，为何如此这般地认同自己？进一步探索后，我发现，这些革命女性是如弗洛伊德所描述的阴茎嫉妒者，革命的机会就是向男性去要自己所没有的阴茎。女性身份是被她们自己所否认的。

我听过一个老奶奶如何反抗自己的封建家庭投身革命，如何剪男性一样的头发，打扮得像男性一样，生理期也一样下水干活，如何争取她的儿女用自己的性氏而以失败告终的故事。但老人很骄傲于她的女儿实现了自己的理想，让自己的独生子女跟从了女儿的姓氏。我问了这样一个问题，老人的女儿们实现了母亲的梦想，老人女儿的孩子是用了老奶奶的姓氏吗？回答是：用的是老奶奶丈夫的姓氏。我想，这就是为何这个抗争了一辈子的老奶奶留给年经一代的仍是一无所有的映象。

这样的时代，男性与女性之间仿佛经历的是一场血雨腥风，女性以向阴茎认同的方式向阉割自己的男性发动了进攻，转而去阉割他们，因而，没有了女人，也就没有了男人。

创伤、性、独生子女与情感依附

由于革命时代的过度生育，随后对过度生育进行修正，一对夫妇只能生一个孩子，整整一代人或两代人是独生子女。当母亲被鼓励过度生育时，她们不能留在家里照顾孩子而使得提供"母亲的情景抱持"成为一种不可企及的幻想。当母亲只生一个孩子时，母亲则因各种原因留在家里与唯一的孩子纠缠，这个留在家里的母亲往往来自经济困难时的多子女家庭，大量自己过去匮乏的体验投射到这唯一的孩子身上，同样匮乏的父亲则因市场经济或各种原因的借口缺席于家庭或逃离家庭，而使得父亲需要帮助母亲从与婴儿的共生中分离出来成为泡影，这也导致婴儿将来分离于、独立于母亲的成长之路愈发艰难甚至产生固着与停滞。

农村中大量留守的与祖父母生活在一起的儿童，父母均成为缺席者。这样的场景无疑加剧了俄狄浦斯情结上的动力，独生子女通过幻想、死亡、分离、人际和生活情境，通过赢得他们想要的父母的爱，而逐渐感觉自己战胜了俄狄浦斯情结中的对手，成了胜利者。恋母情结的胜利者经受着来自深刻的无意思幻想的罪恶感，即杀死父亲、与母亲发生性关系的罪行。临床上，我们见到太多这样的母子在孩子进入青春期后的交战。弗洛伊德称这些人为"因自罪感而成为罪犯"。

小女孩在前俄狄浦斯期认同母亲。在进入俄狄浦斯期时，她面临的挑战是将爱的客体从母亲转移到父亲。而在一个父亲缺席的家庭，小女孩如何进行这样的转移？

在这里，我不得不提到另外一个严酷的事实，即我们独生子女的父母均是在"文革"中成长的一代，他们进入俄狄浦斯期或青春期时，在那个革命的年代，他们不幸成为俄狄浦斯的胜利者，成功地杀死了父母。这样的父母在遭遇他们独生子女的俄狄浦斯冲突时，他们既会害怕子女那种因为成长而来的带有爆发性的生命力，也会恐惧于子女哪怕些微的逆反，他们潜意识地害怕子女的这些生命的能量演变成他们当初一样的暴力，而最终他们成为牺牲品。我们在临床和日常生活中看到了太多这样的战争。

我的女性病人来自中国不同的地域和不同的社会阶层。近年来，我惊讶地发现她们呈现了一个共同的现象，在探索自己的存在感时，无不在生理性别（sex）上有巨大的挣扎。病人A每次发病都聚焦在一个症状上"高喊要与人做爱"，我发现近三十岁的她仍然是个处女，她的性满足停留在性幻想上，在谈论自己的性爱时均在幻想层面，男友不能与其做爱，她因而为自己无性感而羞耻。我的一个学生在督导她的病人X，这位女病人在完成了家庭需要的生儿育女的任务后，将孩子留给父母，然后离婚，与不同的风月场上的年轻男人交往，每次做爱前均将自己灌醉，即使是风月场上的男人也不能与其做爱。X为此感到自己是个毫无女性性感的不知是何物的怪物。我的病人Y，一个很有前途的艺术设计类高材生，在遭遇了爱情的不幸后，开始与不同的有黑社会背景的男性交往，但性生活之于她是种苦刑。我在听着她们的叙述时，无一例外地感觉她们只是个婴儿，而不是个女人。我想，他们的父母在孩子需要他们温情地去看时，一定是要么恪守教育的警言，要么是本能地反应，少了由强大自我功能引导的成熟人格所释放出的爱意。这些病人也不例外地喊出，我的父母在心理上只不过是还不肯放下母亲乳头的婴儿。

我将视野扩展到她们的母亲和祖母辈，追寻近百年来女性身份的发展史。我看到了一副不堪回首的创伤史。A的奶奶在抗日战争年代刚进入青春期，日本人对中国女性的奸淫史，让家人将奶奶的头发剃光，装扮得如小和尚一般，成天听到的是女人如何被强暴的悲惨故事。

X的祖父母辈都来自十几个兄弟姐妹存活率不到百分之三十的家庭。到X这个独生子女时代的孩子出生后，医生发现了X心脏的杂音，这个家庭在与孩子的心脏病做斗争数年后，决定生第二个孩子，第二个男孩出生时死于脐带绕颈。

从此，X 的心脏病好转，家人让 X 相信是弟弟的死换来了她的生，如此的俄狄浦斯的胜利，让 X 陷于万恶之源。Y 的父母来自那种过分拥挤、被称为"暖房文化"的家庭。过多的异性兄妹在父母都需要工作的年代是靠身体的互相取暖和性游戏来相互照管的。青春期的兄姐照管 4~5 岁性心理萌芽期的弟妹，俄狄浦斯情节的幻想通过身体的紧密接触得以复活，严酷的文化超我，乱伦的恐惧导致禁欲在家庭里的长子女或某个承担家庭责任过多的孩子身上出现。Y 的母亲是这个多子女家庭中的领军人物，她在生了孩子后几乎是禁欲的。Y 称，自己养了只母猫，Y 进入青春期后发现这这只猫发情后带其他猫回家，Y 的母亲发现后将这只发情的猫送给了小姨。半年后，Y 见到小姨时问：我的猫那里去了？小姨回答：煲汤了。我听到这里时毛骨悚然，这些女性为何这样不见容于人类基于动物性的情欲？Y 的这位小姨夫在对自己的第三代身上，仍然有乱伦行为。我只能如此地解析这种现象：这个家庭的一代代女孩遭受的性侵犯都被理解为女性是恶之源。

"唯女子与小人为难养也"，女人在中国的文化上常常是万恶之源。女孩的俄狄浦斯发展由于阉割的幻想，会发展出严厉的超我，在中国，再加上文化上的这种严厉的阉割，女孩会发展出怎样的超我呢？从根本上毁了自己，将自己归零是最保险的方法。但这种严厉的超我是未经成熟思考调节的超我，它根本无法给自我以机会去中和原始的情欲和攻击性冲动。

如果说我们的上辈如弗洛伊德所言是患上一种所谓的"暖房文化"下潜意识的内疚，那么独生子女这代人，他们往往被鼓励、被疏离，常常寂寞相伴，来自多子女家庭的父母无论多么全心全意地去照顾这唯一的孩子，也无法走进他们的内心，因为成为独生子女留住父母的爱正是父母们那个匮乏时代的愿望。

独生子女这代人有的常常是非人的感觉。空虚、寂寞、无聊、厌倦、抑郁和无意义成为这代人疾病的主题。改革开放导致的向西方文明的开放，让他们致力于追求生命的存在感和意义，没有实现一系列内在目标从而内心充满挫败，以及内在价值感的丧失。自体心理学创始人科胡特称，弗洛伊德的暖房文化下，心理障碍是内疚的问题，后者则被其称为悲剧人。我认为，现在中国的心理问题是上述两种情形的综合，其社会背景是社会的快速工业化，但心理并未做好准备。前俄狄浦斯期的发育不良，导致俄狄浦斯期的跛行。

独生子女这一代的女性身份认同

病人 Y 在被初恋男友抛弃后不久接到了法国一所学院的录取通知，但她不能前往，因为她觉得自己无力前行。随后，Y 陷入与不同男性（荷尔蒙发达的男性）的交往中。我不太理解她的行为，她向我讲了"Stand By"（《伴我同行》）这部法国电影。片中人物与 Y 有几乎一样的经历，Y 也是在机场送别男友后，男友一去不返，而在这之前，Y 是像相信自己的母亲一样相信男友的（Y 的父亲常年缺席）。听了 Y 向我介绍这部电影故事，我理解了 Y 的性行为是在寻找自己作为人的最基本的生物性别，并在这种最初的生物性的寻求中发展女性性别身份。在我对 Y 的行为作出这样的解释后，Y 停止了这种行为。

我感谢 Y 教会了我，她们这一代独生子女女性性别的发展轨迹。她们的母亲、她们的祖母在这个方面实在是未能给她们留下任何遗产。她们上辈的匮乏，要她们从最基本处着手，找回她们作为人的尊严。

我也这样理解了病人 A，在她得到理解后做的第一件事就是带着她的父母（主要是父亲，如 A 所言，一个含着母亲乳头的 Baby，一个从小父亲缺席的男孩）去探访父亲的故乡。从 A 的病史中，我也可以看到 A 的父亲——这个小男孩是多么渴望与自己父亲的联结。在治疗的这一阶段，我看到了小女孩 A 将爱的客体从母亲身上转移到了父亲身上，我也同时看到 A 帮助父亲从认同母亲到去寻找父亲的路上。

独生子女这代人是特殊的一代，是背负沉重的一代，也是充满希望的一代，如果你想向他们学习的话，他们总能教给你东西。

如此的旅行是痛苦的。我看到的是我们先辈忧伤、苦难和匮乏的眼睛，我也看到了他们生命的执著、坚强以及对未来的希望。正因为有这样的看，我们才能走到今天。

但正如内森·塞恩伯格博士所说：中国的复兴，培育了一个更好的经济生活环境；西方的文艺复兴，培育了爱和美……

在有了一定的经济环境后，爱和美才是更重要的。愿这本书能让我们学习到怎样去爱、怎样的爱才是美好的。

童俊

华中科技大学教授

武汉市心理医院主任医师

国际精神分析协会（IPA）候选人

2013 年 6 月

参考文献

Ainsworth, M., Blehar, M., Waters, E., & Wall, S.(1978), *Patterns of Attachment*. Hillsdale, NJ: Erlbauni.

Alexander, F., French, T, & Pollack, G.(1968), *Psychosomatic Specificity*, Vol. 1. Chicago: University of Chicago Press.

Amaya-Jackson, L., Mesco, R., McGough, J., & Cantwell, D.(1992), Attention-deficit/ hyperactivity disorder. In: *Neurobiological Disorders in Children and Adolescents*, ed. E. Peschel, R. Pescliel, R. Howe, &J. Howe. San Francisco: Jossey-Bass, pp. 45-50.

Anlerican Psychiatric Association(1994a), *Diagnostic a.nd Statistical Manual of Mental Disorders*, 4th ed.(DSM-IV). Washington, DC: American Psychiacric Press.

(1994b), Global Assessment of Functioning Scale. In: *Diagnostic and Statistical Manual of Mental Disorders*, 4th ed.(DSM-IV). Washington, DC: American Psychiatric Press, pp. 30-32.

Anthoriy, E. J., & Cohler, B., Eds.(1987), *The Invulnerable Child*. New York: Guilford Press.

Apted, M. (1999), 42 up. Documentary movie. Granada Television production for the BBC. Produceci and directed by Michael Apted.

Bahaclur, M.(1998), *Continuity and Discontinuity of Attachmentfrom Age l to Age 30*. Unpublished doctoral dissertation. New York University.

Barrie, J. M.(1947), *When a Man s Single*. New York: Harper & Brothers, p. 2.

Bateson, G.,Jacksori, D., Haley, J. & Weakland,J.(1956), Toward a theory of schizophrenia. *Behav. Sci.*, 1:251.

Bellak, L.(1975), *The Thematic Apperception Test (TAT) and Children' s Apperception Test(CAT) in Clinical Use*. New York: Grune & Stratton.

Bios, P.(1979), *The Adolescent Passage*. New York: International Universities Press.

Bowlby, J.(1909), *Attachment and Loss,Vol.1: Attachment*. New York: Basic Books.

(1973), *Attachment and Loss, Vol. 2: Separation*. New York: Basic Books.

(1980), *Attachment and Loss, Vol. 3: Loss*. New York: Basic Books.

Bretherton, L., & Waters, E. (1985), Growing points of attachment: Theory and research. *Monographs of the Society for Rtsearch in Child Development*, 50: (1-2)298-S18.

Breuer, J., & Freud, S.(1893-1895), *Studies on Hysteria*. Standard Edition, 2, London: Hogarth Press, 1955.

Brody, S.(1956), *Patterns of Mothering*. New York: International Universities Press.

(2002), *The Development of Anorexia: The Hunger Artists*. Madison, CT: International Universities Press.

Brody, S. & Axelrad, S.(1967-1984), *Maternal Behavior and Chitd Development*. Seven educational films. Archives of the History of American Psychology, University of Akron, Akron, OH. Also available tlirough the Media Center, Pennsylvania State University, University Park, PA.

(1970), *Anxiety and Ego Formation in Infancy*. New York: Internacional Universities Press.

(1978), *Mothers, Fathers, and Children*. NewYork: International Universities Press.

Brody, S. & Siegel, M.(1992), *The Evolution of Character*. New York: International Universities Press.

Buck, J.(1966), *The House, Tree, Person Technique*. Los Angeles: Western Psychological Services.

Carlson, E.,Jacobvitz, D., & Sroufe, L. A.(1995), A developmental investigation of inattentiveness and hyperactivity. *Child Develop.*, 66:37-54.

Chiland, C., & Young,J. G., Eds.(1984), *Children and Violence*. Northvale, NJ: Jason Aronson.

Chodorow, N. (1978), *The Reproduction of Mothering*. Berkeley, CA: University of California Press.

Coles, R. (1999), Review of The Velveteen Father. Jesse Green. *Books of the Times*, October 17, p. 27.

Derogatis, L.(1993), *Symptom Checklist-90-Revised*. Minneapolis: NCS Assessments.

Diamond, D., & Blatt, S., Eds.(1999) , *Psychoanalytic Theory and Attachment Research*, Vol. 1. Hilkdale, NJ: Analytic Press.

Dinesen, I (1958), Interview by H. Arendt. In: *The Human Condition*. Chicago: University of Chicago Press.

Eliot, T. S.(1936), Introduction, *Nightwood* by D. Barnes. Loudon: Faber & Faber, p. 3.

Elmore, M., Cohn, J., & Zlocliower, A.(1995), A comparison of microanalytic and rating scale methods. Paper presented at the Societv for Research in *Child Development*, Indianapolis, IN, Marcli.

Erode, R., & Hewitt, J., Eds.(2001), *The Transition from Infancy to Early Childhood: Genetic and Environmental Influences in the MacArthur Longitudinal Twin Study*. New York: Oxford University Press.

Erikson, E. (1950), *Childhood and Society*. New York: W. W. Norton.

(1959), *Identity and the Life Cycle*. New York: International Universities Press.

(1968), *Identity: Youth and Crisis*. New York: W. W. Norton.

Escalona, S., & Leitch, M.(1952), Early phase.s of personality development—A non-normative study of infant behavior. *Monographs of the Society for Research in Chitd Devetopment*, 17.

Exner, J.(1974), *The Rorschach: A Comprehensive System*. New York: Wiley.

Fonagy, P.(1999), Memory and therapeutic action. *Internal. J Psycho-Anal.*, 80: 215-223.

Fraiberg, S.(1959), *The Magic Years*. New York: Scribners.

Freud, A. (1936), *The Ego and the Mechanisms of Defense*. New York: International Universities Press, 1966.

(1965), *Normality and Pathotogy in Childhood*. New York: International Universit.ies Press.

(1969), Adolescence as a developmenfal disturbance. In: *Adolescence: Psychosocial Perspective*, ed. G. Caplan & S. Lebovici. New York: Basic Books, pp. 5-10.

Freud, S.(1893), *Charcot Standard Edition*, 3:7-23. London: Hogarth Press, 1962.

(1894), *Neuro-psychoses of de.fellce. Standard Edition*, 3:41-68. London: Hogarth Press, 1962

(1900), *The Interpretation of Dreams. Standard Edition*, 4&5. London: Hogarth Press, 1953

(1905), *Three Essays on the Theory of Sexuality. Standard Edition*,7:123-243. London: Hogarth Press, 1953.

(1915), *Instincts and Their Vicissitudes. Standard Edition*, 14:109-140. London: Hogarth Press, 1957.

(1933), *New Introductory Lectures on Psycho-Analysis. Siandard Edition*, 22:1-182. London: Hogarth Press, 1964.

(1940), *An Outline of Psychoanalysis. Standard Edition*, 23:139-207. London: Hogarth Press, 1964.

George, C., Kaplan, N., & Main, M.(1985), *An Adult Attachment Intervietv, Unpublished manuscript*, Department of Psychology, University of California, Berkeley.

Gilligan, C.(1982), *In a Different Voice: Psychological Theory and Women's Development, Cambridge*, MA: Harvard University Press.

Ginsburg, B., Becker, R., Trattner, A., & Bareggi, S.(1984), A genetic taxonomy of hyperkinesis in the dog. *Internal. Develop. Neurosci.*, 2:313-322.

Guthrie, W.(1954), Don't you push me down. In: *Rise Up Singing*, ed. P. Blood-Patterson. Bethlehem, PA: Sing Out Publications, p. 108.

Hamilton, C.(1995), Continuity and discontinuity of attachment from infancy through adolescence. Paper presented at the Society for Research in Child Development, Indianapolis, IN, March.

Harlow, F. H.(1961), The development of affectional patterns in infant monkeys. In: *Determinants of Infant Behavior;* Vol. 1, ed. B. M. Foss. New York: Wiley, pp. 75-80.

Hawley, G.(1980), *Measures of Psychosocial Development (MPD)*. Odessa, FL: Psychological Assessment Resources.

Herzog, J.(2001), *Father Hunger Explorations witlz Adutts and Children*. Hillsdale, NJ: Analytic Press.

Hinshaw, S., March,J., Abikoff, H., Arnold, L., Cantwell, D., Conners, C., Elliott, G., Halperin, E., et al.(1997), Comprehensive assessment of childhood attention-deficit hyperactivity disorder in the context of a multisite, multimodal clinical trial. J *Attention Disord.*, 1:217-254.

Hinshaw, S., Owens, E., Wells, K., Kraemer, H., Abikoff, H., Arnold, L., Conners, C., Elliott, G., GreeIlhill, L., et al.(2000), Family processes and treatment outcome in the National Institute of Mental Health collaborative multimodal treatment study of children with ADHD(the MTA study), *J Abnorm. Child Psycho.*, 28:555-568.

Hirsch, E.(1999), *How to Read a Poem.* New York: Harcourt Brace.

Hollingshead, A., & Redlich, F.(1958), *Social doss and Mental Illness: A Commullity Study.* New York: Wiley.

Horowitz, M.(1998), *Cognitiue Psychodynamics: From Conflict to Character.* New York: Wiley.

Jellinek, M., & Herzog, D.(1999), The child. In: *Harvard Guide to Psychiatry,* ed. A. Nicholi. Cambridge, MA: Belknap/ Harvard University Press, pp. 586-610.

Kagan, J.(1998), *Three Seductive Ideas.* Cambridge, MA: Harvard University Press.

Khan, M.(1963), The concept of cumulative trauma. *The Psychoanalytic Study of the Child,* 18:286-306. New York: International Universities Press.

Krall, V., & Szajnberg, N.(1995), Projective personality traits of children with Irritable Bowel Disorder. *Perceptual Motor Skills,* 80:1341-1342.

Laing, R. D.(1959), *The Divided Self.* London: Tavistock.

Levy, IL, & Blatt, S.(1999), Attachment theory and psychoanalysis: Further differentiation within insecure attachment patterns. *Psychoanal, Inq.*, 19:541-575.

Mahler, M., Pine, F., & Bergman, A.(1975), *The Psychological Birth of the Human Infant,* New York: Basic Books.

Malone, C. (1963), Some observations on children of disorganized families and problems of acting out. J Amer. Acad. Child. Psychiatry, 2:22-49.

Massie, H., & Campbell, B. K.(1983), The Massie-Campbell Scale of Mother-Infant Attachment During Stress (ADS Scale) . *In Frontiers of Infant Psychiatry,* ed.J. Call, E. Galenson, & R. Tyson. New York: Basic Books, pp. 394-412.

Massie, H., Bronstein, A., & Afterman, J.(1996), The role of depressive affects in close maternal involvement with children: Inner themes and outer behaviors in child development, 2. *Psychoanal. Psycho.*, 13:54-80.

Massie, H., & Campbell, B. K.(1988), Inner themes and outer behaviors in early childhood development: A longitudinal study. *The Psychoanalytic Study of the Child,* 43:213-242. New Haven, CT: Yale Universit.y Press.

Massie, H., & Rosenthal, J.(1984), *Chitdhood Psychosis in the First 4 Years of life.* New York: McGraw-Hill.

Massie, H., & Szajnberg, N. (1997), The ontogeny of a sexual fetish from birth to age & 30 and memory processes. *Inter. J. Psycho-Anal,* 78:755-771.

(2002), The relationship between mothering in infancy, childhood experience and adult mental health: Results of the Brody prospective longitudinal study from birth to age 30. *Internal. J Psycho-Anal.*, 83:35-55.

Mrazek, D., Klinnert, M., & Mrazek, P.(1991), Prediction of early onset asthma in genetically at risk children. *Pediatr Pulmonol.*, 27:85-94.

Mrazek, D., Klinnert, M., & Macy, M.(1991), Early asthma onset Consideration of parenting issues. *J Amer Acad. Child Adol. Psychiatry,* 30:277-282.

Murphey, J., Tohen, M., & Tsuang, M.(1999), Psychiatric epidemiology. In: *Harvard Guide to Psychiatry*, ed. A Nicholi. Cambridge, MA: Belknap/ Harvard University Press, pp. 752-777.

Murphy, L., & Moriarty, A. (1976), *Vulnerability, Coping and Growthjrom Infancy to Adolescence.* New Haven, CT: Yale University Press.

Murray, L., Cooper, P. (1997), The role of infant and maternal factors in post-partern depression: Mother-infant interactions and infant outcome. In: *Post-Partum Depression and Child-Development,* ed. L. Murray Sc P. Cooper. New York: Guilford Press, pp. 111-135.

Murray, L., & Fion-Crowley, A., Hooper, R., & Cooper, P.(1996), The impact of post-natal depression and associatecl adversity on early mother-infant interactions and later infant outcome. *Child Develop.*, 67:2512-2526.

Ng, F. M. (1994), *Bone.* New York: Harper Perrenial.

O Cadhain, M. (1981), *The Road io Bright City.* Dublin: Poolberg.

Offer, D., & Offer, J. (1971), Four issues in the developmencal psyciliology of the adolescent. In: *Modern Perspectives on Adolesceni Psychiatry,* ed. J. Howells. Edinburgli: Oliver & Boyd, pp. 28-44.

Pearson, J., Cohn, D., Cowan, P., & Cowan, C.(1994), Earned and continllous security in adult attachment: Relation to depressive symptoniatology and parenting style. *Develop. Psychol.*, 6:359-S7S.

Petrill, S., Saudino, K., Cherny, S., Erode, R., Hewitt, J., Fuller, D., & Plomin, R.(1997), Exploring t.he genetic etiology of low general cognitive ability from 14 to 36 months. *Develop. Psychol.*, 33:544-548.

Rexforcl, E.(1963), A developmental concept of the problems of acting out. *Amer Acad. Child Psychiatry*, 2:6-21.

Roiphe, H., & Galenson, E.(1981), *Infantile Origins of Sexuality*, New York: Interriational Universities Press.

Sappho (6th Century B.C.), In: Part One: *Lyrics in the Original Greek,* tr. M. Barnard. Berkeley: University Press of California, 1989. Shakespeare, W. (1623), The Tempes4 ed. N. Frye. Baltimore, MD: Penguin, 1959.

Shepard, S.(2001), Program note, Magic Theater production, *True West*. San Francisco, CA.

Smith, Z.(2001). *Whith Teeth*, New York: Vintage.

Spitz, R.(1965), *The First Year of Life.* New York: International Universities Press.

Sroufe, L. A.(1996), *Emotionat Devetopmenk The Organization of Emotional Life in the Early Years.* Cambridge, UK Cambridge University Press.

(1997), Psychopatliology as outcome of developinent. *Develop Psychopathal*, 9:251-268

Sroufe, L. A., Carlson, E., & Shulman, S.(1993), The development of individuals in relationships: From infancy through adolescence. In: *Siudying Lives Through Time*, ed. D. Funder, R. Parke, C. Tomlinson-Keasey, & K. Widaman. Washington, DC: American Psychological Association, pp. 315-342.

Szajnberg, N., & Crittenden, P.(1997), The transference refracted through attachment. *J Amer. Acad. Psychoanal.*, 25:409-438.

Szajnberg, N., Krall, V., Davis, P., Treem, W., & Hyams,J.(1993), Psycliopacliology and relationship measures in children with irritable bowel disease and their parents. *Child Psychiairy Hum. Develop.*, 23:215-232.

Szajnberg, N., & Waters, E.(in preparation), Disturbed attachment in mothers of children with irritable bowel disorder compared to cancer and renal disease.

Terr, L.(1990), *Too Scared to Cry: Psychic Trauma in Childhood.* New York: Harper Se Row.

(1994), Unchained Memories: True Slories of Traumatic Memories Lost and Found. New York: Basic Books.

Thornas, A., Cliess, S., & Birch, H. G.(1968), *Temperament and Behavior Disorders in Children.* New York: New York University Press.

Tolstoy, L.(1873-1876), *Anna Karenina*, tr. C. Gzirnett New York: Modern Library.

Vaillant., G.(1977), *Adaptation to Life.* Boston: Little, Brown.

(1992), *Ego Mechanisms of Defense: A Guide for Clinicians and Researchers.* Washington, DC: American Psychiatric Press.

(1994), The defensive functioning scale. In: *The Diagnostic and Statistical Manual of Mental Disorders,* 4th ed.(DSM-IV). Washingt.on, DC:American Psychiatric Press, pp. 751-757.

(1999), The defense mechanisms. In: *Harvard Guide to Psychiatry,* ed. A. Nicholi. Cambridge, MA: Belknap/Harvard University Press, pp. 196-202.

van der Kolk, B.(2005), The body keeps score. Presentation at the Esalen Institute, Esalen, CA, February.

McFarlane, A., & Weisaeth, L.(1996), *Traumatic Stress*. New York: Guilford Press.

Wallerstein, J., Lewis, J., & Blakeslee, S.(2000), *The Unexpected Legacy of Divorce.* New York: Hyperion Books.

Waters, T., Hamilton, C., & Weinfield, N.(2000), The stability of attachment. security from infancy to adolescence and early adulthood: General discussion. *Child Develop.*, 71:708-706.

Waters, T., Treboux, D., Crowell, J., Merrick, S., & Albersheim, L.(1995), From the Strange Situiation to the Adult Attaclirnent Interview: A 20-year longitudinal study of attachment security in infancy and early adulthood. Paper presented at the Society for Research in Child Development, Indianapolis, IN, Marcli.

Werner, E., & Smith, R.(1992), *Overcoming the Odds: High Risk Children from Birth to Adulthood.* Ithaca, NY: Cornell University Press.

Winnicott, D. W. (1951), Transitional objects and transitional phenomena: A study of the first not-rne possession. In: *Collected Papers: Through Paediatrics to Psycho-Analysis.* London: Tavistock, 1958, pp. 229-242.

(1962), *The Maturational Processes and the Facilitating Environment.* New York: International Universities Press.

世图心理学精品图书

儿童心理系列	
情感依附——为何家会影响我的一生	（美）亨利·马西，内森·塞恩伯格 著
给孩子的心理学	（中国台湾）蔡宇哲，洪群宁 著
孩子的心灵	（日）山中康裕 著
孩子的心事	（日）河合隼雄 著
神奇的大脑——大脑潜能开发手册	尹文刚 著
申宜真幼儿心理百科	（韩）申宜真 著
家是我们开始的地方	（英）温尼科特 著
依恋系列	
依恋三部曲：依恋（第一卷）	（英）约翰·鲍尔比 著
依恋三部曲：分离（第二卷）	（英）约翰·鲍尔比 著
依恋三部曲：丧失（第三卷）	（英）约翰·鲍尔比 著
安全基地	（英）约翰·鲍尔比 著
情感纽带的建立与破裂	（英）约翰·鲍尔比 著
依恋理论与精神分析	（英）彼得·福纳吉 著
母婴关系系列	
情感依附——为何家会影响我的一生	（美）亨利·马西，内森·塞恩伯格 著
母婴关系	（美）丹尼尔·斯特恩 著
母婴关系创伤疗愈	（英）泰萨·巴拉顿 著
重建依恋：自闭症的家庭治疗	易春丽 周婷
亲密不再遥不可及	易春丽
克莱茵系列	
儿童分析的故事	（英）梅兰妮·克莱茵 著
儿童精神分析	（英）梅兰妮·克莱茵 著
爱、罪疚与修复	（英）梅兰妮·克莱茵 著
嫉羡与感恩	（英）梅兰妮·克莱茵 著
心理学大师经典书系	
生命周期完成式	（美）爱利克·埃里克森 著
童年与社会	（美）爱利克·埃里克森 著
父性（第二版）	（意）鲁格·肇嘉 著
论人的成长（第二版）	（美）卡尔·罗杰斯 著
穿越孤独（第二版）	（美）阿琳·克莱默·理查兹 等主编
自卑与超越	（奥）阿尔弗雷德·阿德勒 著
自我的进化	（美）米哈里·契克森米哈赖 著

萨提亚家庭治疗系列	
新家庭如何塑造人（第二版）	（美）维吉尼亚·萨提亚 著
萨提亚家庭治疗模式（第二版）	（美）维吉尼亚·萨提亚 著
萨提亚治疗实录（第二版）	（美）维吉尼亚·萨提亚 著
与家庭一起改变	（美）班德勒，葛瑞德，萨提亚 著
海灵格家庭排列系列	
谁在我家（升级版）	（德）伯特·海灵格，索菲·海灵格 著
爱的序位	（德）伯特·海灵格 著
在爱中升华	（德）伯特·海灵格 著
洞悉孩子的灵魂	（德）伯特·海灵格 著
心灵之药：身心疾病的系统排列个案集	（德）伯特·海灵格 著
我们这个时代的教育	（德）伯特·海灵格 著
追寻生命的智慧	（德）伯特·海灵格 著
心理咨询与治疗系列	
心理治疗师的问答艺术	（美）苏珊·班德 等著
焦点解决短期心理治疗的应用	许维素 著
由心咨询	（比利时）米杉 著
客体关系入门——当代精神分析理论	（美）吉尔·萨夫 著
客体关系家庭治疗	（美）戴维·萨夫，吉尔·萨夫 著
掌握家庭治疗：家庭的成长与转变之路	（美）萨尔瓦多·米纽庆 等著
抑郁症的正念认知疗法	（加）津德尔·西格尔 等著
伯恩斯焦虑自助疗法	（美）戴维·伯恩斯 著
艾瑞克森催眠治疗理论	（美）斯蒂芬·吉利根 著
心理学精品教材系列	
发展心理学——人的毕生发展（第6版）	（美）罗伯特·费尔德曼 著
人格心理学	（美）大卫·范德 著
爱情心理学（最新版）	（美）罗伯特·斯腾伯格，凯琳·斯腾伯格 编著
NLP圣经：美国NLP学院专业教程	（美）安德鲁斯，福克纳 主编

微信有赞商城　　当当自营店　　京东自营店

更多好书，请扫码购买。